W0068922

Unerträglich, was geschehen ist, kaum erträglich, die Dokumente zu lesen – doch notwendig, einmal festzuhalten, was im Namen von Christentum (»Kreuzzug gegen den Bolschewismus«) und deutscher Ehre den sowjetischen Völkern angetan wurde:

Männer, Frauen und Kinder wurden niedergemetzelt, ganze Dörfer samt den Bewohnern niedergebrannt oder die Bewohner zur Zwangsarbeit ins »Reich« verschleppt. Behindertenheime und Krankenhäuser wurden – zum Teil im Auftrag der Wehrmacht – leergemordet. Etwa drei Millionen Kriegsgefangene waren in den Lagern der Wehrmacht zum Hungertod verurteilt oder wurden erschossen. Über das Schicksal deutscher Kriegsgefangener in russischer Gefangenschaft ist oft geredet worden, doch die Ermordung der sowjetischen Gefangenen ist bis heute so gut wie kein Thema.

Deutschland mußte den Krieg verlieren. Die Menschen und der Boden des Ostens wurden hemmungslos ausgebeutet. Ganze Landstriche wurden leergemordet; schließlich konnte nicht einmal die Ernte eingebracht werden. Der deutsche Rassenwahn kannte nur Untermenschen. Selbst Völker, die die deutschen Truppen als Befreier begrüßt hatten, wurden in die Arme der Partisanen getrieben: »Stalin ließ uns wenigstens *eine* Kuh im Stall, die Deutschen aber nehmen uns auch noch diese.«

Der Band enthält zahlreiche – meist unveröffentlichte – Fotos, die deutsche Soldaten unmittelbar vor ihrer Gefangennahme noch hatten wegwerfen können oder wollen. Der Band enthält weiterhin unveröffentlichte sowjetische Dokumente, darunter Berichte von Menschen, die im Gaswagen überlebten. Selbst eine Überlebende des Massakers von Babi-Yar (der Massenmord an mehr als 30 000 Menschen in einer Schlucht bei Kiew) kommt zu Wort.

Die deutschen Dokumente bestätigen das zunächst Unfaßliche. Sie zeigen zugleich, daß die deutsche Wehrmacht an diesen Verbrechen unmittelbar beteiligt war.

Der Rußlandfeldzug ist oft beschrieben worden, aber nie aus dieser Sicht.

Wer einmal gelesen hat, was während des Vernichtungskrieges im Osten geschehen ist, wird tiefe Scham empfinden. Ein Schuldbekenntnis der Rechtsnachfolger der deutschen Wehrmacht, die selbst Kranke, Frauen und Kinder morden ließ, steht bis heute aus.

Ernst Klee, geboren 1942, Studium der Theologie und Sozialpädagogik. Publizist; Mitarbeiter der Wochenzeitung DIE ZEIT.
Buchveröffentlichungen u. a.: (im Fischer Taschenbuch Verlag:) »Behinderten-Report« (1974); »Behinderten-Report II« (1976); »Psychiatrie-Report« (1978), »Behindert. Über die Enteignung von Körper und Bewußtsein. Ein kritisches Handbuch« (1985, Bd. 3860). »›Euthanasie‹ im NS-Staat. Die ›Vernichtung lebensunwerten Lebens‹« (Bd. 4326); »Dokumente zur ›Euthanasie‹« (Bd. 4327); »Was sie taten – Was sie wurden. Ärzte, Juristen und andere Beteiligte am Kranken- und Judenmord« (Bd. 4364); »Die ›SA Jesu Christi‹. Die Kirche im Banne Hitlers« (Bd. 4409).

Willi Dreßen, geboren 1935, Studium der Rechtswissenschaften in Köln und Bonn. Staatsanwalt. Seit 1967 bei der Zentralstelle der Landesjustizverwaltungen zur Aufklärung nationalsozialistischer Verbrechen. Seit 1985 Vertretung des Behördenleiters.
Mitarbeit an »Das große Lexikon des Zweiten Weltkriegs« (Chr. Zentner/Fr. Bedürftig, Hg., 1988), »Das große Lexikon des Dritten Reiches« (Chr. Zentner/Fr. Bedürftig, Hg., 1985), »Nationalsozialistische Massentötungen durch Giftgas« (E. Kogon, H. Langbein, A. Rückerl u. a., Hg., 1983), »Enzyklopaedia Judaica« (Jahrbuch 1986/87) und zahlreiche wissenschaftliche Beiträge.

Klee, Dreßen und **Volker Rieß** (Hg.): »›Schöne Zeiten‹. Judenmord aus der Sicht der Täter und Gaffer« (bei S. Fischer 1988).

Ernst Klee / Willi Dreßen

»Gott mit uns«
Der deutsche Vernichtungskrieg
im Osten 1939–1945

Unter Mitarbeit von Volker Rieß

S. Fischer

Hinweis: Die Fotos auf den Seiten 101, 104 f, 111 stellte dankenswerterweise das Hessische Hauptstaatsarchiv Wiesbaden zur Verfügung.

© 1989 S. Fischer Verlag GmbH, Frankfurt am Main
Alle Rechte vorbehalten
Lektorat: Walter H. Pehle
Umschlaggestaltung: Buchholz/Hinsch/Walch
unter Verwendung eines Fotos aus dem Archiv Klee
Gesamtherstellung: Wagner GmbH, Nördlingen
Printed in Germany
ISBN-3-10-039305-8

Inhalt

Einführung 7

»Es kommt nicht auf das Recht an – sondern auf den Sieg«
Polen – der Auftakt des Vernichtungsfeldzugs 11

»Viele 10 Millionen werden sterben . . .«
Der »Kreuzzug gegen den Bolschewismus« 21

». . . während des Streichorchesters«
Partisanenbekämpfung aus deutscher Sicht 53

»Dörfer in Friedhöfe verwandelt«
Partisanen-»Bekämpfung« in sowjetischen Berichten 71

»Die deutschen Unholde schonten niemanden«
Der Krieg gegen Geisteskranke und Krüppel 83

»Juden, die Hauptträger des Bolschewismus«
Wehrmacht und Einsatzkommandos beim arbeitsteiligen
Massenmord 101

»Wehrmacht erbittet radikales Vorgehen«
Babi-Yar. Überlebende berichten 117

**». . . tödliche Angst, in deutsche Kriegsgefangenschaft
zu geraten«**
Sowjetische Gefangene: verhungert, erfroren, erschossen 137

**»So einen Arbeitseinsatz wie in Deutschland gibt es nicht noch
einmal auf der Welt«**
Deutsche Dokumente zur Behandlung der »fremdvölkischen«
Arbeitskräfte 165

». . . an der Oberfläche des Massengrabes ein lebender Kopf«
Aus einem sowjetischen Untersuchungsbericht von 1944 185

**»Wenn wir die Kriegsgefangenen umkommen lassen,
die Bevölkerung dem Hungertode ausliefern, bleibt die Frage:
Wer hier eigentlich produzieren soll?«**
Deutsche Besatzungspolitik 197

»Die Knochen mittels einer Mühle zu Mehl vermahlen«
Zwei Überlebende der Lemberger »Todesbrigade« berichten . . . 225

Anhang

Abkürzungen 232
Nachweis der Dokumente 236
Biographische Angaben 253
Register 259

Einführung

In den Abendstunden des 31. August 1939 täuschen als Polen verkleidete Kommandos des SS-Sicherheitsdienstes polnische Grenzüberfälle vor. Am Tatort lassen sie zu diesem Zweck ermordete und in polnische Uniformen gesteckte KZ-Häftlinge zurück.[1]* Die selbst verübten Überfälle dienen als Vorwand, im Morgengrauen des 1. September in Polen einzufallen.

Zehntausende »deutschfeindlicher Elemente« – vor allem die polnische Intelligenz und die Priesterschaft – werden in den folgenden Monaten ermordet.[2] Die Verfolgung der Juden beginnt. Doch die Schreckensherrschaft in Polen ist nur der Auftakt zu dem noch schrecklicheren Rußlandfeldzug.

Hitler und seine Militärs planen den Krieg unter dem Decknamen »Unternehmen Barbarossa« – benannt nach dem Stauferkaiser Friedrich I., genannt Barbarossa, im 12. Jahrhundert Anführer eines Kreuzzuges zur Befreiung Jerusalems.

Hitlers »Kreuzzug« ist von vornherein[3] als Vernichtungsfeldzug geplant. Generaloberst Erich Hoepner, Befehlshaber der Panzergruppe 4, in einem Befehl vom 2. Mai 1941, sieben Wochen vor Beginn des Rußlandfeldzugs:

»Es ist der alte Kampf der Germanen gegen das Slawentum, die Verteidigung europäischer Kultur gegen moskowitisch-asiatische Überschwemmung, die Abwehr des jüdischen Bolschewismus. [...] Jede Kampfhandlung muß in Anlage und Durchführung von dem eisernen Willen zur erbarmungslosen, völligen Vernichtung des Feindes geleitet sein.«[4]

Am 22. Juni 1941, ab 3 Uhr morgens, beginnt das »Unternehmen Barbarossa«. Es ist Sonntag. Auf den Koppelschlössern der deutschen Soldaten steht: »Gott mit uns«. Das Auswärtige Amt rechtfertigt den Überfall: »Der Kampf Deutschlands gegen Moskau wird zum Kreuzzug Europas gegen den Bolschewismus.«[5]

Die deutsche Besatzungsmacht erwartet von der Zivilbevölkerung, daß sie sich willig ausplündern, ausbeuten und zur Zwangsarbeit verschleppen läßt. Wo sich Widerstand regt oder nur der Verdacht von Widersetzlichkeit besteht, wird sogar die Ermordung von Frauen und Kindern gerechtfertigt. So heißt es in einem Befehl des Chefs der Oberkommandos der Wehrmacht, Keitel: »Die Truppe ist [...] berechtigt und verpflichtet, in diesem Kampf ohne Einschränkung auch gegen Frauen und Kinder jedes Mittel anzuwenden, wenn es nur zum Erfolg führt.«[6]

Wo deutsche Truppen marschieren, werden psychiatrische Krankenhäuser und Behindertenheime – zum Teil nachweislich auf Wunsch der Wehrmacht – leergemordet. Eine irrsinnige Scheinbegründung der Ermordung geisteskranker Frauen steht zum Beispiel im Kriegstagebuch des 29. Armeekorps: Ärzte hätten »die Irren auf das Durchschneiden von Kabeln und Fernsprechleitungen dressiert«.[7]

* Die Anmerkungen befinden sich ab S. 236.

Beim Kreuzzug gegen den Bolschewismus geraten mehr als 5½ Millionen Rotarmisten in deutsche Kriegsgefangenschaft. Weit über die Hälfte verhungern, erfrieren, werden erschossen oder Himmlers Einsatzkommandos zur Ermordung übergeben.[8] Zum Vergleich: Über 3 Millionen deutsche Soldaten kommen in russische Gefangenschaft. Von ihnen sterben über ein Drittel.[9]

Von Anfang an stehen die Juden auf der Vernichtungsliste. In den »Richtlinien für das Verhalten der Truppe in Rußland«, vom Oberkommando der Wehrmacht *vor* Kriegsbeginn formuliert, heißt es bereits: »Dieser Kampf verlangt rücksichtsloses und energisches Durchgreifen gegen bolschewistische Hetzer, Freischärler, Saboteure, Juden ...«[10]

Die Ermordung vor allem der Kommunisten (politischen Kommissare) und Kriegsgefangenen ist arbeitsteilig geregelt: Die Wehrmacht überstellt die Opfer[11], Himmlers Einsatzkommandos (Gestapo- und Kriminalbeamte, Schutzpolizisten und Angehörige des SD) ermorden sie.[12] Das Lob der Mörder: »Zusammenarbeit mit Armeeoberkommando hervorragend.«[13]

Manchmal wird jedoch nicht arbeitsteilig, sondern gemeinsam gemordet. So werden am 3. Juli 1941 in der ukrainischen Stadt Luzk 1160 Juden von dem Sonderkommando 4 a und einem Zug Infanterie sowie von Freiwilligen aus Wehrmachtseinheiten erschossen.[14] Zahlreiche Wehrmachtsangehörige beteiligen sich auch eigenmächtig am Judenmord.

Im Einzelfall beschweren sich Himmlers Erschießungskommandos sogar, daß ihnen ins Mordhandwerk gepfuscht wird. In der Ereignismeldung UdSSR 119 des Chefs der Sicherheitspolizei und des SD vom 20. September 1941 heißt es zum Beispiel: »Entgegen der Planung kam es in Uman bereits am 21. 9. 1941 zu Ausschreitungen gegen die Juden durch Angehörige der Miliz unter Beteiligung zahlreicher deutscher Wehrmachtsangehöriger.«

Es ist eine Legende, die Wehrmacht habe nichts gewußt, nichts gesehen, sei nicht beteiligt gewesen. Generaloberst Hermann Hoth in einem Befehl vom 17. November 1941:

»Jede Spur aktiven oder passiven Widerstandes oder irgendwelcher Machenschaften bolschewistisch-jüdischer Hetzer ist erbarmungslos auszurotten. Die Notwendigkeit harter Maßnahmen gegen volks- und artfremde Elemente muß gerade von den Soldaten verstanden werden. Diese Kreise sind die geistigen Stützen des Bolschewismus, die Zuträger seiner Mordorganisation, die Helfer der Partisanen. Es ist die gleiche jüdische Menschenklasse, die auch unserem Vaterlande durch ihr volk- und kulturfeindliches Wirken so viel geschadet hat ... Ihre Ausrottung ist ein Gebot der Selbsterhaltung.«[15]

Dieser Band enthält sowjetische Dokumente, die bisher nicht veröffentlicht wurden. Sie gelangten im Rahmen strafrechtlicher Ermittlungen in die Bundesrepublik. Wir mußten aus der Fülle des Materials – tausende Seiten gerichtlich beglaubigter Kopien oder Originale – eine Auswahl treffen.

Die Mehrzahl der – meist unveröffentlichten – Fotos stammen von deutschen Soldaten. Sie wurden vor der Gefangennahme weggeworfen oder von den Sowjets bei toten Soldaten gefunden. Daß so wenige von den Verbrechen gewußt haben wollen, klingt wenig überzeugend, wenn Fotos von den Verbrechen als Andenken mitgetragen wurden.

In diesem Buch sind nicht Siege und Niederlagen der Armeen verzeichnet, die Opfer des »Kreuzzuges gegen den Bolschewismus« stehen im Mittelpunkt. Würden die sowjetischen Aussagen nicht von deutschen Dokumenten bestätigt, man glaubte zum Beispiel nicht, daß auch Kinder erschossen wurden oder zusammen mit ihren Müttern in Häusern verbrannten, die von deutschen Polizisten, SS-Männern oder Soldaten angezündet worden waren. Wir dürfen uns angesichts des Ungeheuerlichen nicht wundern, wenn die sowjetischen Dokumente nicht immer unterscheiden, ob Uniform oder Kragenspiegel die Mörder als Angehörige der SS oder der Wehrmacht auswiesen: Für sie waren es Deutsche in Uniform. Unerträglich, daß angesichts des Geschehenen behauptet wurde, der »slawische Untermensch« stehe dem Tod gleichgültig gegenüber.
Die Verbrechen an der Zivilbevölkerung werden von deutscher Seite manchmal mit Greueltaten der Partisanen gerechtfertigt. Wir wollen den zeitlichen Ablauf nicht leugnen: Hitlers Wehrmacht hat zuerst Polen und dann die Sowjetunion überfallen. Schon *vor* Kriegsbeginn waren Vertreibung und Tod von Millionen Menschen beschlossen. Erst die Angst vor Verschleppung, Ermordung oder qualvollem Tod in deutscher Kriegsgefangenschaft trieb die Menschen zu den Partisanen. Sie hatten gar keine Wahl, wollten sie sich nicht einfach abschlachten lassen.
Die Schuld ist groß und wurde nach 1945 verdrängt. Wir hoffen auf die Bereitschaft, das Leid der Menschen zur Kenntnis zu nehmen. Wir wissen, daß viele immer noch nicht zur Trauer fähig sind und den Überfall als Präventivkrieg verteidigen. Andere wollen die nicht zu leugnenden Gewalttaten gegen Unrecht seitens der Siegermächte aufrechnen. Entsetzliches ist in deutschem Namen und angeblich in höherer Mission (»Gott mit uns«) den Menschen in der Sowjetunion zugefügt worden. Wer davon Kenntnis nimmt, wird tiefe Scham empfinden.

»Es kommt nicht auf das Recht an – sondern auf den Sieg«

Polen – der Auftakt des Vernichtungsfeldzugs

Polen. Erschießung eines Priesters.

»Ich werde propagandistischen Anlaß zur Auslösung des Krieges geben...«
Aus einer Rede Hitlers am 22. 8. 1939 vor den Oberbefehlshabern

Vernichtung Polens im Vordergrund. Ziel ist die Beseitigung der lebendigen Kräfte, nicht die Erreichung einer bestimmten Linie. Auch wenn im Westen Krieg ausbricht, bleibt Vernichtung Polens im Vordergrund. Mit Rücksicht auf Jahreszeit schnelle Entscheidung.
Ich werde propagandistischen Anlaß zur Auslösung des Krieges geben, gleichgültig, ob glaubhaft. Der Sieger wird später nicht danach gefragt, ob er die Wahrheit gesagt hat oder nicht. Bei Beginn und Führung des Krieges kommt es nicht auf das Recht an, sondern auf den Sieg.
Herz verschließen gegen Mitleid. Brutales Vorgehen. 80 Millionen Menschen müssen ihr Recht bekommen. Ihre Existenz muß gesichert werden. Der Stärkere hat das Recht. Größte Härte. Schnelligkeit der Entscheidung notwendig. Festen Glauben an den deutschen Soldaten. Krisen nur auf Versagen der Nerven der Führer zurückzuführen.
Erste Forderung: Vordringen bis zur Weichsel und bis zum Narew. Unsere technische Überlegenheit wird die Nerven der Polen zerbrechen. Jede sich neu bildende lebendige polnische Kraft ist sofort wieder zu vernichten. Fortgesetzte Zermürbung. Neue deutsche Grenzführung nach gesunden Gesichtspunkten, evtl. Protektorat als Vorgelände. Militärische Operationen nehmen auf diese Überlegungen keine Rücksicht. Restlose Zertrümmerung Polens ist das militärische Ziel. Schnelligkeit ist die Hauptsache. Verfolgung bis zur völligen Vernichtung.
Überzeugung, daß die deutsche Wehrmacht den Anforderungen gewachsen ist. Auslösung wird noch befohlen ...

»Plünderungen ständige Nebenerscheinungen«
Bericht des Wehrkreiskommandos XXI (Posen) an den Befehlshaber des Ersatzheeres

Wehrkreiskommando XXI   Posen, den 23. 11. 1939
I c 86/39 geheim.
                              GEHEIM!
           An
                 B. d. E.
Der Warthegau ist als befriedet anzusehen. [...]
Die große Aufbauarbeit auf allen Gebieten wird nicht gefördert durch das Eingreifen von SS-Formationen, die mit »volkspolitischen Sonderaufträgen« eingesetzt und darin dem Reichsstatthalter nicht unterstellt

sind. Hier macht sich die Tendenz geltend, über den Rahmen dieser Aufgaben hinaus, maßgebend in alle Gebiete der Verwaltung einzugreifen und einen »Staat im Staate« zu bilden.

Diese Erscheinung bleibt nicht ohne Rückwirkung auf die Truppe, die über die Formen der Aufgabendurchführung empört ist und dadurch verallgemeinernd in einen Gegensatz zu Verwaltung und Partei gerät. Die Gefahr ernsthafter Auseinandersetzungen werde ich durch strenge Befehle ausschalten. Daß darin eine hohe Anforderung an die Disziplin der Truppe liegt, ist nicht von der Hand zu weisen.

Fast in allen größeren Orten fanden durch die erwähnten Organisationen öffentliche Erschießungen statt. Die Auswahl war dabei völlig verschieden und oft unverständlich, die Ausführung vielfach unwürdig.

In manchen Kreisen sind sämtliche polnische Gutsbesitzer verhaftet und mit ihren Familien interniert worden. Verhaftungen waren fast immer von Plünderungen begleitet.

In den Städten wurden Evakuierungen durchgeführt, bei denen wahllos Häuserblocks geräumt wurden, und die Bewohner nachts auf Lkw verladen und in Konzentrationslager verbracht wurden. Auch hier waren Plünderungen ständige Nebenerscheinungen. Die Unterbringung und Verpflegung in den Lagern war derart, daß vom Korpsarzt der Ausbruch von Seuchen, und damit eine Gefährdung der Truppe, befürchtet wurde. Auf meinen Einspruch hin wird Abhilfe geschaffen.

In mehreren Städten wurden Aktionen gegen Juden durchgeführt, die zu schwersten Übergriffen ausarteten. In Turck fuhren am 30. 10. 39 drei SS-Kraftwagen unter Leitung eines höheren SS-Führers durch die Straßen, wobei die Leute auf der Straße mit Ochsenziemern und langen Peitschen wahllos über die Köpfe geschlagen wurden. Auch Volksdeutsche waren unter den Betroffenen. Schließlich wurde eine Anzahl Juden in die Synagoge getrieben, mußten dort singend durch die Bänke kriechen, wobei sie ständig von den SS-Leuten mit Peitschen geschlagen wurden. Sie wurden dann gezwungen, die Hosen herunterzulassen, um auf das nackte Gesäß geschlagen zu werden. Ein Jude, der sich vor Angst in die Hosen gemacht hatte, wurde gezwungen, den Kot den anderen Juden ins Gesicht zu schmieren. [. . .]

Während durch den Reichsstatthalter bei Reden und Kundgebungen das Verdienst der Wehrmacht stets in den Vordergrund gestellt wird, macht sich andererseits auf seiten der erwähnten Stellen unverkennbar die Tendenz geltend, dieses Verdienst zu verkleinern und herabzusetzen. Ein besonders krasser Fall in dieser Richtung wird mir aus Ostrowo von einer Siegesfeier am 5. 11. 39 gemeldet. Dort sprach der Reichsredner Bachmann. Er erwähnte die Wehrmacht – was den polnischen Feldzug betraf – überhaupt nicht. Er sprach von der Wehrmacht nur in einem Satz, der den Krieg gegen England betraf.

Bei Nennung der Zahl der Gefallenen wurden nur die ermordeten Volksdeutschen erwähnt, der gefallenen Soldaten wurde mit keinem Worte gedacht.

Den Volksdeutschen wurde die Anerkennung ausgesprochen, und die Zuhörer mußten den Eindruck gewinnen, daß die Wehrmacht bei der Befreiung eigentlich gar nicht beteiligt gewesen sei. Dies um so mehr,

»Nach dem Willen des Führers soll in kürzester Zeit aus dem polnisch bestimmten Pomerellen ein deutsches Westpreußen entstehen. Zur Durchführung dieser Aufgaben machen sich nach übereinstimmender Ansicht aller zuständigen Stellen folgende Maßnahmen notwendig:

1. physische Liquidierung aller derjenigen polnischen Elemente, die
   a) in der Vergangenheit auf polnischer Seite irgendwie führend hervorgetreten sind oder
   b) in Zukunft Träger eines polnischen Widerstandes sein können.
   [...]

Zu 1: Die Liquidierung wird nur noch kurze Zeit durchgeführt werden können. Dann werden die deutsche Verwaltung sowie andere außerhalb der NSDAP liegende Faktoren direkte Aktionen unmöglich machen. Auf jeden Fall wird am Ende trotz aller Härte nur ein Bruchteil der Polen in Westpreußen vernichtet sein (schätzungsweise 20 000).
[...]«

gez.
SS-Sturmbannführer

als der Redner ausführte, es sei gar kein Krieg gegen Polen gewesen, sondern der Führer habe nur veranlaßt, daß den Polen die von England und Frankreich gelieferten Waffen, die sie doch nicht zu gebrauchen verstanden hätten, abgenommen würden.

Man gewann den Eindruck, daß es dem Redner darauf ankam, in der deutschen Bevölkerung nur keine Achtung vor der Armee aufkommen zu lassen.

Der Eindruck, den die Rede, bei welcher die gestellte Ehrenkompanie zuhörte, auf die Truppe machte, ist entsprechend.

Wie der Militärbefehlshaber von Posen s. Zt. bereits an O.K.H. gemeldet hat, wird von der Truppe das Mißverständnis zwischen ihrem Wehrsold und den um ein Vielfaches höheren Tagegeldern der anderen Formationen sehr stark empfunden. [...]

gez. Petzel
General der Artillerie.

Polen. Männer graben ihr eigenes Grab.

Polen. Erschießung durch volksdeutschen Selbstschutz.

». . . bloß gespannt, ob sie überhaupt eine Hose an hat«
Bericht dreier Wehrmachtsangehöriger über eine standrechtliche Erschießung Mitte Januar 1940 in Tomaszow

Als wir an die Polizeiunterkunft kamen, sahen wir schon, daß sich hinter dem Gebäude im freien Gelände vor Sandhügeln, die sich dort befanden, mehrere Personen, und zwar Militär und Polizei, aufhielten. Außerdem sahen wir dort zwei Zivilpersonen stehen, die ein Loch schaufelten. Wir befragten die Polizeibeamten, die dabeistanden. Dabei wurde uns mitgeteilt, daß die eine Zivilperson, ein Mann, jemanden erschossen haben sollte, und die zweite Zivilperson, eine Frau im Alter von etwa 22 Jahren, Patronen im Brustausschnitt verborgen haben sollte. Eine Verhandlung über die Sache habe noch nicht stattgefunden. Erschossen würden sie aber auf alle Fälle. Der Hauptmann wäre noch nicht von der Jagd zurück, der müßte das noch unterschreiben. Die Vorarbeiten für die Aushebung des Grabes wurden beaufsichtigt von zwei Polizeiposten mit Stahlhelm und Gewehr. Alles andere, was dort rumstand, waren Zuschauer. Abgesperrt war dieser Platz nicht. Das Gelände ist aber dort so beschaffen, daß [. . .] sich im Blickfeld links und halbrechts rückwärts bewohnte Häuser befinden, von denen die weiteren Vorgänge ohne weiteres gesehen werden konnten.

Nach unserer Auffassung gruben die beiden Zivilisten eifrig und gaben sich Mühe. Die Grube mochte auch schon bis ¾ Meter tief ausgehoben gewesen sein.

Währenddessen kam aus der Polizeiunterkunft [. . .] ein Polizeibeamter im Stahlhelm. [. . .] Da wurde unter der Zuschauermenge laut: »Jetzt kommt der Richtige.« Offenbar war dieser Polizeibeamte schon von früheren Hinrichtungen bekannt. Dabei wurden auch Bemerkungen über die abzuurteilende Frauensperson laut. Aus der Zuschauermenge wurde geäußert, daß sie gar nicht so übel aussähe, sondern einen harmlosen Eindruck mache. Darauf entgegnete der Polizeibeamte [. . .]: »Die ist ja schlechter wie der Mann, mit der braucht ihr gar kein Erbarmen zu haben.« Kurz darauf sagte er noch: »Ich bin bloß gespannt, ob sie überhaupt eine Hose an hat. Das werden wir ja sehen, die kommen sowieso noch in meine Behandlung«, und »heiz nur den Ofen tüchtig ein.« Daraufhin antwortete ein anderer wieder: »Wir haben schon Feuer drin.« – Wir dachten uns dabei, daß die am glühenden Ofen noch gefoltert werden sollten.

Auf einen Zuruf aus der Zuschauermenge, daß die beiden noch eine richtige »Abreibung« verdienten, ging derselbe Polizeibeamte auf den männlichen Zivilisten zu, nahm einen Spaten vom Boden auf und schlug ihm diesen so über den Rücken, daß gleich das Blatt von diesem Spaten weg und in die Grube flog. Der Zivilist stauchte daraufhin in die Knie und nahm beim Aufstehen vor lauter Angst gleich das Spatenblatt mit hoch.

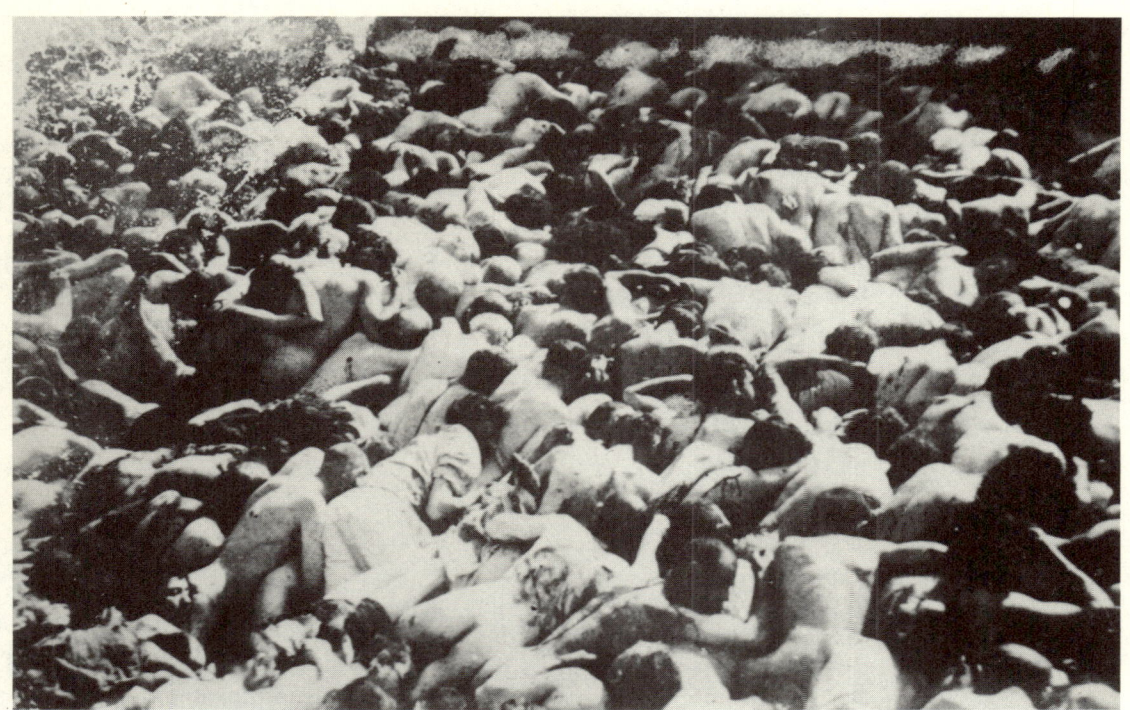

Ein Foto, das im Archiv der Gestapo in Zloczew/Polen gefunden wurde. Die abgebildeten Körper sind gezeichnet von grausamen Mißhandlungen.

Daraufhin schlug der Polizeibeamte ein zweites Mal mit dem Spatenstiel dem Zivilisten auf den Rücken. Daraufhin sackte der Zivilist wieder in die Knie und ging ganz langsam wieder hoch. Trotzdem schaufelte er aber weiter.

Nunmehr wurden auch Rufe laut, daß doch die Frau viel schlimmer wäre – die Frau sollte übrigens die Ehefrau dieses Zivilisten sein –. Auf diese Aufstachelung ging der Polizeibeamte um die Grube herum und schlug nun der Frau mit aller Kraft einen Schlag in Höhe des Steißes auf den Rücken. Die Frau schrie weinerlich leise auf und rief in einem weinerlichen und anklagenden Tone auf polnisch: »Bitte Herr, ich arbeite doch.« Daraufhin sprang der Polizeibeamte vor dieser Frau in die Grube und schlug ihr mit dem mit einem Lederhandschuh bekleideten Handrücken derart heftig ins Gesicht, daß es wie ein Pistolenschuß knallte. Die Frau brach sofort zusammen, weil sie vor der von ihr aufgeworfenen Grube stand, fiel sie rückwärts auf das Gesäß, wobei sie ihre Knie öffnete. Gleichzeitig stürzte ihr ein heftiger Blutstrom aus Nase und Mund.

Sie war zunächst nicht in der Lage, sich zu rühren. Allmählich bewegte sie sich aber und wischte mit dem Handrücken über das Gesicht. Der Polizeibeamte schrie sie mehrmals an, sie solle weiterarbeiten. Um sie dann zu zwingen, zog er seine Pistole und setzte sie ihr auf die Brust. Die Frau war aber vollkommen teilnahmslos und kam der mehrmaligen Aufforderung, weiter zu schaufeln, nicht nach. Darauf trat der männliche Zivilist an die Frau heran, um ihr beim Aufstehen behilflich zu sein. Weil sie aber trotzdem nicht aufstehen konnte, breitete sie ihre Beine aus und hob ihre Röcke hoch, so daß man sehen konnte, daß ihre Unterwäsche fast bis zu den Knien vollkommen mit Blut getränkt war. Sie mußte auf die Aufregung ihre Blutungen bekommen haben. Daraufhin sagte der Polizeibeamte, der noch an der Grube vor ihr stand: »Jetzt hat die auch noch die Kirmes gekriegt, nun wird nichts aus der Fickerei.«

»Das Generalgouvernement ... ein großes polnisches Arbeitslager«
Aktenvermerk Bormanns
über ein Gespräch bei Hitler

Geheim!   Berlin, den 2. 10. 1940
                                           Bo-An.

Aktenvermerk.
[...] Am 2. 10. 1940 entspann sich nach Tisch in der Wohnung des Führers eine Unterhaltung über den Charakter des Gouvernements, über die Behandlung der Polen [...]
Der Führer nahm nun grundsätzlich zu dem Gesamtproblem in folgender Weise Stellung:
Die Menschen des Generalgouvernements, die Polen also, seien nun nicht qualifizierte Arbeiter wie unsere deutschen Volksgenossen *und sollten es auch gar nicht sein*; sie müßten, um leben zu können, ihre eigene Arbeitskraft, d. h. sozusagen sich selbst exportieren. Die Polen müßten also nach dem Reich kommen und dort Arbeit in der Landwirtschaft, an Straßen und sonstigen niedrigen Arbeiten leisten, um sich dadurch ihren Lebensunterhalt zu verdienen; ihr Wohnsitz bliebe aber Polen, denn wir wollten sie ja gar nicht in Deutschland haben und wollten gar keine Blutsvermischung mit unseren deutschen Volksgenossen.
Der Führer betonte weiter, der Pole sei, im Gegensatz zu unserem deutschen Arbeiter, geradezu zu niedriger Arbeit geboren; unserem deutschen Arbeiter müßten wir aber alle Aufstiegsmöglichkeiten gewähren, für den Polen komme dies keinesfalls in Frage. Das Lebensniveau in Polen *müsse* sogar niedrig sein bzw. gehalten werden. Das Generalgouvernement solle nun keinesfalls ein abgeschlossenes und einheitliches Wirtschaftsgebiet werden, das seine notwendigen Industrie-Produkte ganz oder zum Teil selbst erzeuge, sondern das Generalgouvernement sei unser Reservoir an Arbeitskräften für niedrige Arbeiten (Ziegeleien, Straßenbau usw. usw.). Man könnte, betonte der Führer, in den Slawen nichts anderes hineinlegen, als was er von Natur aus sei. Während unser deutscher Arbeiter von Natur aus im allgemeinen strebsam und fleißig sei, sei der Pole von Natur aus faul und müsse zur Arbeit angetrieben werden. Im übrigen fehlten die Voraussetzungen dafür, daß das Gouvernement ein eigenes Wirtschaftsgebiet werden könne, es fehlten

die Bodenschätze, und selbst wenn diese vorhanden wären, seien die Polen zur Ausnützung dieser Bodenschätze unfähig.

Der Führer erläuterte, wir brauchten im Reich den Großgrundbesitz, damit wir unsere Großstädte ernähren könnten; der Großgrundbesitz wie die übrigen landwirtschaftlichen Betriebe brauchten zur Bestellung und zur Ernte Arbeitskräfte, und zwar billige Arbeitskräfte. Sowie die Ernte vorbei sei, könnten die Arbeitskräfte nach Polen zurück. Wenn die Arbeiter in der Landwirtschaft das ganze Jahr tätig wären, würden sie einen großen Teil dessen, was geerntet würde, selber wieder essen, deswegen sei es durchaus richtig, wenn aus Polen zur Bestellung und Ernte Saison-Arbeiter kämen. – Wir hätten auf der einen Seite überbesiedelte Industriegebiete, auf der anderen Seite Mangel an Arbeitskräften in der Landwirtschaft usw. Hierfür würden die polnischen Arbeiter gebraucht. Es sei also durchaus richtig, wenn im Gouvernement eine starke Übersetzung an Arbeitskräften vorhanden sei, damit von dort aus wirklich alljährlich die notwendigen Arbeiter in das Reich kämen. – Unbedingt zu beachten sei, daß es keine »polnischen Herren« geben dürfte; wo polnische Herren vorhanden seien, sollten sie, so hart das klingen möge, umgebracht werden.

Blutlich dürften wir uns natürlich nicht mit den Polen vermischen; auch daher sei es richtig, wenn neben den polnischen Schnittern auch polnische Schnitterinnen in das Reich kämen. Was diese Polen dann untereinander in ihren Lagern trieben, könne uns gänzlich gleichgültig sein, kein protestantischer Eiferer solle in diese Dinge seine Nase stecken.

Noch einmal müsse der Führer betonen, daß es für die Polen nur *einen* Herren geben dürfe und das sei der Deutsche; zwei Herren nebeneinander könne es nicht geben und dürfe es nicht geben, daher seien alle Vertreter der polnischen Intelligenz umzubringen. Dies klinge hart, aber es sei nun einmal das Lebensgesetz.

Das Generalgouvernement sei eine polnische Reservation, ein großes polnisches Arbeitslager. Auch die Polen profitierten davon, denn wir hielten sie gesund, sorgten dafür, daß sie nicht verhungerten usw.; nie dürften wir sie aber auf eine höhere Stufe erheben, denn sonst würden sie lediglich zu Anarchisten und Kommunisten. Für die *Polen* sei es auch daher durchaus richtig, wenn sie ihren Katholizismus behielten; die polnischen Pfarrer bekämen von uns ihre Nahrung, und dafür hätten sie ihre Schäfchen in der von uns gewünschten Weise zu dirigieren. Die Pfarrer würden von uns bezahlt, und dafür hätten sie zu predigen, wie wir es wünschten. Wenn ein Pfarrer dagegen handle, sei ihm kurzer Prozeß zu machen. Die Pfarrer müßten die Polen also ruhig dumm und blöd halten, dies läge durchaus in unserem Interesse; würden die Polen auf eine höhere Intelligenzstufe gehoben, dann seien sie nicht mehr die Arbeitskräfte, die wir benötigen. Im übrigen genüge es, wenn der Pole im Gouvernement einen kleinen Garten besitze, eine große Landwirtschaft sei gar nicht notwendig; das Geld, das der Pole zum Leben benötige, müsse er sich durch Arbeit in Deutschland verdienen. Diese billigen Arbeitskräfte benötigen wir nun einmal, ihre Billigkeit käme jedem Deutschen, auch jedem deutschen Arbeiter zugute. [...]

19

»Viele 10 Millionen werden sterben . . .«
Der »Kreuzzug gegen den Bolschewismus«

Lagerzaun im Gefangenen- und Vernichtungslager Lublin-Maidanek.
In den Pfosten eingeritzt: »Deutschland über alles«.

»... den riesenhaften Kuchen handgerecht zerlegen«
Aktenvermerk von Martin Bormann

Aktenvermerk   Führerhauptquartier, 16. 7. 1941
                                      Bo/Fu.

Geheime Reichssache!

Auf Anordnung des Führers fand heute bei ihm um 15 Uhr eine Besprechung mit Reichsleiter Rosenberg, Reichsminister Lammers, Feldmarschall Keitel, mit dem Reichsmarschall [Göring] und mir statt. Die Besprechung begann um 15 Uhr und dauerte mit einer Kaffeepause bis
gegen 20 Uhr. [...]
Die Motivierung unserer Schritte vor der Welt müsse sich also nach
taktischen Gesichtspunkten richten. Wir müßten hier genau so vorgehen
wie in den Fällen Norwegen, Dänemark, Holland und Belgien. Auch in
diesen Fällen hätten wir nichts über unsere Absichten gesagt, und wir
würden dies auch weiterhin klugerweise nicht tun.
Wir werden also wieder betonen, daß wir gezwungen waren, ein Gebiet
zu besetzen, zu ordnen und zu sichern; im Interesse der Landeseinwohner müßten wir für Ruhe, Ernährung, Verkehr usw. usw. sorgen; deshalb unsere Regelung. Es soll also nicht erkennbar sein, daß sich damit
eine endgültige Regelung anbahnt! Alle notwendigen Maßnahmen –
Erschießen, Aussiedeln usw. – tun wir trotzdem und können wir trotzdem tun.
Wir wollen uns aber nicht irgendwelche Leute vorzeitig und unnötig zu
Feinden machen. Wir tun also lediglich so, als ob wir ein Mandat aus-
üben wollten. Uns muß aber dabei klar sein, daß wir aus diesen Gebieten nie wieder herauskommen.

»*Kampf zweier Weltanschauungen gegeneinander.* Vernichtendes Urteil
über Bolschewismus, ist gleich asoziales Verbrechertum. Kommunismus
ungeheure Gefahr für die Zukunft. Wir müssen von dem Standpunkt des
soldatischen Kameradentums abrücken. Der Kommunist ist vorher kein
Kamerad und nachher kein Kamerad. Es handelt sich um einen Vernich-
tungskampf.«

Aufzeichnung von Generaloberst Franz Halder über eine Generals-Versammlung am
30. 3. 1941 bei Hitler

Demgemäß handelt es sich darum:
1. Nichts für die endgültige Regelung zu verbauen, sondern diese unter
der Hand vorzubereiten;
2. wir betonen, daß wir die Bringer der Freiheit wären.
[...] Grundsätzlich kommt es also darauf an, den riesenhaften Kuchen

handgerecht zu zerlegen, damit wir ihn erstens beherrschen, zweitens verwalten und drittens ausbeuten können.

Die Russen haben jetzt einen Befehl zum Partisanen-Krieg hinter unserer Front gegeben. Dieser Partisanenkrieg hat auch wieder seinen Vorteil: er gibt uns die Möglichkeit, auszurotten, was sich gegen uns stellt.

Grundsätzliches: Die Bildung einer militärischen Macht westlich des Ural darf nie wieder in Frage kommen, und wenn wir hundert Jahre darüber Krieg führen müßten. Alle Nachfolger des Führers müssen wissen: Die Sicherheit des Reiches ist nur dann gegeben, wenn westlich des Ural kein fremdes Militär existiere; den Schutz dieses Raumes vor allen eventuellen Gefahren übernimmt Deutschland. Eiserner Grundsatz muß sein und bleiben:

Nie darf erlaubt werden, daß ein Anderer Waffen trägt als der Deutsche!

Dies ist besonders wichtig; selbst wenn es zunächst leichter erscheint, irgendwelche fremden unterworfenen Völker zur Waffenhilfe heranzuziehen, es ist falsch! Es schlägt unbedingt und unweigerlich eines Tages gegen uns aus. Nur der Deutsche darf Waffen tragen, nicht der Slawe, nicht der Tscheche, nicht der Kossak [sic!] oder der Ukrainer! [...]

»Viele 10 Millionen werden sterben ...«

»Eine Zerstörung der russischen Verarbeitungsindustrie in der Waldzone [des Nordens] ist auch für die fernere Friedenszukunft Deutschlands eine unbedingte Notwendigkeit. [...] Aus all dem folgt, daß die deutsche Verwaltung in diesem Gebiet wohl bestrebt sein kann, die Folgen der zweifellos eintretenden Hungersnot zu mildern und den Naturalisierungsprozeß zu beschleunigen. Man kann bestrebt sein, diese Gebiete intensiver zu bewirtschaften im Sinne einer Ausdehnung der Kartoffelanbaufläche und anderer für den Konsum wichtiger, hohe Erträge gebender Früchte. Die Hungersnot ist dadurch nicht zu bannen. Viele 10 Millionen von Menschen werden in diesem Gebiet überflüssig und werden sterben oder nach Sibirien auswandern müssen.«

Bericht des Wirtschaftsstabes Ost, Gruppe Landwirtschaft, vor Beginn des Rußlandfeldzuges

---

Reichsleiter Rosenberg schnitt dann die Frage der Sicherung der Verwaltung an.

Der Führer sagt dem Reichsmarschall und dem Feldmarschall, er habe immer darauf gedrängt, daß die Polizei-Regimenter Panzerwagen bekämen; für den Einsatz der Polizei in den neuen Ostgebieten sei dies höchst notwendig, denn mit einer entsprechenden Anzahl von Panzerwagen könne ein Polizei-Regiment natürlich ein Vielfaches leisten. Im übrigen, betont der Führer, aber sei die Sicherung natürlich sehr dünn. Der Reichsmarschall werde aber alle seine Übungs-Flugplätze in die neuen Gebiete verlegen, und wenn es notwendig sei, dann könnten selbst Ju 52 bei Aufruhr Bomben schmeißen. Der Riesenraum müsse natürlich so rasch wie möglich befriedet werden; dies geschehe am besten dadurch, daß man Jeden, der nur schief schaue, totschieße.

Feldmarschall Keitel betonte, für ihre Dinge müsse man die Einwohner selbst verantwortlich machen, denn es sei natürlich nicht möglich, für jeden Schuppen und für jeden Bahnhof eine Wache zu stellen. Die Einwohner müßten wissen, daß Jeder erschossen würde, der nicht funktioniere, und daß sie für jedes Vergehen haftbar gemacht würden. [...]

»tierische Quälerei der friedlichen Bevölkerung«
Bericht einer Kommission der Stadt Konotop

Protokoll

8. 10. 1943. Wir, Unterzeichnete, die Kommission in der Zusammensetzung: der Vorsitzende, Sekretär der Staatlichen Kommission der KPdSU, Genosse Kitowitsch Jewstafij Nasarowitsch; die Mitglieder: der Vorsitzende des Städtischen Vollzugsausschusses, Genosse Marut Nikita Sergejewitsch; der Instruktor der Staatlichen Kommission der KPdSU, Genossin Chichluka Jefrosina Karpowna; der Stabschef der Luftabwehr, Bürger Konotop Ssulim Nikolaj Stepanowitsch; der Chefarzt des Städtischen Krankenhauses, Rachinskij Michail Makarowitsch; der Geistliche der Nikolajewsker Gemeinde, Sheltonoshskij Joan; der Schlosser des Kraftwerks, Woron Konstantin Nikititsch – haben vorliegendes Protokoll über die Verbrechen, die von den faschistischen deutschen Eroberern und ihren Bundesgenossen während der vorübergehenden Okkupation von September 1941 bis September 1943 in der Stadt Konotop begangen wurden, angefertigt.
Von den ersten Tagen des Einmarsches der deutschen Okkupanten in den Konotopsker Rayon [unterster Verwaltungsbezirk] begann eine unvorstellbare tierische Quälerei der friedlichen und wehrlosen Bevölkerung, die bis zu Prügel, Raub und physischer Massenvernichtung ging.
Die deutschen Behörden gaben einen Befehl heraus über die Registrierung der gesamten jüdischen Bevölkerung, Kommunisten, Komsomolzen und Aktivisten, der sowjetischen gewerkschaftlichen und anderer gesellschaftlicher Organisationen. Danach begannen Massenverhaftungen der friedlichen Bevölkerung. Gleichzeitig wurde die gesamte jüdische Bevölkerung verhaftet – in der Stadt Konotop lebten damals 280 Familien, an die 1000 Personen. Die Verhafteten wurden zunächst im Städtischen Gefängnis untergebracht. Nachdem dies überfüllt war, wurden sie im Kriegsgefangenenlager eingesperrt.
Die verhafteten sowjetischen Bürger hielt man in feuchten, kalten und überfüllten Zellen, einmal pro Tag gab es etwas zu essen. Die Ration bestand aus einer »Suppe« aus Gemüseabfällen und 200 g Brot aus Hirseabfällen, jedoch erhielten die Häftlinge diese Menge Brot nicht, weil 50 % des Brotes, ehe es zu den Häftlingen gelangte, schon von den Diensthabenden »kassiert« wurden. Die Suppe wurde ohne Salz ge-

kocht, Trinkwasser existierte überhaupt nicht. Den meisten Häftlingen gestattete die Polizei nicht, Sendungen von Verwandten in Empfang zu nehmen. Das Dienstpersonal nahm den Verhafteten im Gefängnis die bessere Kleidung ab und eignete sie sich an, dafür gab man den Gefangenen Lumpen und Holzschuhe. Im Gefängnis wurden die Häftlinge täglich lange verhört, dabei wurden sie fürchterlich mißhandelt und gefoltert. Ebenso gab es Massenverprügelungen mit Peitschen, Ladestökken und Kolben.

Die Häftlinge wurden so lange geschlagen, bis sie bewußtlos wurden, danach wurden sie wieder zu sich gebracht und dann von neuem geschlagen. So wurde die Familie von Kolesnikow, eines Arbeiters der Pumpstation der Stadt Konotop, geprügelt, ferner die Familie von Timtschenok Pawel, Arbeiter beim Eisenbahnausbesserungswerk, und andere. In der Regel kehrten die verhafteten sowjetischen Bürger nicht aus dem Gefängnis zurück, sondern wurden nach den Folterungen und Mißhandlungen erschossen. Die Massenerschießungen wurden in den Steinbrüchen der Ziegelei, auf dem neuen Friedhof, in den Mulden des Schlachthofes, auf dem Flugplatz und auf dem jüdischen Friedhof durchgeführt.

Auf dem Gelände der Steinbrüche der Ziegelei wurden zwölf Gräber entdeckt, in denen 1500 Leichen verscharrt waren. In einer dieser Gruben waren an die 400 Leichen verscharrt, die in der Nacht zum 2. 7. 1942 erschossen worden waren. Darunter waren: Kobro Iwan Iwanowitsch, die Angestellten der Rayonsfinanzabteilung: Klewakow Nikolaj und Kosin; der Leiter der Pumpstation, Kolesnik; Ssawtschenko Michail – Wirtschaftsleiter des Stalin-Kolchos des Dorfes Popowka; der Sekretär des landwirtschaftlichen Sowjets des Dorfes Popowka, Pinik Kondrat und seine Tochter, sowie viele andere. [...]

In der Nähe des ukrainischen Dorfes Petrikowo/bei Tarnopol: Eine sowjetische Untersuchungskommission vor den exhumierten Leichen erschossener Zivilisten.

Während der Okkupation der Stadt Konotop, von September 1941 bis September 1943 wurden von den deutschen Behörden ca. 30 000 Menschen erschossen, darunter ca. 3000 Personen aus den Reihen der Zivilbevölkerung – davon etwa 1000 Bürger jüdischer Nationalität – und ca. 27 000 Kriegsgefangene. [...]

Besonders grausam benahmen sich die deutschen Behörden der jüdischen Bevölkerung gegenüber. Nach der Registrierung zwang man alle Juden, auf dem Rücken und dem Ärmel besondere Abzeichen in gelber Farbe zu tragen. Alle Juden, unabhängig von Eignung und körperlichem Zustand, wurden gezwungen, schwere, über ihre Kräfte gehende körperliche Arbeiten zu verrichten. Dies ging so weit, daß sie Latrinen reinigen mußten. Dabei wurden sie geprügelt und mißhandelt, wo nur ein Jude einem Deutschen unter die Augen kam. [...]

Bald nach all diesen Mißhandlungen wurde den Juden empfohlen, ihre gute Kleidung anzuziehen, ebenso das Schuhwerk, die ihnen noch verbliebenen Wertsachen mitzunehmen und an einem Sammelpunkt zu erscheinen, unter dem Vorwand der Umsiedlung. Tatsächlich wurden alle Versammelten, darunter auch Greise und Kinder verschiedenen Alters, erschossen.

In der Stadt Konotop gab es ein Lager für kriegsgefangene Rotarmisten und Kommandeure der Roten Armee. Alle Kriegsgefangenen waren auf dem Gelände des Artillerieregiments untergebracht, das von Stacheldraht umgeben war. [...] Die Deutschen nahmen den Kriegsgefangenen alle guten Uniformen weg und gaben ihnen dafür Lumpenzeug und Holzschuhe.

Alle Kriegsgefangenen wurden unter Hungerration gehalten, einmal pro

26

In deutscher Kriegs-gefangenschaft sterben Millionen sowjetischer Soldaten.

Leichenhaufen als Hintergrund für ein Foto-Motiv.

Tag gab es eine »Suppe« und 100 g Hirsebrot. Alle Kriegsgefangenen, auch die Kranken, wurden gezwungen, schwer zu arbeiten. Es wurden Massenprügelungen durchgeführt. Eine medizinische Überwachung gab es nicht. Die Gefangenen waren furchtbar verlaust, infolgedessen gab es im Lager große Flecktyphusepidemien, an denen Tausende von Kriegsgefangenen umkamen. [...]
Insgesamt kamen während der Okkupation im Lager durch Kälte, Hunger, Epidemien, Folterungen und Erschießungen ca. 27 000 Kriegsgefangene um.

Verschleppung in die Sklaverei
Schon in den ersten Tagen ihrer Herrschaft »warben« die deutschen Behörden für die Verschleppung in die deutsche Sklaverei. Diese Verschleppung betraf alle Bürger ab 15 Jahren. Die Verschleppung wurde durch das Arbeitsamt bewerkstelligt, das Aufrufe an die sowjetischen Bürger verschickte und die darauf Erschienenen dann verschleppen ließ.
Auf den Versuch, die Ausreise nach Deutschland zu verweigern, stand Erschießung. So wurden die beiden Brüder Subko Nikolaj und Anatolij und Grabowskij Aleksander gefoltert und erschossen, weil sie sich geweigert hatten, nach Deutschland zu gehen.
In der Absicht, die gesamte Bevölkerung in die Sklaverei zu verschleppen, veranstalteten die Deutschen periodische Razzien auf Märkten, Bahnhöfen und in den Häusern. Alle dabei Aufgegriffenen wurden nach Deutschland abtransportiert. Besonders häufig wurden solche Razzien durchgeführt, wenn die Deutschen auf dem Rückzug waren. Sie ver-

Sowjetische Militärärzte untersuchen exhumierte Leichen.

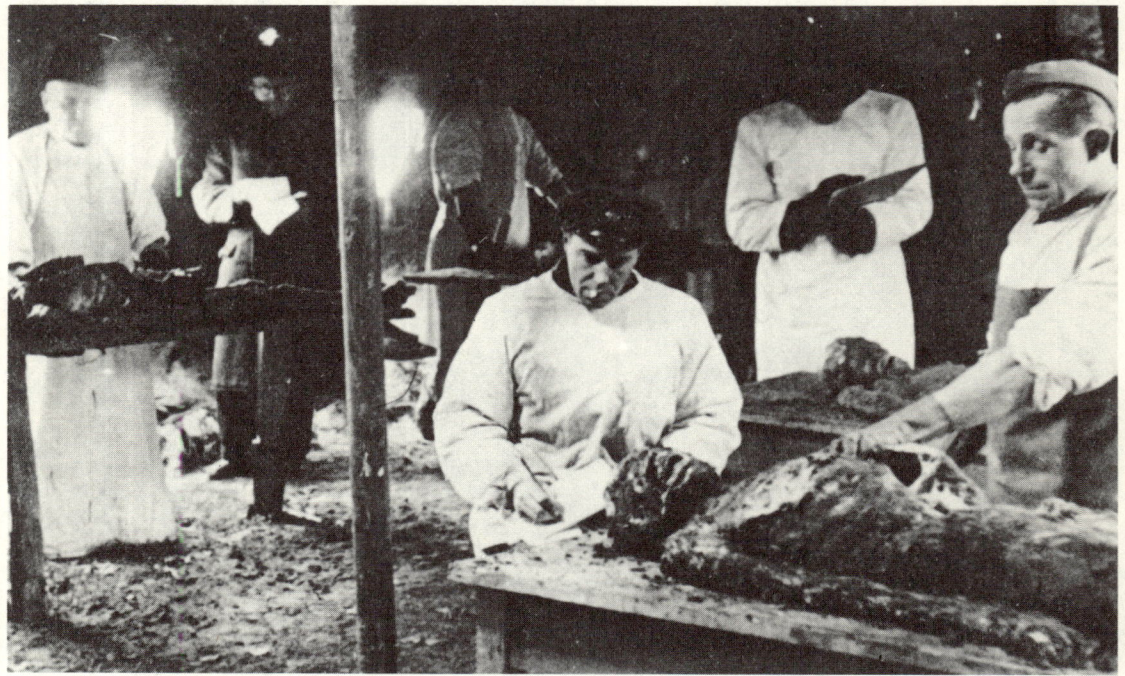

suchten dann, die ganze Bevölkerung zu verschleppen, aber dies gelang ihnen nicht, weil die Mehrheit sich in allen möglichen Unterschlüpfen versteckte, und weil die Rote Armee schnell voranrückte.

Aus den Briefen, die die sowjetischen Bürger aus Deutschland an ihre Angehörigen schickten, ist ersichtlich, daß alle in der Verschleppung wie Leibeigene gehalten wurden, unter unerträglich schweren Bedingungen. Man hatte sie in besonderen Lagern untergebracht, die mit Stacheldraht umzäunt und von Gendarmen bewacht waren. Man zwang sie, ausschließlich die schwersten Arbeiten zu verrichten, 12 bis 14 Stunden täglich. Man gab ihnen so schlechte Ernährung, daß sie völlig ausgezehrt wurden. [...]

»Verdächtige Elemente«
Zwei Befehle

Anordnung betr. die Sicherheit der Truppe

99.lei.Inf.Div.   Div.Gef.Std., den 12. 7. 1941
Abt. Ic

      Besondere Anordnungen Nr. 7 auf dem Ic-Gebiet.

Betreff: Sicherheit der Truppe.
      (Auszug aus Führungsordnung Nr. 13 des A.O.K.6 vom 10. 7. 41)

In Interesse der Sicherheit der Truppe sind bei Einnahme von Ortschaften durch die Truppe folgende Maßnahmen notwendig:

a.) Soldaten in Zivil, meist schon erkenntlich am kurzen Haarschnitt, sind nach Feststellung, daß sie rote Soldaten sind, zu erschießen (Ausnahme Überläufer).

b.) Zivilisten, welche in Haltung oder Handlung sich feindlich einstellen, insbesondere die rote Armee unterstützen (den Verkehr mit roten Truppen vermitteln, die sich in Wäldern aufhalten), sind als Freischärler zu erschießen. [...]

                      Für das Divisionskommando:
                      Der erste Generalstabsoffizier

Geheim-Befehl des Armeeoberkommandos 17 am 30. 7. 1941:

»[...] 7.) *Verdächtige Elemente*, denen zwar eine schwere Straftat oder Waffenbesitz nicht nachgewiesen werden kann, die aber hinsichtlich *Gesinnung* und Haltung gefährlich erscheinen, sind nach Möglichkeit an die Einsatzkommandos der SP (SD) abzugeben. Ein Verbindungsbeamter der beiden im Armeebereich tätigen Kommandos 6 und IV B befindet sich beim Ic/AO der Armee.

8.) Wo sich *passive Widerstände* abzeichnen oder wo bei Straßensperren, Schießereien, Überfällen und sonstigen Sabotageakten die Täter nicht sofort gestellt und in der bereits angeordneten Weise erledigt wer-

Sommer 1941: Erschießung »verdächtiger Elemente« durch eine Wehrmachtseinheit im Mittelabschnitt der Ostfront.

den können, sind *unverzüglich kollektive Gewaltmaßnahmen* auf Befehl eines Offiziers in der Dienststellung mindestens eines Bataillons- usw. Kommandeurs durchzuführen. Es wird ausdrücklich darauf hingewiesen, daß eine vorherige Festnahme von Geiseln für *zukünftiges Unrecht* nicht erforderlich ist.

Auch ohne besondere Bekanntmachung oder Festnahme haftet die Bevölkerung für die Ruhe in ihren Gebieten.

Kollektive Maßnahmen *nicht wahllos* treffen.

Soweit die auslösende Tat der *ukrainischen* Ortseinwohnerschaft nicht nachgewiesen werden kann, sind die Ortsvorsteher anzuweisen, in erster Linie jüdische und kommunistische Einwohner zu nennen ...«

gez. von Stülpnagel

»Die Vernichtung der Zivilbevölkerung«
Untersuchungsbericht einer Kommission in Shitomir.

Protokoll vom 5. bis 16. 2. 1944

Die deutschen Eroberer verwirklichten den Plan der faschistischen Regierung und vernichteten systematisch die Bevölkerung der Stadt Shitomir und anderer besetzter Ortschaften. Die Vernichtung wurde sowohl auf dem Wege von Einzelerschießungen und Erhängungen friedlicher Bürger als auch durch Massenausrottung durchgeführt. Zu diesem Zweck benutzten die faschistischen Barbaren verschiedene Vorwände, um noch mehr sowjetische Bürger vernichten zu können. Sie zündeten selbst staatliche und private Gebäude an und wälzten es auf die Banditen ab, wie sie die Partisanen nannten. Kinder, Alte und Invalide wurden deshalb erschossen, weil sie ernährt werden mußten, ohne selbst dafür arbeiten zu können.

Zweieinhalb Jahre lang wurden in der Stadt Shitomir auf Plätzen sowjetische Bürger systematisch durch Erhängen hingerichtet. Auf diese Weise wurden an die 100 Menschen vernichtet, völlig unschuldige sowjetische Bürger.

Bis zum Einmarsch der Eroberer gab es in der Stadt ein gut eingerichtetes Invalidenheim, in dem eine große Anzahl alleinstehender alter Männer und Frauen lebte. Zur Zeit des Einmarsches der Deutschen lebten in diesem Haus 278 Invaliden, darunter 65 Juden. Ein Teil der Invaliden verließ das Haus der chronisch Kranken, ein Teil starb vor Hunger. Gleich zu Anfang strichen die Deutschen den jüdischen Invaliden die Rationen, die danach noch übriggebliebenen 25 Leute wurden aus dem Haus der Invaliden herausgeholt und erschossen. Darunter waren: Spektor A. M., Kigjel' D., Pikman I. Ch., Dubowoi F. A. und andere. In ähnlicher Weise verfuhren die Deutschen mit den Kindern, die in Waisenhäusern lebten. In der Stadt Shitomir befand sich in der Ssinel'ni-

Ein Kind an der Leiche seiner Mutter, umgekommen in einem KZ für Zivilisten, nahe der Ortschaft Ozaritschi.

kowska-Str. ein Waisenhaus, in dem sich unter Kindern anderer Nationalität auch 50 jüdische Kinder befanden. Die Deutschen erschossen sie alle. Darüber berichtet die Erzieherin des Kinderheims, Frau Scheniowskaja: »Ende Juli 1941 begann ich als Erzieherin zu arbeiten, und ich weiß, daß die deutschen Behörden dem Kinderheim in keiner Weise halfen. Ihr Verhalten den Kindern gegenüber war tierisch. Zweimal kamen deutsche Soldaten in das Kinderheim und holten jüdische Kinder ab. Ich war Augenzeugin, wie bewaffnete Deutsche in den Speisesaal kamen und anfingen, die Kinder fortzubringen. Weil die letzten fortliefen, schlugen sie sie mit den Gewehrkolben. Die Kinder schrien, hielten sich an Stühlen und Wänden fest, aber die Deutschen ergriffen sie und luden sie auf ein großes Auto. Ich nahm den Jungen Ljunja bei der Hand und sagte, daß ich ihn nicht hergeben würde. Dafür wurde ich von einem Deutschen geschlagen, aber es gelang mir trotzdem, das Kind zu retten. Insgesamt wurden 1941 50 Kinder von den Deutschen fortgebracht und erschossen, sie waren im Alter von vier bis fünf Jahren.«
Die deutschen Barbaren trieben 1941 die gesamte jüdische Bevölkerung, die am Tag des Kriegsbeginns nach statistischen Angaben für die Stadt Shitomir mehr als 35 000 Menschen ausgemacht hatte, in ein be-

Die Brüder Moisej (elf Jahre alt) und Grischa Beljakow (neun Jahre alt). Ihre Mutter starb in einem KZ für Zivilisten nahe der Siedlung Dert.

sonders zugewiesenes Stadtviertel zusammen (Tschudnowskaja-, Ostrowskaja- und Kafedralnajastraße). Es war den Juden verboten, diesen Bezirk zu verlassen. Alle Juden mußten Armbinden mit dem »Davidstern« tragen. Zu Anfang drückte sich die Verhöhnung der Juden darin aus, daß sie zu den schmutzigsten und schwersten Arbeiten geschickt wurden. Danach kamen jede Nacht geschlossene Kraftwagen in das jüdische Viertel, in welche die Juden verladen wurden. Dann brachte man sie über die N.-Wolynsker Chaussee zum Vorwerk Dowshik, das 9 km von Shitomir entfernt liegt, wo sie alle erschossen wurden.

Wie selbst aus deutschen Angaben zu ersehen ist, die über die jüdische Bevölkerung gemacht wurden, wurden im Laufe zweier Monate, d. h. vom 4. 7. bis zum 5. 9. 1941, wo die erste Zählung abgeschlossen war, an die 30 000 jüdische Menschen erschossen. Im September 1941 wurden an die 4000 jüdische Menschen vernichtet. Das gleiche Schicksal erlitten sowjetische Bürger anderer Nationalitäten, insbesondere Zigeuner, Russen und Ukrainer. Dadurch erklärt sich der Umstand, daß von 93 000 Bewohnern der Stadt (bei Kriegsbeginn) zum Zeitpunkt der Befreiung der Stadt nicht mehr als 15 000 Menschen übriggeblieben waren. Auf diese Weise haben also die deutschen Okkupanten während ihrer Herrschaft in Shitomir an die 70 000 Menschen vernichtet. Besonders wüteten die Deutschen im November 1943, als sie nach der Vertreibung in die Stadt Shitomir zurückkehrten. [...]

»Der Russe ist seit jeher an hartes und schonungsloses Durchgreifen der Autorität gewöhnt. Die notwendige schnelle Befriedung des Landes ist nur zu erreichen, wenn schon jede Bedrohung durch die feindliche Zivilbevölkerung rücksichtslos unterbunden wird. Jede Nachsicht und Weichheit ist Schwäche und bedeutet eine Gefahr.
Der beabsichtigte Einsatz von Partisanen-Abteilungen im eigenen rückwärtigen Gebiet, der Aufruf zur Bildung von Banden aus Jugendlichen und überhaupt das hetzerische Wirken der Träger des jüdisch-bolschewistischen Systems lassen erwarten, daß auch in bisher ruhigen Gebieten der Kleinkrieg wieder auflebt. [...] Angriffe und Gewalttaten aller Art gegen Personen und Sachen, auch alle Versuche, sind rücksichtslos mit der Waffe bis zur Vernichtung des Gegners niederzukämpfen.«

Geheim-Befehl des Generals z.b.V. beim Oberbefehlshaber des Heeres, Eugen Müller, vom 25. 7. 1941.

Bei der Shitomirsker Gebietsunterstützungskommission gingen von örtlichen Bürgern eine Reihe von Erklärungen ein, die Angaben darüber enthalten, wo die deutschen Eroberer und ihre Handlanger die Vernichtung der Zivilbevölkerung der Stadt und der Umgebung durchgeführt haben.

Im Zusammenhang damit wurde aus Ärzten der Stadt eine Sonderkommission gerichtsmedizinischer Experten gegründet, unter dem Vorsitz von Professor Woronyj Ju., die vom 5. bis 15. eine Exhumierung und Leichenschau der Opfer der deutschen faschistischen Eroberer durchführte.

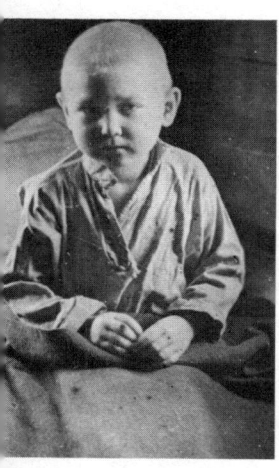

Gerettetes Kind aus einem KZ für Zivilisten im Kreise Podosinnik.

Die Kommission der gerichtsmedizinischen Experten, in der Zusammensetzung: Professor Woronyj Ju., die Ärzte Stoliza, B., Iskra F. I., Skalkij M. N., in Anwesenheit des Bevollmächtigten der Außerordentlichen Staatlichen Kommission, des Kandidaten der Rechtswissenschaften Wjel'nikow D. G., die Mitglieder der Shitomirsker Gebietsunterstützungskommission: der Geistliche Vater Feodot Tysljukjewitsch, Chartschenko K. S., Oberst Schapowalow, Roshantschuk N. M. und eine große Anzahl hiesiger Einwohner stellten fest, daß die faschistischen deutschen Okkupanten und ihre Handlanger an folgenden Stellen hiesige Einwohner erschossen haben:

1) 500 m südlich des Vorwerks Dowshik, das 10 km von der Stadt Shitomir entfernt im Wald gelegen ist, wurden zwei Erschießungsstätten und Begräbnisplätze für Leichen entdeckt. Erstens fand man zwei Stellen bei dem Weg, der bei Kilometer 9 aus dem Vorwerk Dowshik auf die N.-Wolynsker Chaussee führt. Es wurden sechs Gräber entdeckt, bei deren Aushebung 962 menschliche Leichen verschiedenen Geschlechts und Alters entdeckt und exhumiert wurden. Zweitens fand man auf dem Wege, der von eben diesem Vorwerk bei Kilometer 8 auf die Chaussee führt, eine Fläche von zwei Hektar, drei Meter hoch mit Draht umzäunt, zwischen dem dichte Eichenzweige verflochten waren, durch die man von außen nicht sehen konnte, was drinnen vor sich ging. Auf diesem Areal wurden 13 Gräber entdeckt, mit den Ausmaßen 16 × 2 × 2,5 m. Bei der Öffnung der Gräber wurde eine männliche Leiche entdeckt, die Reste einer vom Feuer teilweise angegriffenen Leiche und eine große Anzahl verbrannter Knochen. Bei der Exhumierung war starker Leichengeruch festzustellen.

Die bei der Exhumierung anwesenden Zeugen gaben an, daß an dem besichtigten Platz im Laufe der Jahre 1941/42 zivile Bürger erschossen worden und auch begraben worden seien. Im Juli 1943 sei diese Stätte eingezäunt worden, und es seien auch Wachen aufgestellt worden. Augenzeugen hatten beobachtet, daß einen Monat lang von dem eingezäunten Platz Rauch aufgestiegen sei, der ausgesprochen übelriechend gewesen sei und sich so ausgebreitet hätte, daß er sogar noch in den Häusern des Vorwerks Dowshik, das von diesem Platz 500–600 m entfernt liegt, spürbar gewesen sei.

Die Kommission der gerichtsmedizinischen Experten kam zu dem Schluß, daß in dem genannten Areal Beerdigungen und später dann Exhumierungen und Verbrennungen von menschlichen Leichen, nicht weniger als 20000 an der Zahl, stattgefunden haben.

2) Südlich der N.-Wolynsker Chaussee, 8 km von Shitomir entfernt, wurden im Wald, an dem Weg, der in das Dorf Baraschewka führt, 28 Gräber und zwei nicht abgedeckte Gruben entdeckt. Beim Öffnen der Gräber fand man 14110 Leichen. Dabei entdeckte man ein ganzes Grab mit Leichen, die völlig unbekleidet waren. In einem Grab wurde die Leiche einer Frau gefunden, die am Arm eine Binde mit einem großen roten Kreuz trug. Einem großen Teil der Leichen waren die Hände mit Draht oder Riemen gefesselt. In einer der nicht abgedeckten Gruben wurden

bei der Exhumierung vier gut erhaltene Leichen gefunden – 3 Männer und 1 Frau. In der Kleidung der einen männlichen Leiche wurden Papiere auf den Namen Wlassow F. I., wohnhaft in der Stadt Shitomir, Proviantskaja 13/14 entdeckt. Die Frau des Toten, Frau Wlassowa A. C., gab an, daß er im Dezember 1943 von der Gestapo verhaftet worden sei, weil er unter dem Verdacht stand, in seiner Wohnung einen Juden versteckt und ein Gewehr aufbewahrt zu haben.

Vernichtung von Kriegsgefangenen
Bald nach der Einnahme der Stadt Shitomir und ihrer Umgebung richteten die deutschen Eroberer im Gebiet der Siedlung Bogunija ein Lager zur Unterbringung der Kriegsgefangenen ein. Zu diesem Zweck um-

Soldaten gehen – im wahrsten Sinne des Wortes – über Leichen.

36

zäunten sie ein bestimmtes Gebiet mit Stacheldraht. Im Sommer lebten die Gefangenen in dieser Umzäunung unter freiem Himmel, im Winter wurden sie in alten kalten Scheunen oder offenen Schuppen gehalten. In diesem Lager wurde eine riesige Anzahl von Gefangenen zusammengetrieben, die 100 000 und mehr betrug. Die Deutschen benutzten die Gefangenen zu aufreibenden Arbeiten, bei denen sie oft starben.

Die Okkupanten gaben den Gefangenen fast nichts zu essen, und so kam es, daß sie täglich zu Hunderten starben. Der Grund für dieses Sterben war der Hunger. Der Zivilbevölkerung war es verboten, den Gefangenen Essen zu geben. Weil die Zivilbevölkerung sah, wie die Gefangenen vor Hunger starben, brachten einige Leute Essen. Lange Zeit hindurch verboten die Deutschen kategorisch, daß den Gefangenen das Essen gegeben wurde.

Am 22. Juli 1942 gab der Kommandant des Lagers von Bogunija in der Zeitung »Die Stimme Wolyniens« (Golos Wolyni) eine Ordnung für die Übergabe von Sendungen an die Gefangenen bekannt. Dies sollte möglich sein an Montagen und Donnerstagen von 9 bis 11 Uhr morgens. Gewöhnlich wurden jedoch die übergebenen Sachen (Lebensmittel) den Gefangenen nicht weitergegeben, sondern blieben bei der Lagerwache. Mit allen Mitteln bemühte sich die Zivilbevölkerung, den Kriegsgefangenen ihr Los zu erleichtern und ihnen zu helfen.

Am 14. 10. 1941 trieben die Deutschen eine Gruppe hungriger Kriegsgefangener die Chlebnastraße entlang. Eine Einwohnerin der Stadt, Frau Jazkowskaja M. A., beschloß, ihnen zu helfen. Zu diesem Zweck schickte sie ihre 10jährige Tochter Nina mit einem Stück Brot hinaus und sagte ihr, daß sie das Brot den Kriegsgefangenen geben solle. Als das Mädchen einem Kriegsgefangenen das Brot übergeben wollte, schoß ein Mann von der Begleitmannschaft zweimal auf sie und tötete sie auf der Stelle.

Betrifft Wladimir Romanenko, geboren 14. 3. 1910, wohnhaft Nikolaiew, Nikolskaia 34.

Am 7. 9. 1941 wurde das Sonderkommando XIa durch SS-Sturmbannführer Gemeiner benachrichtigt, daß durch die Feldgendarmerie ein Russe festgenommen sei, der zur Arbeitsniederlegung aufgefordert und russische Arbeiter bedroht habe, wenn sie noch weiter für deutsche Stellen arbeiteten. Der Herr Oberbefehlshaber habe die Abgabe an das Sonderkommando befohlen und mitgeteilt, daß er eine exemplarische Bestrafung – wenn möglich öffentliche Exekution durch den Strang – wünsche.

Sofortige Nachfrage bei der Feldgendarmerie ergab folgendes: Am 6. 9. 1941 übergab der Feldwebel Otto Ast vom Armee-Oberkommando – Oberquartiermeister – der Feldgendarmerie den Russen Wladimir Romanenko mit dem Hinweis, daß er (Ast) festgestellt habe, daß die Arbeitslust der bei deutschen Behörden beschäftigten russischen Arbeitskräfte nachgelassen habe. Seine weiteren Feststellungen seien dahin gegangen, daß er einen »Kommissar« ermittelt habe, der Arbeiter und Arbeiterinnen im Sinne einer Arbeitsniederlegung beeinflußt, zum Teil sogar geschlagen habe. Dieser Kommissar sei Romanenko. Die Feldgendarmerie lieferte R. – nach Rücksprache mit der hiesigen Dienststelle

– vorerst in das Kriegsgefangenenlager ein, da R. als Kriegsgefangener zu behandeln war.

Am 7.9.1941 nahm das Sonderkommando XIa die weiteren Ermittlungen in der Angelegenheit auf. Dabei wurde festgestellt, daß die Angaben des Feldwebels Ast zumindest aufgebauscht waren.

Romanenko bewohnt in der Nikolskaia 34 eine Wohnung, in die seit Ende August 1941 zwei Mädchen eingezogen sind, die R. um Aufnahme baten. Im Laufe der Zeit mußte R. feststellen, daß diese Mädchen sehr viel Männerbesuch erhielten. Dabei kamen auch deutsche Wehrmachtsangehörige, die Wäsche zum Waschen brachten. Da Romanenko gegen diese Männerbesuche in seiner Wohnung Einwendungen machte, entspannen sich zwischen ihm und den Mädchen Streitigkeiten, die einmal zu Tätlichkeiten ausarteten.

Von diesen Mädchen, die als Arbeiterinnen tätig sind, hat Feldwebel Ast Kenntnis von den Vorgängen erhalten. Er schenkte diesen Angaben kritiklos Glauben, durchsuchte die Wohnung des R. und nahm ihn schließlich fest. Bei der Wohnungsdurchsuchung fand Feldwebel Ast sowjetische Offiziersspiegel, die ihn zu der Behauptung veranlaßten, bei Romanenko handle es sich um einen Kommissar. Eine Befragung zeigte, daß Feldwebel Ast die Abzeichen eines Kommissars überhaupt nicht kennt. Die vorgefundenen Kragen sind Teile einer Uniform eines russischen Kriegsgerichtsanwaltes, der die Wohnung vor dem Kriege innehatte. Die von Feldwebel Ast gemeldete Bedrohung von zwei alten Leuten, die in dem Hause Nikolskaia 34 wohnen, ergab ihre vollkommene Unrichtigkeit. Während der Zeit, als R. die alten Leute angeblich bedroht haben sollte, befand er sich auf dem Weg zum Kriegsgefangenenlager. Außerdem geben die alten Leute auf Befragen lediglich an, daß sie den Romanenko kennen. Davon, daß sie von ihm bedroht wurden, war ihnen nichts bekannt.

Die Ermittlungen ergaben also ein völlig anderes Bild. Feldwebel Ast, der im Zivilberuf Justizinspektor ist, scheint aus Neigung oder aus anderen Gründen kriminalistischen Ambitionen nachzugehen, die ihn verleiten, Sachverhalte vollständig klären zu wollen, für deren Klärung es ihm an der nötigen Kritik und dem nötigen sachlichen Abstand zu den Vorgängen mangelt. Der Erfolg einer derartigen Bemühung zeigt sich im vorliegenden Fall besonders deutlich:

Die anfangs gemachten Angaben veranlaßten die Dienststellen zu einer Ermittlungstätigkeit, die in keinem Verhältnis zu dem Erfolg steht. Durch die Abstellung mehrerer Beamter wurden wesentlich wichtigere Arbeiten behindert. [...]

Da es sich bei Romanenko um einen Geistesschwachen handelt, der nach eigener Angabe bereits dreimal in einer Heilanstalt untergebracht war, wurde er am 9.9.1941 aus erbbiologischen Gründen exekutiert. Die beiden als Zeuginnen gegen R. aufgetretenen Mädchen wurden ernstlich verwarnt und entlassen.

gez. Unterschrift.
SS-Obersturmführer

»Feldzug gegen das jüdisch-bolschewistische System«
Ein »ausgezeichneter« Befehl von Generalfeldmarschall von Reichenau

Oberkommando des Heeres	H.Qu.OKH, den 28.10.41
Gen.St.d.H./Gen.Qu.	Geheim!
Abt. K. Verw. (Qu. 4/B)	
II 74 98/41 g.	

Betr.: Verhalten der Truppe im Ostraum.

Auf Anordnung des Herrn Oberbefehlshabers des Heeres wird anliegend Abschrift eines vom Führer als ausgezeichnet bezeichneten Befehls des Oberbefehlshabers der 6. Armee über das Verhalten der Truppe im Ostraum übersandt mit der Bitte – soweit nicht bereits geschehen –, im gleichen Sinne entsprechende Anordnungen zu erlassen.

J.A.

gez. Wagner

Armeeoberkommando 6		A.H.Qu., den 10.10.41.
Abt. Ia–Az. 7	Geheim!	

Betr.: Verhalten der Truppe im Ostraum.
Hinsichtlich des Verhaltens der Truppe gegenüber dem bolschewistischen System bestehen vielfach noch unklare Vorstellungen.
Das wesentlichste Ziel des Feldzuges gegen das jüdisch-bolschewistische System ist die völlige Zerschlagung der Machtmittel und die Ausrottung des asiatischen Einflusses im europäischen Kulturkreis. Hierdurch entstehen auch für die Truppe Aufgaben, die über das hergebrachte einseitige Soldatentum hinausgehen. Der Soldat ist im Ostraum nicht nur ein Kämpfer nach den Regeln der Kriegskunst, sondern auch Träger einer unerbittlichen völkischen Idee und der Rächer für alle Bestialitäten, die deutschem und artverwandtem Volkstum zugefügt wurden.
Deshalb muß der Soldat für die Notwendigkeit der harten, aber gerechten Sühne am jüdischen Untermenschentum volles Verständnis haben. Sie hat den weiteren Zweck, Erhebungen im Rücken der Wehrmacht, die erfahrungsgemäß stets von Juden angezettelt wurden, im Keime zu ersticken.
Der Kampf gegen den Feind hinter der Front wird noch nicht ernst genug genommen. Immer noch werden heimtückische, grausame *Partisanen* und entartete Weiber zu Kriegsgefangenen gemacht, immer noch werden halb uniformierte oder in Zivil gekleidete Heckenschützen und Herumtreiber wie anständige Soldaten behandelt und in die Gefangenenlager abgeführt. Ja, die gefangenen russischen Offiziere erzählen

hohnlachend, daß die *Agenten der Sowjets* sich unbehelligt auf den Straßen bewegen und häufig an den deutschen Feldküchen mitessen. Ein solches Verhalten der Truppe ist nur noch durch völlige Gedankenlosigkeit zu erklären. Dann ist es aber für die Vorgesetzten Zeit, den Sinn für den gegenwärtigen Kampf wachzurufen.

Das *Verpflegen von Landeseinwohnern und Kriegsgefangenen*, die nicht im Dienste der Wehrmacht stehen, an Truppenküchen ist eine ebenso mißverstandene Menschlichkeit wie das Verschenken von Zigaretten und Brot. Was die Heimat unter großer Entsagung entbehrt, was die Führung unter größten Schwierigkeiten nach vorne bringt, hat nicht der Soldat an den Feind zu verschenken, auch nicht, wenn es aus der Beute stammt. Sie ist ein notwendiger Teil unserer Versorgung.

Die Sowjets haben bei ihrem Rückzug häufig Gebäude in Brand gesteckt. Die Truppe hat nur soweit ein Interesse an Löscharbeiten, als notwendige Truppenunterkünfte erhalten werden müssen. Im übrigen liegt das Verschwinden der Symbole einstiger Bolschewistenherrschaft, auch in Gestalt von Gebäuden, im Rahmen des Vernichtungskampfes. Weder geschichtliche noch künstlerische Rücksichten spielen hierbei im Ostraum eine Rolle. Für die Erhaltung der wehrwirtschaftlich wichtigen Rohstoffe und Produktionsstätten gibt die Führung die notwendigen Weisungen.

Die restlose *Entwaffnung der Bevölkerung* im Rücken der fechtenden Truppe ist mit Rücksicht auf die langen, empfindlichen Nachschubwege vordringlich. Wo möglich, sind Beutewaffen und Munition zu bergen und zu bewachen. Erlaubt dies die Kampflage nicht, so sind Waffen und Munition unbrauchbar zu machen. Wird im Rücken der Armee Waffengebrauch einzelner Partisanen festgestellt, so ist mit drakonischen Maßnahmen durchzugreifen. Diese sind auch auf die männliche Bevölkerung auszudehnen, die in der Lage gewesen wäre, Anschläge zu verhindern. Die Teilnahmslosigkeit zahlreicher angeblich sowjetfeindlicher Elemente, die einer abwartenden Haltung entspringt, muß einer klaren Entscheidung zur aktiven Mitarbeit gegen den Bolschewismus weichen. Wenn nicht, kann sich niemand beklagen, als Angehöriger des Sowjetsystems gewertet und behandelt zu werden. Der Schrecken vor den deutschen Gegenmaßnahmen muß stärker sein als die Drohung der umherirrenden bolschewistischen Restteile.

Fern von allen politischen Erwägungen der Zukunft hat der Soldat zweierlei zu erfüllen:

1.) die völlige Vernichtung der bolschewistischen Irrlehre, des Sowjet-Staates und seiner Wehrmacht,

2.) die erbarmungslose Ausrottung artfremder Heimtücke und Grausamkeit und damit die Sicherung des Lebens der deutschen Wehrmacht in Rußland.

Nur so werden wir unserer geschichtlichen Aufgabe gerecht, das deutsche Volk von der *asiatisch-jüdischen Gefahr* ein für allemal zu befreien.

Der Oberbefehlshaber:
gez. von Reichenau
Generalfeldmarschall.

»...im Dienst einer Gruppe jüdisch geleiteter Terroristen«

»Die Beurteilung des Bolschewismus muß von der Tatsache ausgehen, daß es sich beim Bolschewismus letztlich um eine Geisteshaltung handelt, deren Kennzeichen sind: Entpersönlichung des Menschen, Entgeistung der Kultur, Umwertung der weltanschaulichen und sittlichen Begriffe von Wahrheit und Gerechtigkeit im Dienst einer Gruppe jüdisch geleiteter Terroristen.«

Erzbischof Dr. Conrad Gröber

»Mit Genugtuung verfolgen wir den Kampf gegen die Macht des Bolschewismus, vor dem wir deutschen Bischöfe in zahlreichen Hirtenbriefen vom Jahre 1921 bis 1936 die Katholiken Deutschlands gewarnt und zur Wachsamkeit aufgefordert haben. [...]«

Aus der Denkschrift des deutschen Episkopates vom 10. 12. 1941 an die Reichsregierung

»Das jüdisch-bolschewistische System muß ein für allemal ausgerottet werden«
Geheim-Befehl des Oberbefehlshabers
der 11. Armee, Erich von Manstein

Armeeoberkommando 11   A. H. Qu. den 20. 11. 1941
Abt. Ic/AO Nr. 2379/41 geh.
                              Geheim!
Seit dem 22. 6. steht das deutsche Volk in einem Kampf auf Leben und Tod gegen das bolschewistische System.
Dieser Kampf wird nicht in hergebrachter Form gegen die sowjetische Wehrmacht allein nach europäischen Kriegsregeln geführt.
Auch hinter der Front wird weiter gekämpft: Partisanen, in Zivil gekleidete Heckenschützen, überfallen einzelne Soldaten und kleinere Trupps und suchen durch Sabotage mit Minen und Höllenmaschinen unseren Nachschub zu stören. Zurückgebliebene Bolschewisten halten durch Terror die vom Bolschewismus befreite Bevölkerung in Unruhe und suchen dadurch die politische und wirtschaftliche Befriedung des Landes zu sabotieren. Ernte und Fabriken werden zerstört und damit besonders die Stadtbevölkerung rücksichtslos dem Hunger ausgeliefert.
Das Judentum bildet den Mittelsmann zwischen dem Feind im Rücken und den noch kämpfenden Resten der Roten Wehrmacht und der Roten Führung. Es hält stärker als in Europa alle Schlüsselpunkte der politischen Führung und Verwaltung, des Handels und des Handwerks besetzt und bildet weiter die Zelle für alle Unruhen und möglichen Erhebungen.

> »Die Russen wollen stets nur Masse sein, die regiert wird. So wird auch ein deutscher Einmarsch auf sie wirken. Denn er erfüllt wiederum ihren Wunsch: ›Kommt und herrscht über uns‹.«
>
> »Wir wollen die Russen nicht zum Nationalsozialismus bekehren, sondern zu unserem Werkzeug machen.«
>
> Aus: 12 Gebote für das Verhalten der Deutschen im Osten, von Herbert Backe, Staatssekretär im Reichsernährungsministerium, Berlin, den 1.6.1941.

Das jüdisch-bolschewistische System muß ein für allemal ausgerottet werden. Nie wieder darf es in unseren europäischen Lebensraum eingreifen.

Der deutsche Soldat hat daher nicht allein die Aufgabe, die militärischen Machtmittel dieses Systems zu zerschlagen. Er tritt auch als Träger einer völkischen Idee und Rächer für alle Grausamkeiten, die ihm und dem deutschen Volk zugefügt wurden, auf.

Der Kampf hinter der Front wird noch nicht ernst genug genommen. Aktive Mitarbeit aller Soldaten muß bei der Entwaffnung der Bevölkerung, der Kontrolle und Festnahme aller sich herumtreibender Soldaten und Zivilisten und der Entfernung der bolschewistischen Symbole gefordert werden. Jede Sabotage muß sofort und mit schärfsten Maßnahmen gesühnt werden, alle Anzeichen hierfür gemeldet werden.

Die Ernährungslage der Heimat macht es erforderlich, daß sich die Truppe weitgehendst aus dem Lande ernährt und daß darüber hinaus möglichst große Bestände der Heimat zur Verfügung gestellt werden. Besonders in den feindlichen Städten wird ein großer Teil der Bevölkerung hungern müssen. Trotzdem darf aus mißverstandener Menschlichkeit nichts von dem, was die Heimat unter Entbehrung abgibt, an Gefangene und Bevölkerung – soweit sie nicht im Dienste der deutschen Wehrmacht stehen – verteilt werden.

Für die Notwendigkeit der harten Sühne am Judentum, dem geistigen Träger des bolschewistischen Terrors, muß der Soldat Verständnis aufbringen. Sie ist auch notwendig, um alle Erhebungen, die meist von Juden angezettelt werden, im Keime zu ersticken.

Aufgabe der Führer aller Grade ist es, den Sinn für den gegenwärtigen Kampf dauernd wach zu halten. Es muß verhindert werden, daß durch Gedankenlosigkeit der bolschewistische Kampf hinter der Front unterstützt wird.

Von den nichtbolschewistischen Ukrainern, Russen und Tataren muß erwartet werden, daß sie sich zu der neuen Ordnung bekennen. Die Teilnahmslosigkeit zahlreicher angeblich sowjetfeindlicher Elemente muß einer klaren Entscheidung zur aktiven Mitarbeit gegen den Bolschewismus weichen. Wo sie nicht besteht, muß sie durch entsprechende Maßnahmen erzwungen werden.

Die freiwillige Mitarbeit am Aufbau des besetzten Landes bedeutet für die Erreichung unserer wirtschaftlichen und politischen Zwecke eine absolute Notwendigkeit.

»Diese Pest unschädlich machen«

»Telegramm des Geistlichen Vertrauensrats der Deutschen Evangelischen Kirche an den Führer

Der Geistliche Vertrauensrat der Deutschen Evangelischen Kirche, erstmalig seit Beginn des Entscheidungskampfes im Osten versammelt, versichert Ihnen, mein Führer, in diesen hinreißend bewegten Stunden aufs neue die unwandelbare Treue und Einsatzbereitschaft der gesamten evangelischen Christenheit des Reiches. Sie haben, mein Führer, die bolschewistische Gefahr im eigenen Lande gebannt und rufen nun unser Volk und die Völker Europas zum entscheidenden Waffengange gegen den Todfeind aller Ordnung und aller abendländisch-christlichen Kultur auf. Das deutsche Volk und mit ihm alle seine christlichen Glieder danken Ihnen für diese Ihre Tat. Daß sich die britische Politik nun auch offen des Bolschewismus als Helfershelfer gegen das Reich bedient, macht endgültig klar, daß es ihr nicht um das Christentum, sondern allen um die Vernichtung des deutschen Volkes geht. Der allmächtige Gott wolle Ihnen und unserem Volk beistehen, daß wir gegen den doppelten Feind den Sieg gewinnen, dem all unser Wollen und Handeln gelten muß.
Die Deutsche Evangelische Kirche gedenkt in dieser Stunde der baltischen evangelischen Märtyrer vom Jahre 1918, sie gedenkt des namenlosen Leides, das der Bolschewismus, wie er es den Völkern seines Machtbereichs zugefügt hat, so allen anderen Nationen bereiten wollte, und sie ist mit all ihren Gebeten bei Ihnen und bei unseren unvergleichlichen Soldaten, die nun mit so gewaltigen Schlägen darangehen, den Pestherd zu beseitigen, damit in ganz Europa unter Ihrer Führung eine neue Ordnung erstehe und aller inneren Zersetzung, aller Beschmutzung des Heiligsten, aller Schändung der Gewissensfreiheit ein Ende gemacht werde.
Charlottenburg, den 30. Juni 1941

Der Geistliche Vertrauensrat der Deutschen Evangelischen Kirche
D. Marahrens   Schul[t]z   D. Hymmen

»Mir ist nicht erinnerlich, daß ich in einer Predigt am 31.12.1941 u. a. gesagt haben soll: ›Die Kirche unterstützt den Kampf gegen den Bolschewismus und hofft, daß es möglich sein wird, diese Pest ein für allemal unschädlich zu machen.‹ Daß ich dies gesagt haben kann, ist gut möglich ...«

Bischof Dr. Simon Konrad Landershauser, Passau.

Sie hat eine gerechte Behandlung aller nichtbolschewistischen Teile der Bevölkerung, die z. T. jahrelang gegen den Bolschewismus heldenhaft gekämpft haben, zur Voraussetzung.
Die Herrschaft in diesem Lande verpflichtet uns zur Leistung, zur Härte gegen sich selbst und zur Zurückstellung der Person. Die Haltung jedes Soldaten wird dauernd beobachtet. Sie macht eine feindliche Propaganda zur Unmöglichkeit oder gibt Ansatzpunkte für sie. Nimmt der Soldat auf dem Lande dem Bauern die letzte Kuh, die Zuchtsau, das letzte Huhn oder das Saatgut, so kann eine Belebung der Wirtschaft nicht erreicht werden.

Bei allen Maßnahmen ist nicht der augenblickliche Erfolg entscheidend. Alle Maßnahmen müssen deshalb auf ihre Dauerwirkung geprüft werden.

Achtung vor den religiösen Gebräuchen, besonders der der mohammedanischen Tataren, muß verlangt werden.

Im Verfolg dieser Gedanken kommt neben anderen durch die spätere Verwaltung durchzuführenden Maßnahmen der propagandistischen Aufklärung der Bevölkerung, der Förderung der persönlichen Initiative z. B. durch Prämien, der weitgehenden Heranziehung der Bevölkerung zur Partisanenbekämpfung und dem Ausbau der einheimischen Hilfspolizei erhöhte Bedeutung zu.

Zur Erreichung dieses Zieles muß gefordert werden:
    Aktive Mitarbeit der Soldaten beim Kampf gegen den Feind im Rücken
    Bei Nacht keine einzelnen Soldaten,
    Alle Fahrzeuge mit ausreichender Bewaffnung,
    Selbstbewußte, nicht überhebliche Haltung aller Soldaten,
    Zurückhaltung gegenüber Gefangenen und dem anderen Geschlecht,
    Kein Verschwenden von Lebensmitteln.

Mit aller Schärfe ist einzuschreiten:
    Gegen Willkür und Eigennutz,
    Gegen Verwilderung und Undisziplin,
    Gegen jede Verletzung der soldatischen Ehre.

Verteiler: bis Rgt. und selbst. Btl.

Der Oberbefehlshaber:
v. Manstein

»Es gab keine einzige Straße, wo nicht Erhängte vorhanden waren«
Eine sowjetische Zeugenvernehmung

Protokoll der Zeugenvernehmung: Im Jahre 1943, am 21. September, vernahm ich, der Bevollmächtigte der Außerordentlichen Staatskommission, Laptew A. W. den unten benannten Zeugen, der mir benannt wurde als Zeuge der Verbrechen der deutschen faschistischen Okkupation, welche diese Greueltaten in der Stadt Charkow verübt hatten.

Der Zeuge heißt: Oßadtschuk, Wladimir. Vatersvorname: Sohn des Sergej. Er wurde im Jahre 1893 geboren, Ukrainer, gebürtig aus der Stadt Poltawa, seit 1923 in Charkow wohnhaft, verheiratet. Seine Familie besteht aus vier Personen. Er ist Kunstmaler des Theaters, benannt nach dem Ukrainischen Dichter Schewtschenko. Seine Adresse ist: Puschkinstraße, Haus Nr. 64, Wohnung 2.

Frage: Was wissen Sie über die Verbrechen der deutsch-faschistischen Okkupanten in der Stadt Charkow?

Antwort: Nachdem die Stadt Charkow durch Deutsche am 22.–28. 10.

Foto eines deutschen Soldaten. Ort unbekannt.

1941 eingenommen worden war, wurde überall der Befehl des Militär-kommandanten der Stadt ausgehängt, in welchem verkündet wurde, daß für ein Attentat gegen deutsche Soldaten und Offiziere in dem Orte, wo dieses Attentat verübt werden sollte, 10 Menschen der männlichen Bevölkerung in jedem zweiten Hause erschossen würden. Bald begannen die Deutschen, die Bevölkerung zu erschießen. Am 25. 10. erschossen die Deutschen einen circa 16jährigen Jungen, der Pawel (Paul) hieß, auf dem Markt von Shurawlewskij nur dafür, daß er einen Rotarmisten-helm, ein Bajonett und eine Gasmaske aufgehoben hatte.

Am 17. 11. wurde auf dem Shurawlewskij-Markt (Basar) der sich unter dem Dach befindliche Markt in Brand gesetzt. Am selben Tag, am Abend, ergriffen die Deutschen von allen, die auf diesem Markt wohnhaft waren, 15 Menschen, darunter auch alte Leute und Halbwüchsige. Sie wurden alle erschossen.

Ihre Leichen lagen 3 Tage auf dem Marktplatz, aber man erlaubte nicht, sie wegzubringen.

Im November, ich glaube, es war am 10. 11., wurden auf dem Juden-friedhof, auf dem Kahlen Berge (Lysaja Gora) bestialisch-grausam zwei Freundinnen, zwei Mädchen, getötet. Das eine Mädchen hieß Nastja Ustenko, den Familiennamen des anderen weiß ich nicht. An diesem Tag war ich in der Swerdlowstraße und erfuhr aus den Gesprächen der Leute, daß man 2 junge Mädchen weggeführt hätte, um sie zu erhängen. Es war circa um 15 Uhr. Mit anderen Leuten zusammen ging ich dorthin.

Als wir auf den Kahlen Berg gekommen waren, sah ich, daß an dem Ast eines Baumes zwei junge Mädchen hängen. Sie waren an den Beinen aufgehängt worden und hingen mit dem Kopf nach unten. Ihre Arme und Beine waren mit einem Strick gefesselt.

Bei jedem der Mädchen hing an der Brust ein Plakat: »Ich bin eine Partisanin.« Als ich gekommen war, waren sie noch am Leben, sie stöhnten, manchmal schrien sie auf und hoben ihre Köpfe. Sie lebten noch circa drei Stunden.

»Betr.: Kommunistische Aufstandsbewegung in den besetzten Gebieten«.

»Bei jedem Vorfall der Auflehnung gegen die deutsche Besatzungsmacht, gleichgültig wie die Umstände im einzelnen liegen mögen, muß auf kommunistische Ursprünge geschlossen werden.
Um die Umtriebe im Keime zu ersticken, sind beim ersten Anlaß unverzüglich die schärfsten Mittel anzuwenden, um die Autorität der Besatzungsmacht durchzusetzen und einem weiteren Umsichgreifen vorzubeugen. Dabei ist zu bedenken, daß ein Menschenleben in den betroffenen Ländern vielfach nichts gilt und eine abschreckende Wirkung nur durch ungewöhnliche Härte erreicht werden kann. Als Sühne für ein deutsches Soldatenleben muß in diesen Fällen im allgemeinen die Todesstrafe für 50–100 Kommunisten als angemessen gelten. Die Art der Vollstreckung muß die abschreckende Wirkung noch erhöhen.«

Aus den Richtlinien des Chefs des Oberkommandos der Wehrmacht, Keitel, vom 16. 9. 1941

Aus den Erzählungen der Anwesenden erfuhr ich, daß diese Mädchen dafür gehängt worden waren, weil sie angeblich eine Telefonkabelleitung durchgeschnitten hätten.

Die Deutschen ergriffen die Menschen auf den Straßen und hängten sie daselbst auf, mit den Plakaten: »Partisan.« So wurden auf der Simewskistraße zwei Menschen erhängt.

Nach den Explosionen im deutschen Stab in der Dserdshinskijstraße und in den Kasernen auf dem Feierbachplatz am 16. 11. verhafteten die Deutschen 1000 Menschen. Es waren alles friedliche Bürger der Stadt, darunter alte Männer, Frauen mit Säuglingen und Halbwüchsige. Außerdem wurden 250 friedliche Bürger verhaftet und auf den Plätzen und in den Straßen der Stadt erhängt. Manche dieser Bürger erhängte man auf den Balkonen der Häuser und an den Bäumen. So hingen in der Swerdlowstraße mehr als 30 Leichen, auf dem Tewelkaplatz 13, auf dem Dserdshinskijplatz 10 Menschen, in der Smiewskistraße 4, und so weiter.

Auch ich wurde damals zusammen mit 250 anderen Menschen verhaftet. Wir wurden alle zusammen an den Dserdshinskijplatz herausgeführt, von wo man die Menschen wegschaffte und dann draußen erhängte. Ich blieb nur deshalb am Leben, weil der Befehl damals gelautet hatte: »250 Menschen sind zu erhängen!« Es stellte sich aber heraus, daß es 257 Personen waren, und weil ich zu den Überzähligen gehörte, wurde ich heim gelassen.

**Deutsche Soldaten fotografieren massenhaft solche »Motive«.
Diese Fotos wurden in sowjetischer Kriegsgefangenschaft
unbemerkt fortgeworfen.**

»Täglich Plünderungen, Vergewaltigungen«
Aus dem Tagebuch des Leiters der Abteilung II b, Generalkommando Charkow

13. November: Es gehen bei II b [2. Adjutant] die ersten Meldungen über Übergriffe der Truppe ein: Einem Juden wurde der Pelzmantel »ausgezogen«; als der russ. Bürgermeister auf dem »Amt« war, hatten ihm Soldaten die Wohnung ausgeräumt; eine Russin wurde in den Keller eingesperrt und dort von 6! Soldaten, einer nach dem andern, vergewaltigt.

14. November: Heute nacht tat es einen dumpfen Knall: Obgleich das Gebäude der »Roten Armee« nach allen Schikanen durchsucht worden ist, flog es heute nacht mit dem Stab der 60. Div. in die Luft, Div.Kdr. Chef d. St., I a und 4 Schreiber wurden furchtbar verstümmelt tot aufgefunden. Im Lauf des Tages sind noch 4 weitere Gebäude in die Luft geflogen: das Timoschenko-Haus, die Brücke über den Lopan [...] Als Repressalie wurden 200 Kommunisten erschossen oder erhängt und 1000 Geiseln festgenommen.

15. November: Ich bekomme den Auftrag, Bürgern der Stadt, die sie verlassen wollen, die Erlaubnis dazu zu geben. Schon in aller Frühe stehen Hunderte vor dem Geschäftszimmer, um Geleitscheine zu erhalten. Viel Intelligenz ist darunter: Universitätsprofessoren, die mit der Verlegung der Universität von Kiew nach Charkow hierhergekommen sind, Ärzte, Studenten, dann Frauen, die zum Kriegseinsatz nach Charkow befohlen worden sind, Männer, die an den Verteidigungsanlagen arbeiten mußten. Sie alle waren glücklich darüber, daß ich ihnen Geleitscheine ausstellte.

16. November: Die Führungsabteilung zieht aus den Quartieren aus: Im Keller habe man eine Uhr ticken hören!

18. November: Ich werde in die Stadt befohlen, um einen Eindruck über das Leben in der Stadt zu erhalten. [...]

20. November: Der Kommandierende General erhält das Ritterkreuz.

28. November: In einem Schuppen neben meinem Dienstzimmer wird eine Fliegerbombe entdeckt.
Nachmittags Besichtigung des Volksgartens, wo die 57. I.D. einen Ehrenfriedhof errichten will. (Ich bin auch zuständig für »Kriegsverluste«!) Das Konzentrationslager ist auf 400 Köpfe, darunter 300 Juden, reduziert worden.

29. November: Ich begleite den Kdr.Gen. zur Besichtigung der Frontsammelstelle in der »Schule«. Der General ist unzufrieden: schlechte, düstere Räume, Massenlager mit wenig Stroh, keine freundlichen Aufenthaltsräume. Er ordnet an, daß die Frontsammelstelle in das benachbarte Hotel umzieht, wo schöne Räume zur Verfügung stehen. Die dortigen Dienststellen müssen räumen.

30. November: Ein leichter Sprühregen, halb Wasser, halb Schnee, fällt aus dem fast klarblauen Himmel. Der Boden ist wieder aufgeweicht und wird von den mahlenden Rädern der schweren Fahrzeuge von unten nach oben gekehrt. Um 4 Uhr Nachm. sind alle Straßen leer, nicht allein, weil es befohlen ist, sondern weil um diese Zeit schon die Nacht herein-sinkt.

2. Dezember: Unser Artilleriekommandeur, Generalleutnant Bernecker, ist bei seiner Erkundung auf eine Mine gefahren und sofort getötet wor-den.

6. Dezember: Wir haben die Stadtkommandantur an die 57. I.D. überge-ben. Damit ist viel Arbeit von uns genommen. Täglich gingen Haufen von Meldungen ein: Plünderungen von Soldaten bei der Zivilbevölke-rung, Wegnahme von Nahrungsmitteln, unrechtmäßige »Beschlag-nahme« von Gegenständen, Vergewaltigung von Frauen. [...]

»...auch Kinder sowie wehrlose alte Männer und Frauen«
Eine sowjetische Kommission über die Besetzung Charkows

Protokoll   Stadt Charkow, den 20. 2. 1944

Wir, Unterzeichnete, die Kommission in der Zusammensetzung: der Vorsitzende, Jessipenko Iwan Iwanowitsch und die Mitglieder der Kom-mission: Kirsanow Nikolaj Nikolajewitsch, Gontscharowa Jewdokija Iwanowna, Toloknow Aleksandr Nikandrowitsch und Ssajenko Stepan Afanasjewitsch – haben vorliegendes Protokoll über die ungeheuren Verbrechen der faschistischen deutschen Eroberer, die während der Ok-kupation der Stadt Charkow im Dsershinsker Rayon begangen worden sind, zusammengestellt.

Von den ersten Tagen der faschistischen deutschen »Herrschaft« an begannen in der Stadt Charkow Massenerschießungen der Bevölke-rung, Hinrichtungen durch den Strang, Verhaftungen und Verfolgun-gen.

An Hand von noch längst nicht vollständiger Angaben ist es der Kom-mission gelungen, festzustellen, daß im Dsershinsker Rayon 353 Men-schen – Zivilbürger – von den Deutschen erschossen und gehängt wur-den; auf das Gelände des Traktorenwerks abtransportiert und bestia-lisch umgebracht wurden 268 Menschen. 48 Menschen starben den Hungertod.

Auf dem Gelände der Klinischen Siedlung erschossen die Deutschen mehr als 1912 verwundete kriegsgefangene Rotarmisten und Offiziere. Diese begangenen Verbrechen, das Wüten der deutschen Okkupanten – alles trug den Charakter einer organisierten Vernichtung des sowjeti-schen Volkes. Mit sadistischer Grausamkeit vernichteten die deutschen

Schergen nicht nur die erwachsene Bevölkerung, sondern auch Kinder sowie wehrlose alte Männer und Frauen.

Den Jungen Filonenko P. S., wohnhaft in der Klotschkowsker Str. Nr. 95, erschossen deutsche Soldaten in einem Schulgebäude, wohin er sich vor den Schüssen geflüchtet hatte. Zusammen mit Filonenko wurde der Halbwüchsige Maschew erschossen, sowie andere, deren Identität nicht festgestellt wurde. Die deutschen Soldaten erschossen den zehnjährigen Jungen Pjerepjeliza, wohnhaft Danilewskijstr. Nr. 10, Wohnung 40, deshalb, weil er mit einem Eimer auf die Straße gegangen war, um Wasser zu holen. Der Halbwüchsige Kul'bakinskij, wohnhaft Danilewskijstr. Nr. 10, Wohnung 81, wurde von einem Deutschen in der Swerdlowstraße gehängt. Die Mutter von Kul'bakinskij konnte den Tod ihres Sohnes nicht verwinden und starb.

Am 14. 7. 42 hängten die Deutschen den Schüler Tereschtschenko und erschossen Ochrimenko W. D. Die Leiche des Erschossenen lag in der Trinklerstraße. Die deutschen Schurken quälten in den Kellern der Gestapo den Jungen Tschernik Aleksandr zu Tode, er war höchstens 10 Jahre alt. In der Klotschkowsker Straße erschossen die Deutschen bestialisch eine Frau von 60 Jahren, ohne dafür den geringsten Anlaß oder eine Ursache gehabt zu haben. Bestialisch erschossen sie auch die Bürgerin Zimburskaja Anastasja Pawlowna, die in der Retschner Gasse Nr. 21 wohnte.

In der Winterkälte warfen die deutschen Okkupanten im Veterinärinstitut die 75jährige Bürgerin Schkaruppo und die 80-jährige Bürgerin Kuplassowa aus ihren Wohnungen hinaus in den Frost.

Die Deutschen erschossen und erhängten auf bestialische Weise völlig unschuldige Bürger der Stadt. Die Bürger Masur Mitrofan Iwanowitsch und Shukowskaja Darja Wassiljewna, wohnhaft Karl-Liebknecht-Straße 45, wurden erschossen, weil sie um 11 Uhr auf die Straße gingen. Die Leichen der Getöteten lagen drei Tage an der Ecke Karl-Liebknecht- und Krankenhausstraße. Am dritten Tag wurden die Leichen von Hausbewohnern heimlich geholt und im Hof begraben. Artemjew I. E., geboren

---

Bfh. rückw. H. Geb. Süd   Hauptquartier, den 13. 1. 1942.
Abt. Ic/AO

Betr.: Einsatz Jugendlicher zu Erkundungszwecken durch die Russen

Es wird immer wieder festgestellt, daß die Russen sich mit Vorliebe jugendlicher Elemente zum Erkundungsdienst innerhalb und hinter unseren Linien bedienen. Nur durch die völlig unangebrachte Gutmütigkeit deutscher Soldaten, die sich durch rührselige Geschichten täuschen lassen und diese Jugendlichen auf Fahrzeugen mitnehmen oder an Feldküchen verpflegen, ist es möglich, daß diese vielfach ihre Erkundungsaufträge ausführen können. Ich weise nochmals schärfstens darauf hin, daß bei der Art unseres Gegners keinerlei Gutmütigkeit oder Mitleid angebracht ist und daß Jugendliche, die sich an deutsche Soldaten heranmachen, rücksichtslos den zuständigen Organen der Geheimen Feldpolizei oder des SD zu übergeben sind.

gez. v. Roques.

Fotos, die bei deutschen Soldaten gefunden wurden. Auf der Rückseite des Fotos oben links: »Ist unser Bub nicht goldig?« – Auf der Rückseite des Fotos unten rechts: »4 Mann auf Läusejagd«. Die beiden Bilder mit Aufnahmen von Erhängungen sind unbeschriftet, die anderen Fotos sind wahrscheinlich in einem Kriegsgefangenenlager aufgenommen. – Zwischen Privatfotos von Frau und Kind tragen viele Soldaten solche Bilder des Schreckens mit sich.

1887, wohnhaft Klotschkowsker Straße Nr. 122, ging am Tage auf die Straße (am 12.3.43) und wurde auf der Stelle von zwei vorüberkommenden deutschen Soldaten getötet. Kusminitsch Andrej Jewdokimowitsch, wohnhaft in der Klotschkowsker Str. Nr. 10, wurde erschossen, weil er einige Minuten innerhalb der Sperrstunde noch auf der Straße war. Darotschkin Filipp Maksimowitsch, geboren 1883, Arbeiter, wohnhaft Klotschkowsker Str. Nr. 9, wurde erschossen, weil er es gewagt hatte, sich gegen die Wegnahme einer Harmonika durch die Deutschen, die ihm gehörte, auszusprechen. Erschossen wurde der Ingenieur Gluschtschenko N. E., geboren 1905. Erschossen wurden der Arzt Borodkin mit seiner Familie, wohnhaft Karl-Liebknecht-Straße Nr. 17, Wohnung 33. Aus diesem Hause wurde gehängt Tamarin, wohnhaft in der Wohnung 32.

Die Deutschen verfuhren grausam mit denen, denen die Kultur teuer war, mit denen, die versuchten, irgend etwas aus den ausgeraubten und in Brand gesteckten Instituten zu retten. Geplewskij Fedor Andrejewitsch wurde verwundet, weil er die Bibliothek des Charkower Veterinär-Instituts retten wollte, die die Deutschen dem Feuer übergeben hatten. Ponomarenko Pjotr Iwanowitsch wurde furchtbar mit einer Peitsche geschlagen, weil er versucht hatte, Laboratoriumsmobiliar zu erhalten, das dem Institut gehörte.

Die Intelligenz des Rayons war Mißhandlungen, Verfolgungen, Folterungen und der Todesstrafe ausgesetzt. Die Juristin Burssakowa Nadeshda Lwowna, 50 Jahre alt, Russin, wurde von der Gestapo verhaftet. Ihre Mutter, eine 80jährige Greisin, verlor vor Aufregung und Schreck den Verstand, sie stürzte sich aus dem Fenster eines dreistöckigen Hauses und war zerschmettert.

Die Bürgerin Linnitschenko A. M., wohnhaft Lenin-Prospekt Nr. 20, konnte die Gewalttaten und die Willkür, die von den deutschen Behörden ausgeübt wurde, nicht ertragen, sie erhängte sich. Der Bürger Uwarow Jefim Michailowitsch, geboren 1899, warf sich vor einen Zug. Die Deutschen verhafteten und steckten in die Folterkammern der Gestapo:

Professor Kukuschkin, 70 Jahre, und seine Familie.
Professor Schelandin M. N., 60 Jahre, mit seiner Familie.
Professor Worobjow vom Landwirtschaftlichen Institut, mit seiner Familie.
Chirurg Professor Njedochlebow N., mit seiner Familie.
Professor Kaljuschnyj P. M., geboren 1885,
Professor Kurbatow G. F., geboren 1894.
Architekt Njedochlebow W. mit seiner Familie.
Professor Rostowzew, Erbauer des Moskauer Planetariums, mit seiner Familie und einem Kind.
Ingenieur-Baumeister Moissejenko P. K., 1896 geboren.
Ärztin Kwintowa-Epolonskaja mit Familie und einem Kind.

Unmenschliche Grausamkeit zeigten die deutschen Eroberer den russischen Kriegsgefangenen gegenüber, sie setzten sich über alle internationalen Abmachungen in bezug auf Kriegsgefangene hinweg. [...]

». . . während des Streichorchesters«
Partisanenbekämpfung aus deutscher Sicht

Im Dorf Zigaretten – die Erschießung weit abseits
Aus einem Bericht der Panzergruppe 3 (Ic/A. O.) über versprengte Rotarmisten und Partisanen vom 9. 9. 1941

Sie beziffern sich etwa auf je 100–200 Mann, treten in der Regel unbewaffnet in Gruppen von 5–20 auf, schlafen in abgelegenen Scheunen oder verlassenen Höfen und kommen abends und morgens zum Essenholen in die an ihr Waldgebiet grenzenden Dörfer. Bei einem sehr gut ausgebauten Nachrichtensystem ist es daher nicht leicht, diese Partisanen zu fangen. Furcht vor Erschießung oder Hunger in deutschen Gefangenenlagern veranlaßt die Masse, sich nicht zu melden, wie ihnen durch Flugblätter und Anschläge befohlen ist. Einzelne eigene Leute und kleine Kommandos müssen mit Überfällen rechnen. [...]
Um der harmlosen Mitläufer baldigst habhaft zu werden, erscheint es zweckmäßig, diese zunächst in Gegenwart von der Zivilbevölkerung ausnehmend gut zu behandeln (Verpflegung, Zigaretten), damit es sich herumspricht und die Furcht zur freiwilligen Meldung schwindet. Erschießung also weit abseits und unauffällig, soweit begründeter Verdacht von Partisanenbetätigung besteht, sonst Abschub als Kriegsgefangene! Der Meldetermin ist bis zum 15. 9. verlängert worden (Flugblatt). Belohnungen an Landeseinwohner oder geeignete Partisanen-Mitläufer können bis zu 25,– RM für Angaben gezahlt werden, die zum Einfangen weiterer Partisanen führen. Nachträgliche Genehmigung der Division zur Auszahlung erforderlich! [...]

Für die Panzergruppe
Der Chef des Generalstabes

10 431 »Partisanen« – 21 automatische Gewehre
Aus einem Bericht des Wehrmachtsbefehlshabers Ostland vom 19. 11. 1941:

Gesamtzahl der Gefangenen: 10 940, davon 10 431 erschossen.
Gemachte Beute: 13 Zelte,
    11 l[eichte] MG,
    21 automatische Gewehre,
    28 Inf. Gewehre,
     8 MP.,
    19 Pistolen und Trommelrevolver,
     2 Leuchtpistolen,
    Munition, Handgranaten, Sprengpulver, Radiogeräte, Handwerkszeug, Lebensmittel, Ausrüstungsgegenstände.
Bei einer Säuberungsaktion im Raume Sluzk-Kleck wurden durch das Res. Pol. Batl. 11:
    5900 Juden erschossen.

Fotos wie von einer Hasenjagd.

»Bei Frauen mit Gummischlauch, bei Männern mit Ochsenziemer«
Armee-Anordnungen zur Folterung von Partisanen und Partisanen-Verdächtigen

Geheim!

257. Infanterie-Division   Div.-Gef.-Stand, den 7. 12. 1941.
Abt. I c
Nr. 1697/41 geh.
Betr.: Partisanenbekämpfung.
Bezug: 257. I. D. Abt. I c Nr. 1655/41 geh. vom 3. 12. 1941.
In der Anlage geht ein von der Armee zusammengestellter Auszug über Art und Form der Durchführung von Partisanenvernehmungen zu. Der Auszug darf beim Einsatz nicht mitgeführt werden. Eine weitere Einweisung der Partisanen-Jäger-Trupps erfolgt demnächst.
Der gesamte Schriftverkehr in Partisanenangelegenheiten ist geheim zu führen.

Für das Divisionskommando
Der 1. Generalstabsoffizier
gez. (unleserlich)

Anlage zu 257. I. D. I c Nr. 1697/41 geh. v. 7. 12. 41

Auszug

Besondere Anordnungen für die Partisanenbekämpfung.
A. Feststellungen von Partisanen.
I. Unterlagen über Partisanen und sonstige verdächtige Elemente sind zu erhalten:
a) durch Volksdeutsche,
b) durch Sprachmittler im Ort
c) durch Bürgermeister, Ordnungsdienstführer, Milizleute
d) durch die eigenen Quartierleute
II. Durch die vorbezeichneten Personen sind folgende Fragen zu klären und folgender Personenkreis ausfindig zu machen:
a) ist im Ort ein Vernichtungs-Batl. aufgestellt? (Führer – Angehörige – Wer ist von diesen im Ort zurückgeblieben?)
b) Wer war Mitglied der Feuerwehr? (Führer – Mitglieder)
c) Wer ist Altpartisan aus den Jahren 1917–21?
d) Welche Einwohner sind von den Bolschewisten besonders schwer geschädigt worden?
e) Welche Angestellten der Partei- und Staatseinrichtungen sind zurückgeblieben?
f) Welche Kolchos- und Ortsvorsteher sind zurückgeblieben?
III. Hat man über den in If. Nr. II gesuchten Personenkreis Namensangaben erhalten, so sind diese Personen festzunehmen und zu verhören.

B. Für das Verhör gilt als Richtlinie:

Es ist noch nie vorgekommen, daß ein Verhörter auch nur eine Person belastet hätte, ohne daß er scharf angefaßt worden wäre. Daher ist folgendes zu beachten:

Alle Verhörten sind schärfstens zur Wahrheit zu ermahnen. Sie erwarten von Haus aus, nach Methoden der NKWD verhört zu werden, d. h., sie rechnen von vornherein mit Prügel.

Nachfolgende Kategorie von Menschen ist zuerst eindringlich (25 auf den Hintern, bei Frauen mit Gummischlauch, bei Männern mit Ochsenziemer und Gummiknüppel) zu vernehmen:

1. Zug- und Truppführer des Vernichtungs-Batls.
2. Zurückgekehrte Kolchos- und Ortsvorsteher.
3. Alte Partisanen.
4. Von gequälten Leuten namhaft gemachte Individuen.
5. Fahrer von hohen Parteifunktionären.

Nunmehr wird der eine oder andere Aussagen über Partisanen machen. Da [?] der Betr. erfahrungsgemäß vorher nichts wußte und jetzt Angaben macht, wird er in eingehendes Verhör genommen. Weitere 25 mit Vollgummi und Ochsenziemer, wobei während des Streichorchesters fortwährend die gestellte Frage wiederholt wird mit dem Zusatz: Hovere! (Rede!), also beispielsweise:

Wo ist der Führer der Partisanengruppe? – Hovere!
Welche Aufgaben hast Du übertragen bekommen? – Hovere! usw.

Der Betr. wird weiter sprechen, und es sind ihm weitere 25 zu verpassen, nachdem er vorher die Aufforderung bekommen hat, alles zu erzählen, was er noch weiß, also:

1. Wo sind noch Partisanen?
2. Wer ist bei den Partisanen?
3. Wer kocht für die Partisanen?
4. Wo sind Munitions- und Lebensmittellager versteckt?
5. Wer hält Verbindung zu den Partisanen?

Auf alle Fälle unter strengstes eingehendes Verhör sind von Haus aus zu nehmen:

1. Jeder Parteifunktionär, insbesondere Kommissare und Politruks.
2. Jeder zurückgekehrte Orts- und Kolchosvorsteher.
3. Von den gequälten Leuten namhaft gemachte Individuen.

Die in strengstes Verhör genommenen Personen sowie bereits Überführte (Gegenüberstellung vornehmen) müssen am Ende des strengsten eingehenden Verhörs liquidiert werden.

Bevor man sich zum strengsten Verhör entschließt, muß man klar darüber sein, ob die damit erledigte Person es verdient hat und ob die

---

»Aus psychologischen Gründen ist in Zukunft das von den Bolschewisten eingeführte und verherrlichte [sic!] Wort ›Partisan‹ nicht mehr zu gebrauchen.«

Aus den Richtlinien für die verstärkte Bekämpfung des Bandenwesens im Osten vom 23. 8. 1942.

Fotos, die ein deut-
scher Soldat nach
seiner Gefangen-
nahme im Kreis
Fastow in einem
Haufen von
abgerissenen
Schulterstücken
versteckte.

gerecht denkende Bevölkerung die Beseitigung als Erleichterung empfinden wird. Es muß unbedingt vermieden werden, einen Märtyrer im
Orte zu schaffen. Nur so wird die Bevölkerung für uns und die neue
Gerechtigkeit gewonnen. Vor endgültiger Erledigung ist dem zuständigen I c jeder Fall kurz darzustellen und seine Entscheidung einzuholen.
Im allgemeinen sind die Liquidierungen unauffällig durch Genickschuß
vorzunehmen. Die Leichen sind so zu vergraben, daß es den Angehörigen nicht mehr möglich ist, die Leichen auszugraben. Markante Persönlichkeiten und brutale Gewaltmenschen sind aufzuhängen, mit einem
Zettel in 3 Sprachen zu versehen, woraus ihre Verbrechen hervorgehen.
[...]

». . . baumelnder Zivilist«
Eine Drogerie-Besitzerin meldet der Gestapo
einen Ausländer (der in Wirklichkeit eine Frau ist)
wegen staatsschädigender Fotos

Dauerdienst –
Wache Grüne Schanze   Stettin, den 24. Januar 1942

Freiwillig erscheint

Dorothea R. [...]
wohnhaft: [...]

In unserer Drogerie, in der gleichzeitig eine Fotoabteilung besteht,
wurde dieser Tag ein Rollfilm mit 16 Aufnahmen zur Entwicklung und
Bildervergrößerung und zur Fertigung je eines Abzugs in Auftrag gegeben. Der Auftrag wurde von unserer kaufm. Angestellten Elli N. entge-
gengenommen. Auftraggeber ist ein angeblicher Jandt, hier, Baumstr.
Die Angestellte Nimmermann gibt an, daß der fragliche Jandt ein gebro-
chenes Deutsch gesprochen und den Typ eines Ausländers habe.
Von dem Auftrag habe ich erst erfahren, als ich die Negative und die
Abzüge sah, die mir in äußerstem Grade verdächtig erschienen. Es sind
anscheinend Gefangenenlager-Aufnahmen, wobei ein baumelnder
(– erhängter –) Zivilist zu sehen ist. Da unter Umständen staatsschädi-
gender Mißbrauch mit den Bildern getrieben werden kann und auch die
Person des Auftraggebers zweifelhaft ist, habe ich mich veranlaßt gesehen, die Angelegenheit der Geheimen Staatspolizei zu weiterem Befinden anzuzeigen.
Falls die Sache in Ordnung gehen sollte, möchte ich bitten, dem Auftraggeber die ihm zur Behändigung freigegebenen Negative und Bilder
nicht eher zu übergeben, bis er die Kostenfrage erledigt hat. Im Falle der

Beschlagnahme sehe ich diese Frage im allgemeinen öffentlichen Interesse als erledigt an.

Sonst kann ich weiter nichts angeben, insbesondere nicht über die Person des angeblichen Jandt, von dem ich den Umständen nach annehme, daß er gar nicht Jandt heißt.

gez. Frau Dora R.
gez. Vetters
Krim. Oberassistent.

III A.   Stettin, den 16. Februar 1942
Abgeholt erscheint
das Kontrollmädchen Christine Lützig [...]
und gibt an:
Ich bin mit dem Sachverhalt vertraut gemacht worden und gebe wahrheitsgemäß an, daß ich den fraglichen Film im Oktober oder November vorigen Jahres, genau weiß ich das allerdings nicht mehr, als Feldpostpaket direkt aus Rußland zugesandt bekommen habe. Der Film ist mir von dem Soldaten Georg Werner gesandt worden. Werner hat die Feldpostnummer 05320. Dem Päckchen lag ein Zettel bei, mit dem Werner mich bat, den Film entwickeln zu lassen und ihm die Abzüge mit den Negativen wieder zurückzuschicken. Ich bin jetzt seit 3 Jahren in Stettin. Vordem bin ich in vielen anderen Städten Deutschlands aufhältig gewesen. Im Ausland war ich bisher nicht. Werner ist von Beruf Musiker. Ich habe ihn etwa 1936 in einer Bar in Düsseldorf kennengelernt. Seit Beginn des Krieges habe ich ihn nicht gesehen. Wir haben nur brieflich seither in Verbindung miteinander gestanden. Werner ist 31 oder 32 Jahre alt.

Da es sich um einen Rollfilm handelte, habe ich nicht gewußt, um was für Aufnahmen es sich eigentlich gehandelt hat.

Ich selbst habe den Rollfilm nicht zum Entwickeln gegeben, sondern Charlotte Jandt, ebenfalls wohnhaft in der Baumstr. 15, hat dies in meinem Auftrag erledigt.

Ich glaube nicht, daß Werner mit diesen Aufnahmen irgendwelche schlechte Absichten verfolgt hat. Mir selbst werden von Soldaten oft derartige Aufnahmen vorgezeigt.

Meine Angaben entsprechen in jeder Beziehung der Wahrheit. Weiteres kann ich zur Sache nicht sagen. Mir fällt gerade ein, daß Werner mir früher bereits Filme zum Entwickeln geschickt hat. Allerdings hat es sich hierbei um harmlose Aufnahmen gehandelt. Es waren Fotografien einer Musikkapelle, Soldatenbilder usw.

Christine Lützig
Fried, Krim. Ass.

»Mir selbst werden von Soldaten oft derartige Aufnahmen
vorgezeigt.« –
»Staatsschädigende« Fotos aus der Sowjetunion.

»Eine den Bauern gewaltsam weggetriebene Kuh bedeutet zwei Partisanen mehr im Wald«
Geheim-Bericht des Heeresfeldpolizeichefs

Der Heerespolizeichef   Hauptquartier OKH, den 31. Juli 1942
im Oberkommando des Heeres
(Generalstab des Heeres/
Generalquartiermeister/Geheime Feldpolizei)
Nr. 2365/42 geh. Heeresfeldpolizei

GEHEIM!

Betr.: Entwicklung der Partisanenbewegung
       in der Zeit vom 1.1. bis 30.6.1942.

[...] Die folgenden Ausführungen sollen einen Überblick geben über die Entwicklung der Partisanenbewegung in der Zeit vom 1.1. – 30.6.1942, unter besonderer Berücksichtigung der von den Partisanen neuerdings angewandten Taktik und der Erfahrungen, die von der GFP [Geheime Feldpolizei = eine Sicherheitspolizei der Wehrmacht mit abwehrpolizeilichen Aufgaben und dem Schutz der Truppe betraut; d. Hrg.] in der Bekämpfung derselben seit dem 1.1.1942 gemacht worden sind.
I. Organisatorische Entwicklung
a.) Ortsansässige Partisanen
Die von den Bolschewisten zu Beginn des Krieges aufgestellten Vernichtungsabteilungen und Sprengbataillone bildeten die Grundlage, auf der die Partisanenbewegung zu ihrem heutigen Stande weiterentwikkelt wurde. Nach Ausscheidung aller dem Partisanenkampf nicht voll ergebener Elemente wurden einzelne Gruppen gebildet, die sich aus alten Partisanenkämpfern der Jahre 1918–20, kommunistischen Parteimitgliedern, Leitern von Sanatorien, Ärzten und Ärztinnen, Krankenschwestern, Bergführern, Offizieren, bewährten Kämpfern der Vernichtungs- und Sprengbataillone, versprengten Rotarmisten, entflohenen Kriegsgefangenen und anderen vertrauenswürdigen Freiwilligen aus der Zivilbevölkerung zusammensetzten. In der Folgezeit konnten die Bandenführer nicht umhin, ihre geschwächten und dringend der Verstärkung bedürfenden Gruppen durch zwangsweise ausgehobene Zivilisten beiderlei Geschlechts, jeden Alters und aus allen Berufen aufzufüllen, wobei sie mitunter sogar Gestellungsbefehle verteilten.
Die *Aufstellung neuer Partisanengruppen* stieß jedoch in Anbetracht der vorwiegend ablehnenden Haltung der Bevölkerung auf große Schwierigkeiten. Die Landbewohner sahen in den deutschen Soldaten die Befreier vom bolschewistischen Joch und erwarteten von ihnen die Beseitigung der Kolchoswirtschaft und damit eine gerechte Landverteilung. Viele Stadtbewohner glaubten gleichfalls an eine Besserung ihrer Lage, während sich die Mehrzahl der anderen, darunter auch Teile der Sowjetintelligenz, ruhig und abwartend verhielt. Die Masse der versprengten Rotarmisten, die froh war, der Vernichtung entgangen zu sein, suchte

bei der Landbevölkerung unterzukommen, um das Ende des Krieges in Ruhe abzuwarten. Unter diesen Umständen war an eine Volkserhebung gegen die nationalsozialistische Besatzung, wie sie von den roten Machthabern angestrebt worden war, nicht zu denken.

»Eine große Gefahr für die Befriedung der Gebiete bildet das Auftreten von *Zigeunerbanden,* deren Angehörige sich bettelnd im Lande herumtreiben und den Partisanen weitgehend Zubringerdienste leisten. Würde nur ein Teil der verdächtigen und der Partisanenbegünstigung überführten Zigeuner bestraft, so würde der verbleibende Teil der deutschen Wehrmacht nur noch feindlicher gegenüberstehen und sich noch mehr als bisher den Partisanen zur Verfügung stellen. Es ist deshalb notwendig, derartige Banden *rücksichtslos* auszurotten.«

Geheim-Bericht des Heeresfeldpolizeichefs vom 31. 7. 1942, S. 39.

Im weiteren Verlauf des Krieges machte sich in allen Kreisen der Bevölkerung, vor allem im Bereich der Heeresgruppe Mitte, erst vereinzelt, dann immer stärker ein gewisser *Stimmungswechsel* bemerkbar. So ließ z. B. die versprochene bzw. erwartete Aufhebung der Kollektivwirtschaft auf sich warten, und als die Bauern schließlich zur Selbstaufteilung der Kolchosen schritten, mußte diese auf Anordnung deutscher Dienststellen wieder rückgängig gemacht werden. Da die Bauern die Gründe hierfür nicht einsehen wollten, begegneten sie von nun an den deutschen Versprechungen mit Mißtrauen. Als es dann doch zur Aufteilung der Kolchosen kam, wurde dies zwar mit Befriedigung aufgenommen, ein gewisses Mißtrauen blieb aber zurück, zumal die bolschewistische Flüsterpropaganda verkündete: »Die Deutschen haben das Land nur unter dem Druck der Verhältnisse aufgeteilt und werden es wieder zurücknehmen, sobald sich die Lage zu ihren Gunsten geändert hat.«
Hinzu kommt, daß die Lage der *Bauern* immer schwieriger geworden ist. Die Beschlagnahme von Pferden und Fuhrwerken durch die deutsche Wehrmacht und das Fehlen von landwirtschaftlichen Maschinen wirkten sich auf die Feldbestellung äußerst nachteilig aus. Der Viehbestand ist infolge vermehrter Schlachtungen, unrechtmäßiger Requirierungen und Mangels an Jungvieh so stark verringert, daß die Landbevölkerung der Ablieferungspflicht z. Zt. teilweise nur unter größten Schwierigkeiten nachkommen kann. Der daraus entstandene und durch bolschewistische Agitatoren genährte Unwille kam wiederholt zum Ausdruck in der Äußerung: »Stalin ließ uns wenigstens *eine* Kuh im Stall, die Deutschen aber nehmen uns auch noch diese.« Deutschfreundliche

»*Juden* verleugnen bei ihrer Festnahme in der Regel ihre jüdische Abstammung, weshalb es erst einer körperlichen Nachschau bedarf, auf Grund deren sie sich dann meistens zu Eingeständnissen bequemen.«

Geheim-Bericht des Heeresfeldpolizeichefs vom 31. Juli 1942, S. 40.

Erhängungen.

Die rückseitige
Beschriftung des
nebenstehenden
Fotos:
»Sumy – (Partisanen
gucken jetzt blöd
aus der Wäsche)«.

Bürgermeister erklärten zu den Requirierungen: »Eine den Bauern gewaltsam und zu Unrecht weggetriebene Kuh bedeutet zwei Partisanen mehr im Walde.«

Die Lage des russischen Arbeiters ist noch hoffnungsloser. Die geforderten Marktpreise stehen in einem derart krassen Widerspruch zu den gezahlten Löhnen, daß der Wochenverdienst nicht ausreicht, um [...] nur die geringsten Lebensbedürfnisse zu befriedigen. Wenn auch der Arbeiter für sich selbst eine geringe zusätzliche Kost erhält, so muß seine Familie doch buchstäblich hungern, und die letzten Reste an Wäsche und Hausrat werden zusammengesucht, um sie gegen Lebensmittel einzutauschen. Die Folge davon ist Arbeitsunlust, die schließlich zur Arbeitsverweigerung führt. Und dieser Zustand ist es, der viele Arbeiter, besonders die jüngeren und unverheirateten, in die Reihen der Partisanen treibt.

Noch schlimmer jedoch ergeht es den *Flüchtlingen* aus den Kampfgebieten. Sie ernähren sich z. T. von einem brotähnlichen Gebäck, das aus verfaulten Kartoffeln vorjähriger Ernte, vermischt mit Moos und dem verschiedensten Unrat, besteht. Mehrfach wurden bei Unternehmungen gegen Partisanen an den Straßenrändern die Leichen vor Hunger gestorbener Flüchtlingsfrauen gefunden. Unter diesen Umständen ist es nicht zu verwundern, daß sich viele Flüchtlinge Partisanen anschließen oder vereinzelt oder in kleinen Trupps raubend und plündernd durch die Gegend ziehen. [...]

»Überzeugte und fanatische Angehörige der Partisanengruppen verweigern vielfach trotz verschärfter Einvernahme hartnäckig jegliche Aussage. [...] Festgenommene Intellektuelle und in Partisanendienst Gepreßte machten dagegen nach individueller Behandlung fast immer sehr aufschlußreiche Angaben. Es ist deshalb falsch, daß Partisanen, die sich im Feuerkampf gefangengeben oder überlaufen, sofort erschossen werden, wie es immer noch bei der Truppe geschieht.«

Geheimbericht des Heeresfeldpolizeichefs vom 31. Juli 1942, S. 40.

Als zu Beginn des Frühjahres 1942 in den von der deutschen Wehrmacht besetzten Gebieten für den Arbeitseinsatz in Deutschland geworben wurde, setzte [...] sofort die bolschewistische Gegenpropaganda ein. Die Verschickung wurde als Strafmaßnahme hingestellt, ähnlich der Verbannung nach Sibirien [...] In verschiedenen Gegenden gingen Gerüchte um, daß den Frauen die Haare abgeschnitten würden, daß sie Armbinden tragen müßten, was der Verfemung durch den Judenstern gleichzuachten wäre [...] und in einigen Orten kam es beim Abtransport der Arbeiter zu Szenen, bei denen Frauen Schreikrämpfe bekamen und sich an der Erde wälzten. Bevor die ersten Nachrichten von den Arbeitsverpflichtungen aus Deutschland eingingen, durch welche der Bevölkerung allmählich die wahren Verhältnisse bekannt wurden, hatte sich bereits eine große Anzahl Personen zu den Partisanen begeben, um der Verschickung zu entgehen. [...]

Auszug aus der vom Oberkommando des Heeres befohlenen »Kampfanweisung für die Bandenbekämpfung im Osten« vom 11. 11. 1942

Nur für den Dienstgebrauch!
Kampfanweisung für die Bandenbekämpfung im Osten
Richtlinien für die Behandlung der Banditen und ihrer Helfer
83. Bei der Behandlung der Banditen und ihrer freiwilligen Helfer ist *äußerste Härte* geboten. Sentimentale Rücksichten sind in dieser entscheidenden Frage unverantwortlich. Schon die Härte der Maßnahmen und die Furcht vor den zu erwartenden Strafen muß die Bevölkerung davon abhalten, die Banden zu unterstützen oder zu begünstigen.
84. *Gefangene Banditen* sind, soweit sie nicht ausnahmsweise gem. Ziff. 11 in die eigene Bandenbekämpfung eingespannt werden, zu erhängen oder zu erschießen, Überläufer je nach Umständen wie Gefangene an der Front zu behandeln.
In der Regel sind Gefangene nach kurzem Verhör an Ort und Stelle zu erschießen. Nur ausnahmsweise sind einzelne cafür geeignete Gefangene und Überläufer zur weiteren Vernehmung und späteren Behandlung der GFP oder Polizei zu übergeben. Jeder Führer einer Abteilung ist dafür verantwortlich, daß gefangene Banditen und Zivilisten, die beim aktiven Kampf angetroffen werden (auch Frauen), erschossen oder besser erhängt werden.

». . . auch gegen Frauen und Kinder« Geheim-Befehl des Chefs des Oberkommandos der Wehrmacht vom 16. 12. 1942

Der Chef   I a 1388/42 g.Kdos.
des Oberkommandos der Wehrmacht
Nr. 004870/42 g.Kdos. WFSt/Op(H)   F. H. Qu., den 16. 12. 42.
Betr.: Bandenbekämpfung.   31 Ausfertigungen
                                                                   14. Ausfertigung

Geheime Kommandosache

Dem Führer liegen Meldungen vor, daß einzelne in der Bandenbekämpfung eingesetzte Angehörige der Wehrmacht wegen ihres Verhaltens im Kampf nachträglich zur Rechenschaft gezogen worden sind.
Der Führer hat hierzu befohlen:

1.) Der Feind setzt im Bandenkampf fanatische, kommunistisch geschulte Kämpfer ein, die vor keiner Gewalttat zurückschrecken. Es geht hier mehr denn je um Sein oder Nichtsein. Mit soldatischer Ritterlichkeit oder mit den Vereinbarungen in der Genfer Konvention hat dieser Kampf nichts mehr zu tun.

Wenn dieser Kampf gegen die Banden sowohl im Osten wie auf dem Balkan nicht mit den allerbrutalsten Mitteln geführt wird, so reichen in absehbarer Zeit die verfügbaren Kräfte nicht mehr aus, um dieser Pest Herr zu werden.

Die Truppe ist daher berechtigt und verpflichtet, in diesem Kampf ohne Einschränkung auch gegen Frauen und Kinder jedes Mittel anzuwenden, wenn es nur zum Erfolg führt.

Rücksichten, gleich welcher Art, sind ein Verbrechen gegen das deutsche Volk und den Soldaten an der Front, der die Folgen der Bandenanschläge zu tragen hat und keinerlei Verständnis für irgendwelche Schonung der Banden oder ihrer Mitläufer haben kann.

Diese Grundsätze müssen auch die Anwendung der »Kampfanweisung für die Bandenbekämpfung im Osten« beherrschen.

2.) Kein in der Bandenbekämpfung angesetzter Deutscher darf *wegen seines Verhaltens im Kampf gegen die Banden und ihre Mitläufer* disziplinarisch oder kriegsgerichtlich zur Rechenschaft gezogen werden.

Die Befehlshaber der im Bandenkampf eingesetzten Truppen sind dafür verantwortlich, daß

sämtliche Offiziere der ihnen unterstellten Einheiten über diesen Befehl umgehend in der eindringlichsten Form belehrt werden,

ihre Rechtsberater von diesem Befehl sofort Kenntnis erhalten,

keine Urteile bestätigt werden, die diesem Befehl widersprechen.

gez. Keitel

»Unsere Brust ist stärker als Eure Panzer«
Eine Botschaft der Partisanen

Auszug aus den Meldungen aus den besetzten Gebieten, Nr. 53: Bandentätigkeit im Bereich des Kommandeurs Litauen

[...] Bei einem Erkundungsvorstoß einer Wehrmachtseinheit, der sich reichsdeutsche Jungen des Werkdienstes-Ukraine angeschlossen hatten, erfolgte Angriff einer stärkeren national-ukrainischen Bande. Die der Bande in die Hände gefallenen zwei deutschen Jungen, davon einer verwundet, wurden von dem Bandenführer mittels Geleit zurückgeschickt. Der Verwundete war ordnungsgemäß von einem Arzt behandelt worden. Nachstehend wird der von dem Bandenführer mitgegebene Brief der beiden Jungen in Übersetzung wiedergegeben.

»An den Herrn Gebietskommissar in Zuman!
Die Partisanen aus den abgebrannten Dörfern machen Ihnen zu Ehren

bekannt, daß Sie die Arbeit bei Baroszyani einstellen möchten. Die Polen bitten Sie, ihre Dörfer nicht abzubrennen. Merken Sie sich, soviel Sie auch kommen mit Ihrer Gestapo, Sie zahlen mit Ihrem Blut. Denken Sie nicht, daß die Partisanen solche Hunde sind wie Ihre Gestapo und Kommissare.

Zum Beweis schicken wir Ihnen Ihre Leute und bemerken dabei: ›Soviel Mühe Sie sich auch geben, auf jeden Fall werden wir Sie verfolgen!‹

[...] Freut Euch nicht, daß Ihr die Ukraine besetzt habt. Verbrennt die Ukraine, saugt die Bevölkerung aus und droht mit Euren Panzern. Unsere Brust ist stärker als Eure Panzer, unser Stolz weit größer als von Eurer Gestapo. Wir wissen, daß Ihr gekommen seid, die Ukraine zu zerstören und die Ukrainer umzubringen! Dafür zahlt Ihr mit Eurem Blut! Saftschuk.«

»Heldentaten«
Brigadeführer Eberhard Herf am 19. 7. 1943 an Max von Herff, Chef des SS-Personalhauptamtes

Mein lieber Max!

Du hast mich nun in langen Jahren ziemlich genau kennengelernt, vielleicht schätzt Du mich sogar, ich denke es wenigstens.

Ich weiß nicht, ob ich *hier* bleiben kann!

Es gibt Dinge, bei denen ich keinen Spaß verstehe, bei denen ich auch zur kleinsten Aufgabe meiner Gedanken *nicht* bereit bin. Das sind Meldungen dienstlicher Art.

Meiner Ansicht nach sind die Meldungen, die von hier abgehen, an den Reichsführer, »frisiert«!

[...] Gestern hat ein Gauleiter und Generalkommissar Geheimberichte hier veröffentlicht, ohne dies zu wollen und zu wissen (die für den Führer bestimmt waren!), aus denen hervorgeht, daß bei rund 6000 toten »Partisanen« etwa 480 Gewehre gefunden wurden. Kurz und gut, es würde eben *alles erschossen,* um die Feindzahl zu heben und damit die eigenen »Heldentaten«!

Ich sehe ganz klar vor Augen, daß mit diesem System der Anfang vom Ende für den Winter 43/44 gegeben ist, im Hinterland und damit vielleicht auch für die Front. Das Wachsen der Banden ist aber einzig und allein auf *diese* Art der Behandlung der Russen zurückzuführen!

Ich habe Dir früher bereits mehrfach meine Bedenken über die Art des »Kolonisierens« mitgeteilt, arbeitet man heute aber mit *dem* System, dann habe ich keine Lust, daß man später mal auf Grund der Akten mir nachweist, daß ich ja mitschuldig sei an der Irreführung des Reichsführers SS. Es *müssen* Tote vorhanden sein, sie mögen herkommen, woher sie wollen, *sonst* ist der betreffende Führer kein *Führer* und kein Soldat.

Daß er dann auch keine Auszeichnung bekommt, das kommt noch hinzu!

Der Reichsführer SS »*mag*« mich; mir tut das alles sehr leid, da meine Liebe zu ihm bestimmt noch größer ist, aber [...] Max [...] ich bin kein Gauner und werde auch keiner werden.

Ich habe die Frage der »6000/480« – siehe oben, sofort in *dem* Sinne gestern abend angeschnitten. Antwort: »Sie scheinen nicht zu wissen, wie die Banden die Waffen vernichten, um dem Tod zu entgehen und um sich reinzuwaschen.« Wie einfach muß es dann sein, diese Banden niederzukämpfen – – – wenn sie die Waffen vernichten!

»Dörfer in Friedhöfe verwandelt«
Partisanen-»Bekämpfung« in sowjetischen Berichten

Frauen beim Identifizieren der Leichen von Angehörigen.

»Ich warf mich bittend vor den Leiter hin«

Aussage des Bauern Emiljan Michailowitsch Poka aus dem Dorf Tichanaju Sloboda, Kreis Iwene (Gebiet Baranowitschi)

Am 30. März 1943 um 10.00–11.00 Uhr sah ich durch ein Fenster 6 Reiter, unter denen sich der Polizist aus Nowyje, Rubezhewitsche, Manjuk, Vorname und Vorname des Vaters unbekannt, sowie Gurin aus Nowyje Rubezhewitsche und Downar aus dem Dorf Rutschiny, Dorfsowjet Rubezhewitsche, der später von Partisanen getötet wurde, befanden; die übrigen drei Reiter waren mir unbekannt. Diese sechs Reiter umstellten mein Bauernhaus, und Monjuk betrat meine Wohnung mit der Frage, ob es hier fremde Personen gäbe? Ich sagte nein, und Monjuk ging durch das Haus, um das zu überprüfen. »Poka, wenn wir jemanden finden, wirst du zur Verantwortung gezogen«, sagte er, drehte sich um und ging auf den Hof hinaus. Er hatte das Haus noch nicht verlassen, als ich sah, daß Deutsche und Polizisten von Alexander Sizigmuntowitsch Kruglik, meinem Nachbarn, näherkamen. Es waren circa 50 Deutsche und 150 Polizisten. Anschließend betrat der Leiter der Gendarmerie, ein Tscheche namens Sawin, sowie der Polizeikommandant von Iwenec, Poznanskij, Vorname und Vorname des Vaters unbekannt, mein Haus; der Leiter der Gendarmerie von Iwenec und Poznanskij stellten mir die Frage, wie oft ich in Minsk gewesen sei? Ich erwiderte, daß ich erst einmal in Minsk, und zwar zu Beginn der Besetzung durch die Deutschen, gewesen sei. Weiter fragte er mich, wo sich die Juden befänden. Als ich ihm antwortete, daß ich das nicht wisse, fuhr er fort und sagte, daß der Beweis erbracht sei, daß sich bei mir zwei Juden und eine Jüdin versteckt hielten. Ich antwortete, daß sie nach ihnen suchen sollten; Poznanskij begann, mich zu durchsuchen und sagte: »Du wirst doch nicht etwa selbst ein Bandit sein und den Banditen Medikamente, Munition und Benzin überbringen, damit sie Feuer an den Brücken legen können?« Ich antwortete, daß ich von nichts wisse. Er holte ein Blatt Papier heraus und zeigte es mir; ich bemerkte auf ihm die Unterschriften von Bronislaw Grodj, einem Einwohner von Malyje Nowiki, Dorfsowjet Nowiki sowie die von Franz Tichanowitsch, gleichfalls einem Einwohner von Malyje Nowiki, Dorfsowjet Nowiki. Währenddessen führte Poznanskij mit dem Leiter der Gendarmerie ein Gespräch in deutscher Sprache; ich verstand das Gespräch nicht und ging auf Befehl eines Polizisten auf den Hof, um den Pferdestall zu schließen. Nachdem ich den Pferdestall zugemacht hatte, wurde ich zurück in die Wohnung geführt. Als ich hereinkam, sah ich, daß meine Frau und meine zwei Kinder an der Wand standen; ich wurde neben sie hingestellt. Ich sah, wie Downar mir gegenüber und Monjuk gegenüber meiner Frau Aufstellung nahm neben den anderen, mir unbekannten Polizisten. Dann traten der Leiter und der Kommandant zur Seite; als ich das bemerkte, wurde mir klar, daß man uns erschießen würde. Ich warf mich bittend vor den Leiter hin, doch Downar schlug mir mit dem Kolben auf den Kopf und stellte mich wieder auf meinen Platz an die Wand, woraufhin das Feuer eröffnet wurde. Ich habe genau gesehen, daß Monjuk auf meine Frau und Downar auf mich schoß. Doch da Downar eine Ladehemmung hatte, konnte ich

72

mich nach rechts umdrehen und sehen, wie Downar neu durchlud und wieder auf mich schoß. Ich wurde von dem Schuß von Downar am Kopf verwundet und fiel hin. Als ich neben den Leichen lag, hörte ich den Befehl, daß die Gebäude niedergebrannt werden sollten, worauf alle Polizisten die Wohnung verließen und zu meinem Nachbarn gingen. Als das Bauernhaus schon brannte, hörte ich, daß jemand – wer es war, weiß ich nicht – mich am Kragen meines Pelzmantels hochhob, und als er sah, daß ich voller Blut war, auf polnisch sagte: »Poka ist schon erledigt«; dann rissen sie mir meine Stiefel herunter und gingen weg. Ich erhob mich gleichzeitig und trug die Leichen aus der Wohnung hinaus, damit sie nicht verbrennen sollten. Da sah ich, wie der Bürger Alexander Sizigmunt Kruglik zu mir kam und mich fragte, was denn bloß geschehen sei. Ich antwortete ihm: »Du siehst ja, Nachbar, ich wäre beinahe durch deutsche Hände und durch Ortslumpen umgekommen.« Anschließend half mir A. S. Kruglin, einen Verband anzulegen und mich zu waschen.

»lebendige Menschen in Brunnen geworfen«
Die Ermordung von 150 Bewohnern des Dorfes Kostjukowitschi

Aussage des Dorfbewohners Iwan Kutjko

Während der zeitweiligen Okkupation des Territoriums der Weißruthenischen SSR durch die deutsch-faschistischen Truppen wohnte ich im Dorf Kostjukowitschi, Rayon Mosyrj, ehemals Raum von Polessje, jetzt Raum Gomel, Weißruthenische SSR. Im Juli 1943, das Datum weiß ich nicht mehr, wurde unser Dorf morgens von allen Seiten durch die Strafvollzieher umringt. Diese waren in das Dorf Kostjukowitschi aus der Richtung der Stadt Mosyrj gekommen. In jenem Augenblick befand ich mich nicht weit vom Dorf. Ich habe gesehen, wie die Strafvollzieher, nachdem sie in Kraftwagen herangefahren waren, das Dorf umzingelten. Es waren etwa zehn Kraftwagen, in denen sie zum Dorfe Kostjukowitschi gekommen waren. Ein Auto war ein Personenkraftwagen. Darin war ein deutscher Offizier eingetroffen – Führer der Strafabteilung. Außerdem war ein Teil der Strafvollzieher auf dem Fluß Pripet auf Kuttern gekommen. Die Gesamtzahl der Strafvollzieher vermag ich jetzt im Hinblick auf die verstrichene Zeit nicht anzugeben. Ich erinnere mich nicht. Die Strafmannschaft bestand aus Deutschen und Russen. Sie alle waren mit Maschinengewehren, Maschinenpistolen und Gewehren bewaffnet und trugen Kriegsuniform. An die Farbe erinnere ich mich nicht, doch wurde damals darüber gesprochen, daß eine solche Uniform von der deutschen Waffen-SS getragen wird.
Das Dorf Kostjukowitschi liegt 23 Kilometer von der Stadt Mosyrj im Wald; etwa 700 Meter vom Dorf entfernt fließt der Fluß Pripet. 1943

73

Denkmal im Dorf Kostjukowitschi, das an der Stelle eines der vier Brunnen errichtet worden ist, in die 150 Dorfbewohner am 30. 7. 1943 hineingeworfen worden sind. (Aufnahme von 1965).

Verzeichnis der 150 in vier Brunnen ertränkten Bürgerinnen und Bürger. Abbildung der Schautafeln neben dem Denkmal. (Aufnahme von 1965).

hatte das Dorf einschließlich der Rückgebäude etwa 130 Häuser, eine Schule, eine Mühle sowie die öffentlichen Gebäude der Kolchose. Nachdem die Strafvollzieher das Dorf vollkommen umzingelt hatten, blieb ein Teil derselben in der Umringungskette, während die anderen die Einwohner zum Dorfzentrum trieben. Als ich das sah, versuchte ich, in den Wald zu fliehen, doch wurde ich angehalten und in das Dorf zurückgebracht. Nachdem die gesamte Bevölkerung versammelt worden war, wurden die Festgehaltenen in zwei Gruppen aufgeteilt. Eine der Gruppen wurde unter Bewachung nach der Stadt Mosyrj verbracht, die andern wurden im Dorf belassen. Dabei wurde ihnen erklärt, daß man sie auf dem Fluß Pripet mit Kuttern nach Mosyrj verbringen werde. Ich persönlich kam in die erste Gruppe und wurde zusammen mit den an-

Dorfansicht. An dieser Stelle steht das Denkmal.

Inschrift: »Ewiger Ruhm den von den deutschen faschistischen Eindringlingen im Kampf für Freiheit und Unabhängigkeit unserer Heimat 1941–1945 umgebrachten Sowjetbürgern.«

dern unter Bewachung in die Stadt Mosyrj ins Lager gebracht. Drei Tage später gelang es mir, aus dem Lager zu fliehen. Danach kehrte ich in unser Dorf zurück. An der Stelle, an der sich vorher das Dorf Kostjukowitschi befunden hatte, fand ich bloß eine Brandstätte vor. Die Strafvollzieher hatten das ganze Dorf niedergebrannt. Hier erfuhr ich auch, daß alle Einwohner, die im Dorf zurückgelassen wurden, auf bestialische Weise vernichtet worden waren. Die Leichen der vernichteten sowjetischen Bürger wurden in vier Brunnen aufgefunden. Unter den von den Strafvollziehern zu Tode gequälten Dorfmiteinwohnern befanden sich Greise, Frauen und Kinder verschiedenen Alters.

Unter den Umgekommenen befanden sich mein Vater Alexej, Sohn des Adam, Lawrentschuk, 50 Jahre alt, meine Mutter Jewdokija, Tochter des Semjon, Lawrentschuk, 50 Jahre alt, meine Schwester Valentina, Tochter des Alexej, Retschitzkaja, 26 Jahre alt, deren Ehemann Anton, Sohn des Dmitrij, Retschitzkij, 27 Jahre alt, ihr Sohn Adam im Alter von weniger als einem Jahr, meine Schwester Matrjona, Tochter des Alexej, Grad, 24 Jahre alt, die damals schwanger war, zu Bett lag und nach einigen Tagen gebären sollte, deren Sohn Michael, Sohn des Wassilij, acht Jahre alt, und noch meine andere Schwester Anna, Tochter des Alexej, Koloss, 20 Jahre alt, die zwei Wochen zuvor entbunden hatte und krank war. Die Strafvollzieher hatten sie mit dem Neugeborenen ebenfalls in den Brunnen geworfen. Außer ihr wurden damals auch ihr Ehemann Afanassij, Sohn des Ananij, Koloss, 20 Jahre alt, und ihr gemeinsamer Sohn Michael im Alter von weniger als einem Jahr zu Tode gequält. Ich erinnere mich auch, daß sich unter den Umgekommenen auch noch die Miteinwohnerin des Dorfes Antonina, Tochter des Konstantin, Dergatsch befand, die schwanger war und einige Tage später gebären sollte. Diese bestialische Auseinandersetzung mit den friedlichen Sowjetbürgern wird mein Leben lang im Gedächtnis haften bleiben, denn allein aus den Reihen meiner Angehörigen und Verwandten waren den Henkern mehr als zehn Personen zum Opfer gefallen ...

Etwa im März 1943 kamen wir vollzählig in der Stadt Mosyrj der weißruthenischen SSR an. In Mosyrj etablierte sich unser »Sonderkommando SS-10 a« auf einem der Hügel im Gebäude des Krankenhauses. Zu jener Zeit war in Weißruthenien und insbesondere in Polessje, einem Gebiet, zu dem auch die Stadt Mosyrj zählt, die Partisanenbewegung sehr stark gewesen. Deshalb führte unser Kommando mit seinem Chef Christmann an der Spitze systematisch Strafexpeditionen durch, die gegen Partisanen, aber auch gegen die friedliche, völlig unschuldige Bevölkerung gerichtet waren.
Die Zahl der verschiedenen Strafunternehmungen war sehr hoch, deshalb fällt es mir sehr schwer, über jede von ihnen im einzelnen zu berichten. Denn sie ähnelten alle einander. Ich kann bloß sagen, daß wir unter Führung und persönlicher Teilnahme Christmanns in die Umgebung der Stadt Mosyrj hinausfuhren, Dörfer umzingelten, die Bevölkerung zusammentrieben und gewaltsam nach Deutschland schickten. Das Vieh jedoch, welches der Dorfbevölkerung gehörte, trieben wir zur Fleischversorgung der deutschen Armee mit uns fort, während die Dörfer total niedergebrannt wurden. Derartige – von uns durchgeführte – Operationen waren, wie ich schon berichtet habe, sehr zahlreich. Nur eine hat sich bei mir fürs ganze Leben eingeprägt. Diese Operation hat im Sommer 1943 stattgefunden. Doch in welchem Monat, ob im Juli oder im August, weiß ich jetzt nicht mehr.
Die Operation wurde durch Christmann persönlich angeführt. Zusammen mit dem »Sonderkommando SS-10 a« nahmen an dieser Operation die Polizei und die Gendarmerie von Mosyrj teil. Zu dieser Operation fuhren wir nachts auf Kraftfahrzeugen hinaus. Am frühen Morgen ka-

Hier war der Brunnen, in den die Kinder geworfen wurden.

Inschrift des Gedenksteines an dieser Stelle: »Hier wurden Sowjetbürger des Dorfes Kostjukowitschi im Kampf um die Freiheit und Unabhängigkeit unserer Heimat von den deutsch-faschistischen Eindringlingen umgebracht. 30. 7. 1943«

men wir zum Dorf Kostjukowitschi, das sich von der Stadt Mosyrj in einer Entfernung von etwa 40–50 Kilometern befand. Auf Befehl Christmanns umzingelten die Unterabteilungen der Polizei und der Gendarmerie wie auch ein Teil des »Sonderkommandos« das Dorf, damit kein einziger Mensch aus dem Dorf flüchten könnte. Nach Umzingelung des Dorfes begab sich ein Teil der Soldaten des »Sonderkommandos«, der an der Umringung des Dorfes nicht beteiligt war, Dolmetscher und Führer von Zügen und Abteilungen mit Christmann zusammen in das Dorf. Ich selbst stand in der Umringungskette 70–80 Meter von den Häusern eines Randgebietes des Dorfes entfernt. Zu dieser Zeit hatte die Dorfbe-

77

völkerung festgestellt, daß das Dorf umzingelt war. Im Dorf brach Panik aus. Die Menschen liefen aus den Häusern, es erschollen Schreie und Weinen. Dann sah ich, wie die SS-Leute, die sich zusammen mit Christmann in das Dorf begeben hatten, in die Häuser gingen und alle Bewohner ohne Ausnahme hinaustrieben, d. h. alt und jung. Sie fingen die im Dorf verzweifelt hin- und herlaufenden Frauen, Kinder und Greise ein und trieben sie zu Gruppen zusammen. Nicht weit von der Stelle, an der ich in der Umringungskette stand, befand sich am Dorfrand ein Brunnen. Zu diesem Brunnen trieben die Soldaten die Dorfbewohner. In anderen Teilen des Dorfes erschollen Menschenschreie, Weinen, Jammern und hin und wieder Schüsse. Offenbar ging dort dasselbe vor wie am Dorfrand, an dem ich mich befunden hatte.

Ich habe gut sehen können, daß man beim Brunnen bis zu 50 Frauen, Greise, Kinder, darunter auch Säuglinge, die von ihren Müttern auf den Armen getragen wurden, versammelt hatte. Die ganze Menschengruppe war erregt, sie schrie und weinte. Einige Bürger versuchten zu entschlüpfen und fortzugehen, doch trieben sie die Soldaten sofort wieder in die Menge zurück. Dann sah ich, wie an diese Gruppe dem Tode Geweihter der Kommando-Chef Christmann herantrat. Er gab den Strafvollziehern, von denen die dem Untergang Geweihten umringt waren, irgendwelche Befehle. Er schrie irgend etwas, indem er mit den Armen herumfuchtelte. Gleich danach begann die gewalttätige Abrechnung mit den Menschen.

Ich habe gut gesehen, wie ein Teil der Soldaten die Leute griff und sie in den Brunnen warf. Da begann die Menge Widerstand zu leisten. Hierauf schossen die SS-Leute auf Christmanns Befehl aus nächster Nähe auf die Menschen mit Maschinenpistolen. Die Menschen begannen zu fallen. Ein Teil von ihnen war getötet, ein anderer verletzt, denn vom Platz des Gewaltaktes waren noch Schreie und Weinen zu hören. Nun began-

Ansicht der Straße, an der sich drei Brunnen befinden.

nen die SS-Leute auf Christmanns Befehl – ich sage auf Befehl, weil ich gesehen habe, wie er den SS-Leuten mit der Hand auf den Brunnen gewiesen hatte –, Leichen und verwundete lebendige Menschen, darunter auch Kinder, zu greifen und in den Brunnen zu werfen. [...]

Ich erfuhr, daß in gleicher Weise wie am Brunnen, von dem ich bereits berichtet habe, auch in anderen Teilen des Dorfes Menschen getötet wurden. Auch sie wurden in Brunnen geworfen.

Dann trieben wir auf Christmanns Befehl das gesamte im Dorfe befindliche Vieh zusammen. Wir trieben es zum Dorf hinaus. Das Dorf brannten wir nieder.

»neue Ordnung«
Bericht der Bezirkskommission Mosyrj
vom 15. 1. 1945

Im August 1941 hatten die deutsch-faschistischen Eindringlinge nach der Besetzung des Rayons von Mosyrj damit begonnen, in den Dörfern des Rayons die sogenannte »neue Ordnung« einzuführen – hemmungslose Ausplünderung, Zwang, Folter, Massenerschießungen und Ermordung der gänzlich unschuldigen friedlichen Bevölkerung.

In dem Wunsch, die Sowjetmenschen moralisch zu brechen und sie zu gefügigen Sklaven zu machen, haben die deutsch-faschistischen Eindringlinge von den Anfängen der Okkupation bis zu deren Ende gegenüber der Bevölkerung des Rayons von Mosyrj harten, blutigen Terror angewandt und in exzessiver Form Folterungen und Verhöhnungen durchgeführt. Bei der Untersuchung der von den deutsch-faschistischen Eindringlingen während der Okkupation von August 1941 bis Januar 1944 begangenen Verbrechen ist für den Rayon Mosyrj folgendes festgestellt worden:

1. Betreffend den Dorfsowjet von Prudkowo: Von den deutsch-faschistischen Machtorganen wurden 65 gänzlich unschuldige Einwohner erschossen, davon 31 Männer, 21 Frauen und 13 Kinder.

1942 wurden die männliche und weibliche Bevölkerung im Alter von 16 bis 30 Jahren mobilisiert und gewaltsam zur Zwangsarbeit nach Deutschland verschleppt, aus 5 Dörfern 145 Personen: 83 Männer und 62 Frauen.

Die Gesamtzahl der Erschossenen und in die deutsche Sklaverei Verschleppten stellt sich beim Dorfsowjet von Prudkowo auf 214 Personen, was durch die Zeugen Stepan, Sohn des Eugen, Ostapenko, Jewdokija, Tochter des Gawrila, Ziblijenko, Maxim, Sohn des Efim, Ssitnik und Uljana, Tochter des Emeljan, Ziblijenko bestätigt wird.

79

2. Betreffend den Dorfsowjet von Sloboda: Verschleppt in die deutsche Sklaverei wurden 334 Personen, davon 146 Männer, 186 Frauen und 2 Kinder.

Erschossen wurden 151 Personen.

Abgesehen von Erschießungen und der Festsetzung sowjetischer Bürger in Gefängnissen wurden von den Deutschen auf Anordnung des deutschen Oberkommandos Massenvernichtungen der Sowjetbürger durch allmähliche Tötung und durch Mitverbrennung bei Vernichtung der Siedlungen durchgeführt.

So wurde das Dorf Kostjukowitschi am 30. Juni 1943 um 5 Uhr morgens von den deutschen Streitkräften umzingelt. Die Bevölkerung wurde an einem Platz versammelt. Die Einwohner wurden von den deutschen Soldaten in 4 Gruppen aufgeteilt. Dann gingen die Soldaten zu deren Vernichtung über.

Es wurden vier Brunnen mit lebenden Menschen angefüllt. Sie wurden von oben herab mit Steinen und Balken zugeworfen. Auf diese Weise wurden 150 Menschen vernichtet. Das Dorf aber wurde in Brand gesetzt, was dazu führte, daß 11 Menschen verbrannten und 105 Häuser niederbrannten.

Außer dem genannten Dorf [Kostjubowitschi] wurden niedergebrannt:

Dorf Mojessojewka, Boljschije Simowischtscha, Malyje Simowischtscha – insgesamt 450 Häuser.

Erschossen, in Brunnen ertränkt, verbrannt oder in die deutsche Sklaverei verschleppt wurden im Gebiet des Dorfsowjet von Sloboda insgesamt 646 Personen.

3. Betreffend den Dorfsowjet von Skrigalowo [oder Skrigalowka? Der Eigenname muß hier wie auch bei den nachfolgenden Ortsbezeichnungen aus der adjektivischen Form abgeleitet werden, so daß Ungenauigkeiten nicht ganz auszuschließen sind]: Erschossen wurden 147 Personen, davon 50 Männer, 70 Frauen, 19 Kinder und 8 Greise.

Verschleppt in die deutsche Sklaverei wurden 210 Personen, davon: 91 Männer, 101 Frauen, 18 Kinder. Gänzlich niedergebrannt wurden 3 Dörfer – 500 Häuser. In den Häusern sind 12 Personen lebendig verbrannt.

Erschossen, verbrannt oder nach Deutschland verschleppt wurden aus dem Gebiet des Dorfsowjet von Skrigalowo insgesamt 369 Personen.

4. Betreffend den Dorfsowjet von Kasimirowka: Im März 1943 wurden die Dörfer Kasimirowka und Kasimirowskaja Buda von den deutschen Streitkräften umringt. Sie ließen aus den genannten Dörfern keine einzige Person hinaus. Dann bildeten die deutschen Soldaten drei Gruppen zu je 6 Mann, setzten die Häuser in Brand und erschossen die Einwohner auf bestialische Weise, ohne auch nur die Greise und Kinder zu schonen. Im Ergebnis dessen wurden 426 Menschen und 260 Häuser vernichtet. Die genannten Dörfer wurden in kompakte Friedhöfe mit verkohlten Menschenleichen verwandelt.

Zur Zwangsarbeit nach Deutschland wurden 62 Personen verschleppt, davon 19 Männer und 43 Frauen. Erschossen wurden 22[!] Personen, davon 9 Männer und 8 Frauen und 10 Kinder.

Verbrannt, erschossen und zur deutschen Zwangsarbeit verschleppt wurden aus dem Gebiet des Dorfsowjet von Kasimirowka insgesamt 510 Personen, davon 83 Männer, 227 Frauen, 194 Kinder und 6 Greise.

5. Betreffend den Dorfsowjet von Meleschkowitschi: Erschossen wurden 77 friedliche Einwohner aus drei Dörfern, davon 28 Männer, 36 Frauen, 13 Kinder. In die deutsche Sklaverei wurden 156 Personen verschleppt, davon 51 Männer, 91 Frauen, 14 Kinder.

Erschossen oder nach Deutschland verschleppt wurden aus dem Gebiet des Dorfsowjet von Meleschkowitschi insgesamt 233 Personen.

6. Betreffend den Dorfsowjet von Michalka: In der Okkupationszeit wurden von den deutsch-faschistischen Eindringlingen 38 Personen erschossen, davon 18 Männer, 13 Frauen und 7 Kinder. Lebendig verbrannt wurden 9 Personen, davon 2 Frauen und 7 Kinder. Verschleppt in die deutsche Sklaverei wurden 163[!] Personen, davon 83 Männer, 58 Frauen, 11 Kinder.

Erschossen, verbrannt oder in die deutsche Sklaverei verschleppt wurden aus dem Gebiet des Dorfsowjet von Michalka insgesamt 199 Personen, davon 101 Männer, 73 Frauen und 25 Kinder.

7. Betreffend den Dorfsowjet von Kamenka: Im Juni 1943 wurde das Dorf Kamenka von den deutsch-faschistischen Streitkräften umringt. Bei Morgengrauen wurden alle Einwohner, über 300 Personen, am See versammelt. Das ganze Vieh wurde fortgetrieben, die Habe – Bekleidung und Lebensmittel – mitgenommen. Sie wurde auf Kraftfahrzeuge verladen. Alles wurde weggefahren. 215 Einwohner wurden zur Zwangsarbeit nach Deutschland verschleppt. Ebensolche Vorgänge haben sich auch in anderen Dörfern ereignet.

Im Ergebnis dessen wurden aus dem Gebiet des Dorfsowjet von Kamenka insgesamt erschossen, verbrannt oder nach Deutschland verschleppt 343[!] Personen, davon 101 Männer, 107 Frauen, 93 Kinder.

Die erwähnten Fakten der Verbrechen werden von den Einwohnern des Dorfes Kamenka bestätigt.

8. Betreffend den Dorfsowjet von Wibikowka: Erschossen wurden 15 Personen, davon 5 Männer und 10 Frauen. Gewaltsam nach Deutschland zur Zwangsarbeit verschleppt wurden 112 Personen. Erschossen oder nach Deutschland verschleppt wurden aus dem Gebiet des Dorfsowjet von Wibikowka insgesamt 127 Personen, davon 57 Männer und 70 Frauen.

9. Betreffend den Dorfsowjet von Bobrinja: Erschossen wurden 2 Personen. In die deutsche Sklaverei verschleppt wurden 165 Personen, davon 68 Männer und 97 Frauen.

10. Betreffend den Dorfsowjet von Bobrowo: Erschossen wurden 3 Männer. Gewaltsam verschleppt in die deutsche Sklaverei wurden 153 Personen. Durch Bombardierung sind 9 Personen ums Leben gekommen.

Erschossen oder in die deutsche Sklaverei verschleppt wurden insgesamt 165 Personen, davon 82 Männer und 83 Frauen.

»Die deutschen Unholde schonten niemanden«
Der Krieg gegen Geisteskranke und Krüppel

»Objekte nicht mehr lebenswerten Lebens«
Das Generalkommando des XXVIII. Armeekorps (Ic) am 20. 12. 1941 an das Armeeoberkommando 18, Abt. Ic

In Makarjewo, 20 km nordnordwestlich Ljubas, besteht [...] ein soge-nanntes Invalidenhaus, das in den Räumen eines früheren Klosters un-tergebracht ist und in dem in erster Linie Geisteskranke, des weiteren aber auch Syphiliskranke, Epileptiker usw. zu betreuen waren. Zur Zeit befinden sich in der Anstalt noch etwa 230–240 Personen, ausnahmslos weiblichen Geschlechts. [...]
Der Arzt der 2. SS-Infanterie-Brigade, SS-Sturmbannführer Dr. Blies, hält ein sofortiges Einschreiten unter folgender Begründung für erforderlich: Die Kranken bilden nicht nur eine Gefahr für die Zivilbevölkerung, son-dern vor allem für die deutschen Soldaten. Wenn die letzten Vorräte aufgebraucht worden sind, werden die Kranken ausbrechen. Bei Kran-ken dieser Art ist es nicht ausgeschlossen, daß sie auch Menschen anfal-len. Darüber hinaus übertragen sie möglicherweise noch zusätzlich aus-brechende Krankheiten wie Fleckfieber usw. auf andere Personen.
Die Belassung dieses ausgesprochenen Gefahrenherdes unmittelbar hinter der vorderen Linie der Winterbestellung und im Bereich der Trup-penunterkünfte erscheint unhaltbar.
Es kommt dazu, daß die Insassen der Anstalt auch im Sinne deutscher Auffassung Objekte nicht mehr lebenswerten Lebens darstellen. [...]
Für die Durchführung der erforderlichen Maßnahmen hat sich das S. D.-Kommando Hubig in Tossno bereiterklärt. [...] Das S. D.-Kommando Hubig erbittet nur noch die entsprechende zustimmende Anweisung des Brigadeführers Stahlecker, die das Generalkommando herbeizufüh-ren bittet.

Für das Generalkommando
Der Chef des Generalstabes

Nachtrag: Am 3. 1. 1942 meldet der Chef des Generalstabes dem Ar-meeoberkommando 18, Abt. Ic: »Die Angelegenheit ist bereinigt.«

»Fahrt in die Badeanstalt«
Die Ermordung von 300 Kranken des 3. städtischen Krankenhauses in Krasnodar

Aussage der Wärterin Natalia Mochno

Im August 1942, einige Tage nach Besetzung von Krasnodar, kamen zwei deutsche Offiziere ins Krankenhaus. Sie besichtigten das Gebäude und erklärten der Verwaltung, daß es geräumt werden muß. Daraufhin fuhren sie weg, wir setzten unsere Arbeit fort.

Dieselben zwei Offiziere kamen in Begleitung von zwei oder drei mit MP bewaffneten Soldaten am 22. August am Morgen wieder ins Krankenhaus. Ein großer, geschlossener dunkelgrauer Wagen fuhr in den Hof des Krankenhauses hinein und hielt vor der Frauenabteilung. Die deutschen Offiziere veranlaßten, alle Patienten zur Fahrt in die Badeanstalt und nachträgliche Verlegung in ein anderes Haus vorzubereiten, wo günstigere Lebensbedingungen für sie geschaffen würden. So wurde es auch den Patienten gesagt. Aber einige von ihnen wollten das nicht glauben und erklärten geradeaus, daß die Deutschen sie vernichten wollen, schrien und weinten dabei. Einer der deutschen Offiziere befahl dann, alle Kranken sofort zu entkleiden und aufzuladen. Das Personal begann – mit Waffen bedroht und dazu noch des Endzweckes nicht bewußt –, die Patienten zu entkleiden. Bevor noch alle Patienten entkleidet wurden, befahlen die Deutschen, zuerst die Frauen herauszuführen. Banges Jammern und Weinen begleitete die Verladung, doch blieben die anwesenden deutschen Offiziere unerschütterlich. Mit Fußtritten stießen sie die Kranken in den Wagen hinein. Das ganze Bild der Mißhandlung und Verhöhnung der kranken Sowjetbürger durch die Deutschen habe ich aus dem Fenster im Männerblock, wo ich arbeitete, beobachten können.

Nach einigen Fahrten kam dasselbe Auto zur Männerabteilung. Die deutschen Offiziere gaben den Befehl, alle bewegungsfähigen Männer zu entkleiden und in den Korridor herauszuführen, was ich mit der Wärterin Makarowa und mit den Wärtern Gorbatenko und Jaroschenko tat. Daraufhin befahlen die Deutschen, die Kranken zum Wagen zu führen. Wiederum entstand Lärm, Schreien und Jammern. Doch die Deutschen wüteten. Sie packten die Patienten, stießen sie in den Wagen hinein, und die Schwerkranken, die mit Tragbahren gebracht wurden, warfen die Deutschen ebenfalls in den Wagen.

> »Die Zahl der durch das Einsatzkommando 5 Exekutierten betrug am 20.10.1941 insgesamt 15110. [...] Eine besonders starke seelische Belastung der mit der Durchführung beauftragten Männer des Einsatzkommandos 5 stellte die am 18.10.1941 vorgenommene Liquidation von 300 geisteskranken Juden der Kiewer Irrenanstalt dar.«
>
> Ereignismeldung UdSSR Nr. 132 vom 12.11.1941.

Nennen Sie die Namen der mißhandelten Leute!
Ich habe bereits gesagt, daß die Deutschen alle Sowjetbürger mißhandelt haben, die Namen kenne ich nicht, da sie Patienten der anderen Stationen (Krankensäle) waren. Von meinen Kranken, die von den Deutschen besonders mißhandelt waren, erinnere ich mich an einen Wassili, er konnte nicht gehen, wurde mit der Tragbahre herausgebracht und in den Wagen hineingeworfen. Ein genesender Patient, Rybkin, flehte die Deutschen an, ihn freizulassen, wurde von den Soldaten gepackt, von den Offizieren verprügelt und mit anderen in den Wagen hineingeworfen. Besonders grausam mißhandelten die Deutschen den Patienten Gerassimow, der früher bei der Feuerwehr war. Er ist einige Male aus dem Wagen herausgesprungen, aber die Deutschen erwischten ihn jedesmal, nahmen ihn in Polizeigriff und warfen ihn doch in den Wagen hinein. Alles das geschah vor meinen Augen, ich war die Augenzeugin davon.

Angehörige des Sonderkommandos 10 a beim Vormarsch auf Krasnodar, wo 300 Kranke im Gaswagen ermordet werden.

Wußten Sie, wohin die Deutschen die Kranken abtransportierten?
Ich vermutete, daß die Deutschen sie zwecks Erschießung abtransportiert hatten, aber die Wärterin Makarowa erzählte mir später, daß der deutsche Soldat, der die Offiziere begleitete, auf die Frage, ob die Patienten erschossen werden, in gebrochenem Russisch sagte: »Nein, nicht schießen, der kranke Ruß mit Gas kaputt.« Wie ich später erfuhr, wurden tatsächlich die mit dem Wagen abtransportierten Sowjetbürger im selben Wagen vergast und die Leichen in Panzergraben außerhalb der Stadt hinausgeworfen.

Von wem erfuhren Sie, daß die Kranken vergast wurden?
Makarowa hat es mir erzählt, wie ich es bereits erwähnt habe. Später hörte ich es in allen Einzelheiten von meinem Bruder Iwan Kotow, der – ohne Patient des Krankenhauses gewesen zu sein – von den Deutschen erwischt und in den Gaswagen »Duschegubka« [»Mörderin«] hineingeworfen wurde. Er konnte sich durch Zufall retten. Dasselbe bestätigte mir ebenfalls der Patient Grigorij Kolganow, der am Leben blieb.

Was haben Ihnen Kotow und Kolganow vom Gaswagen »Duschegubka« erzählt?
Mein Bruder I. Kotow erzählte mir von diesem Erlebnis, als ich ihn zum ersten Mal nach Vertreibung der Deutschen aus Krasnodar am 12. Juni d. J. getroffen habe. [...]

»Gelegentlich machten die Zustände in den Irrenanstalten sicherheitspolizeiliche Maßnahmen erforderlich. [...] Da die Insassen aus verschiedenen Anstalten ausbrachen und zu einer Gefahr für die Sicherheit wurden, wurden

in Aglona (Litauen)	544 Geisteskranke
in Mariampol (Litauen)	109 Geisteskranke
und in Mogutowo (bei Luga)	95 Geisteskranke
insgesamt	748 Geisteskranke

liquidiert.
In einigen Fällen baten Wehrmachtsdienststellen, auch andere Anstalten, die für Quartierzwecke benötigt wurden, in der gleichen Weise zu säubern. [...]«

Gesamtbericht der Einsatzgruppe A bis zum 15. 10. 1941.

Ein analoger Fall der bestialischen Mißhandlung wurde im Falle des Patienten Grigorij Kolganow begangen. Dieser Patient war bereits auf dem Wege zur vollen Genesung, er konnte im Hof spazieren und half sogar bei einigen Haushaltsverrichtungen. Als die Deutschen die Kranken aufluden, erwischten sie Kolganow, nahmen ihn in Polizeigriff und warfen ihn in den Wagen hinein. Ich dachte, daß er verloren sei. Als ich aber im Mai d. J. vor einem Schaufenster in Krasnodar stand, hörte ich jemand mich ansprechen. Ich drehte mich um und sah Grigorij Kolganow. Ich wollte meinen Augen nicht glauben und fragte ihn verdutzt:

»Bist du das, Grischa?«, und er sagte: »Ja, Nata, das bin ich, Grigorij Kolganow, ich bin auf folgende Weise am Leben geblieben: Als die Deutschen mich mißhandelten und in das Auto warfen, schlugen sie hinter mir die Tür zu. Sobald der Motor zu arbeiten begann, spürte ich den Kohlengasgeruch, fühlte mich schlecht, manche Wageninsassen fielen um, da riß ich ein Stück Hemd von einem Kranken herunter, befeuchtete es mit Urin und hielt es vor meine Nase. Auf diese Weise atmete ich, bis der Wagen hielt. Dann wurde ich ohnmächtig und kam zur Besinnung, als ich bereits im Loch mit anderen Leichen lag. Nachdem ich mich etwas erholt hatte, sah ich, daß der Wagen und die Deutschen fort waren, dann kroch ich aus dem Loch heraus und lief fort.«

Aussage von Iwan Kotow, der im Gaswagen überlebte

Am 22. August ging ich ins Krankenhaus, um ein ärztliches Zeugnis zu holen. Hier geschah folgendes: Als ich den Hof des 3. städtischen Krankenhauses betrat, begab ich mich in das Haus der Verwaltung. Die Angestellte, die bei der Ausgabe der Zeugnisse arbeitete, war abwesend, und ich wartete auf ihre Rückkehr.
Ich habe im Büro etwa 30—40 Minuten gewartet. Da sie nicht zurückkam, wollte ich in das Haus gehen, wo ich früher behandelt wurde, in der Hoffnung, sie dort anzutreffen, wie es früher manchmal der Fall war. Als ich aus dem Verwaltungsgebäude herauskam, sah ich vor dem Hause, wo ich hingehen wollte, einen großen geschlossenen, grauen Wagen.
Als ich bei dem hinteren Teil des Wagens ankam, sah ich, daß die Kranken aus dem Hause herausgeschleppt und in den Wagen hineingestoßen wurden, dabei waren einige völlig entkleidet — nackt. In diesem Augenblick stürzte sich auf mich der Deutsche, der bei dem Wagen stand, schrie etwas für mich Unverständliches, erwischte mich am Joppenkragen und stieß mich in den Wagen hinein. Als ich drin war, sah ich dort viele Menschen, ich kann nicht sagen wieviel. Da standen Männer und Frauen, sie waren dicht aneinander gedrängt. Man hörte Stöhnen, Weinen, Jammern, die Menschen haben — wohl in schlimmer Vorahnung der von den deutschen Barbaren für sie geplanten Qualen und des Todes — den Verstand verloren. Nach mir wurden noch etwa fünf Personen in den Wagen hineingestoßen.
Dann wurde die Wagentür zugeschlagen, und das Auto setzte sich in Bewegung. Ich spürte gleich danach, daß ich ersticke. Ich riß mein Hemd herunter, befeuchtete es mit Urin und bedeckte damit die Nase und den Mund. Mir wurde gleich danach leichter.
Wahrscheinlich habe ich rein instinktiv gehandelt, aber vermutlich wirkten dabei Kenntnisse, die ich beim Luftschutzlehrgang erworben und später weitergeleitet habe. Ich wußte, welche Maßnahmen bei Gasvergiftung anzuwenden seien. Als mir schlecht wurde, habe ich vermutlich begriffen, daß die Deutschen uns vergasen, und habe für meine Rettung die erwähnte Maßnahme angewandt.
Sobald ich Mund und die Nase mit dem Hemd zustopfte, habe ich eine Erleichterung gespürt, aber trotz dieser Maßnahme habe ich wahrscheinlich die Besinnung verloren. Ich weiß nicht, was weiter geschah. Ich kam zu mir, als es bereits dunkel war. Ich sah mich um und stellte

fest, daß ich in einem Loch war unter vielen weiblichen und männlichen Leichen. Als ich aus dem Loch herauskroch, wolte ich nach Hause gehen. In diesem Augenblick sah ich einen mir unbekannten Mann aus dem Loch herauskriechen. Ich erfuhr später, daß er Grigorij hieß, seinen Familiennamen weiß ich nicht. Ich ging mit ihm in die Stadt. Nachdem wir ein Stück Weg zusammen gegangen sind, trennten wir uns. Ich ging nach Hause, wo Grigorij hinging, weiß ich nicht. [...]
Während der deutschen Besatzung von Krasnodar wurden viele Sowjetbürger vernichtet. Viele wurden verhaftet und aufgehängt. Unter ihnen waren auch meine guten Bekannten. Aber ich bin jetzt in solchem Zustand, daß ich weder ihre Namen noch die Umstände dieser Greueltaten wiedergeben kann. Nach allem, was ich während der Besatzung in Krasnodar gesehen und erlebt habe, verschlimmerte sich mein Gesundheitszustand. Ich kann kaum sprechen. Mein Gedächtnis versagt, und beim besten Wunsch kann ich nicht alle Einzelheiten des Erlebten und mit eigenen Augen Gesehenen erzählen. Demzufolge ist auch meine Aussage nicht vollständig. Aber ich bin nicht imstande, ausführlicher davon zu berichten.

»Kinder, Kinder, komm«
Die Ermordung der Jejsker Behinderten im Gaswagen des Sonderkommandos 10 a

Panzer-Armeeoberkommando befiehlt Ermordung von Krüppeln:

»Gelegentlich einer Streife in die Gegend von Isakowo an der Bahn Wjasma–Temkino wurde bei Isakowo ein lagerartiges Heim mit 113 körperlich und geistig nicht normalen Krüppeln festgestellt. Zur Tages- und Nachtzeit trieben sie sich in der Gegend umher. Es bestand der Verdacht, daß die Krüppel zu Spionagezwecken mißbraucht werden und Partisanen in dem Lager unbemerkt Unterschlupf finden könnten, wie sie überhaupt durch ihr Umherstreifen eine gewisse Verwirrung in der Gegend anrichteten. Dem Panzer-AOK 3 wurde Meldung erstattet. Es ordnete die Beseitigung der Krüppel an und beauftragte damit das Kommando der Sicherheitspolizei und des SD in Wjasma. Die Durchführung des Befehls erfolgte am 13. und 14. 6.«

Meldung der Geheimen Feldpolizei, Juni 1942.

Aus einer Aussage der Leiterin Galina Kotschubinskaja

Zur Zeit der Besatzung der Stadt Jejsk durch die deutsche Wehrmacht war ich im Kinderheim in Jejsk als Leiterin der Lehrabteilung tätig. Im Kinderheim befanden sich Kinder im Alter von 4 bis 17 Jahren. Ein Teil der Kinder war geistig zurückgeblieben, die anderen Kinder hatten körperliche Gebrechen.

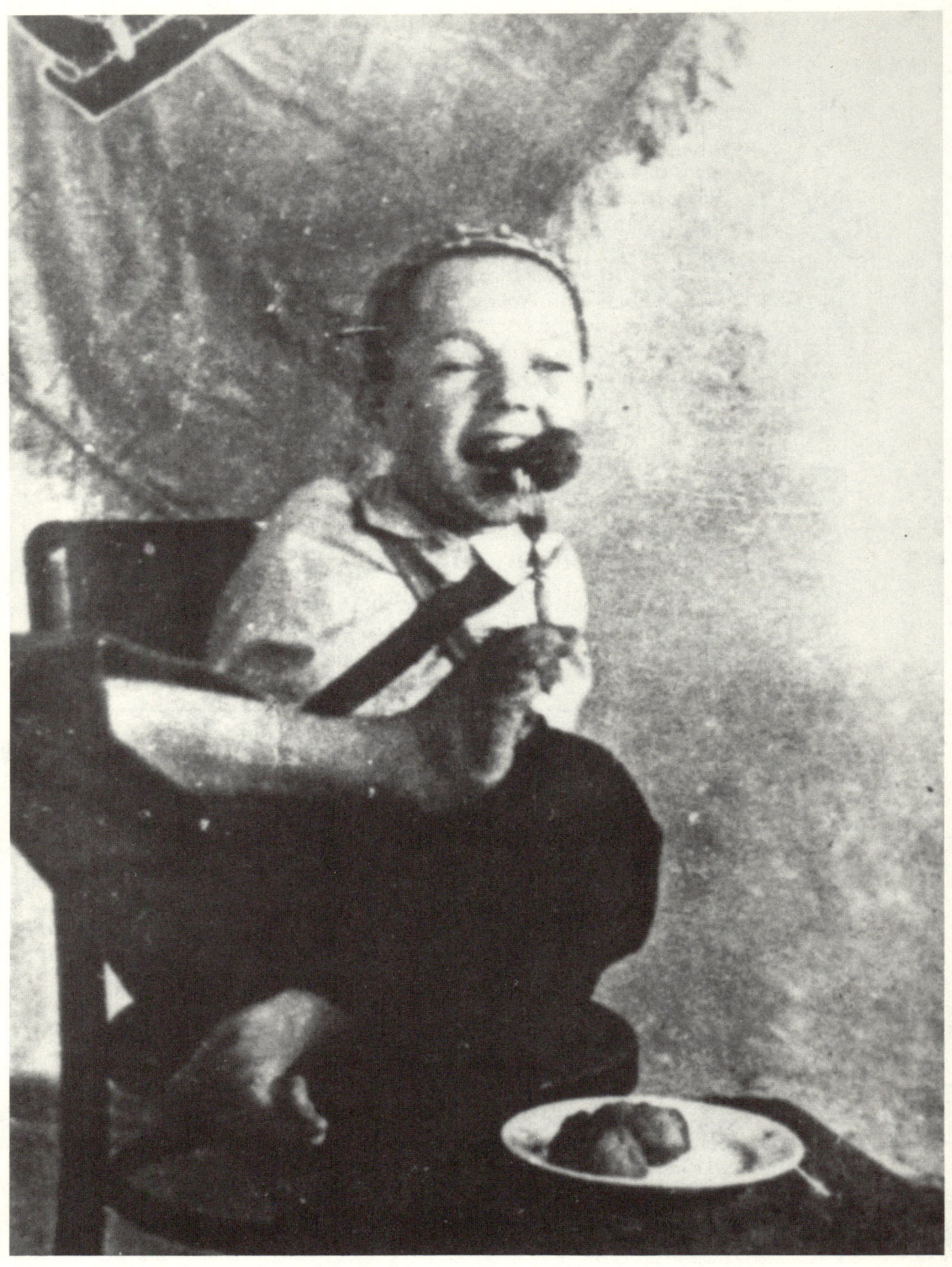

Mischa, 1942 im Gaswagen ermordet.

Zu dieser Zeit befanden sich im Kinderheim etwa 270 Kinder, von denen von den Deutschen 214 nach irgendwohin abtransportiert und – wie ich später erfuhr – vernichtet wurden.

Es geschah Anfang Oktober. Etwa um 17 oder 18 Uhr fuhr in den Hof unseres Kinderheimes ein großer, geschlossener Lkw dunkler Farbe. Er hielt vor dem Wohnblock, in welchem die behinderten Kinder wohnten. Ihm folgte ein Pkw, der hielt vor dem Hoftor. Aus beiden Wagen stiegen einige deutsche Soldaten, zwei oder drei Offiziere und der Dolmetscher Böhm. 1961 erfuhr ich seinen Namen bei der Gerichtsverhandlung in Stavropol.

Zu der besagten Zeit stand ich mit einer Wärterin oder einer Erzieherin im Hofe, Böhm kam auf uns zu und forderte uns auf, die Kinder zu sammeln, die – wie er uns sagte – zur Weiterbehandlung nach Krasnodar abtransportiert würden.

Ich sagte ihm darauf, daß es notwendig wäre, eine Begleiterin aus dem Personal des Kinderheimes mitfahren zu lassen. Doch der Dolmetscher erklärte mir, das wäre gar nicht nötig, da sie die Kinder selbst begleiten würden. Zu dieser Zeit befand sich ein Teil der Kinder im Hof. Die deutschen Soldaten und der Dolmetscher Böhm fingen an, sie zu fangen und zum großen Lkw zu schleppen. Unter diesen Kindern waren einige bucklige und beinlose Zöglinge, die selbständig in das Auto nicht einsteigen konnten. Die Deutschen warfen sie rücksichtslos hinein.

Einige Soldaten sind dann ins Haus gegangen, schleppten die Kinder hinaus und warfen sie ebenfalls in den Wagen. Viele Kinder sträubten sich, sie weinten und schrien, dennoch wurden sie von Soldaten gepackt und in den Wagen hineingeworfen.

Als ich dieses abscheuliche Bild sah, ging ich zu den beiden deutschen Offizieren, die sich bei dem Pkw aufhielten, und fragte sie, warum das getan wird, könnte man denn nicht die Kinder hier lassen? Wir pflegen und erziehen sie doch.

Einer der Offiziere, hochgewachsen und im schwarzen Mantel, schrie mich in deutscher Sprache an. Was er eigentlich schrie, weiß ich nicht, da ich die deutsche Sprache nicht verstehe. Von dem Schrecken und Greuel und Geschrei des deutschen Offiziers fühlte ich mich plötzlich schlecht und wurde ohnmächtig. Als ich wieder zur Besinnung kam, war der Hof leer, es waren keine Wagen und keine Deutschen da. Einer der Mitarbeiter des Kinderheimes sagte mir, daß die Deutschen etwa 40 Kinder unseres Kinderheimes in der Richtung der Gärten am Stadtrande verschleppt haben. Einige Kinder konnten sich retten, da es ihnen gelungen ist, während der Verladung das Haus zu verlassen und in die Nachbarschaft zu laufen. [...]

Am nächsten Tag, etwa um 9–10 Uhr, kam wieder ein großer, geschlossener Lkw und hielt vor dem Zentral-Wohngebäude. Ich erinnere mich nicht mehr, ob ein Pkw dabei war. Im Zentral-Wohngebäude befanden sich die geistig zurückgebliebenen, nicht bettlägerigen Kinder. Die meisten von ihnen waren zu dieser Zeit im Hof, die anderen waren im Sommer-Speisesaal. Mit dem Lkw kamen einige deutsche Soldaten und mit ihnen der Dolmetscher Böhm, ich weiß nicht mehr, ob die Offiziere auch dabei waren.

Behinderte Kinder beim Unterricht in Jejsk (Jeissk), Region Krasnodar, an der Ostküste des Asowschen Meeres. Ihr Tod im Gaswagen war schrecklich. Da nicht alle gleichzeitig starben, erlebten manche den Todeskampf mit Krämpfen, Erbrechen, Urinablassen und Einkoten bei zunächst noch relativ klarem Bewußtsein. Die ineinander verschlungenen Leichen wurden schließlich am Rande der Stadt in einen Panzergraben geworfen.

Der Dolmetscher Böhm lud die Kinder zu einer Autofahrt im Lkw ein und forderte sie auf, sich hineinzusetzen. Da es geistig zurückgebliebene Kinder waren, vertrauten sie leichtgläubig dem Dolmetscher Böhm und gingen zum Auto und stiegen selbständig ein. Andere Kinder, die geistig besser entwickelt waren, haben jedoch verstanden, daß ihrer etwas Böses harrt, und versuchten wegzulaufen. Einigen von ihnen ist es gelungen, die anderen wurden von deutschen Soldaten geschnappt und mit Gewalt in das Auto hineingeworfen. Nachdem die Deutschen die Kinder in das Auto aufgeladen haben, fuhren sie in Richtung der Gärten ab.

Bald danach munkelte man in Jejsk, daß die Deutschen die Kinder aus dem Kinderheim mit Gas erstickt und ihre Leichen in den Panzergraben geworfen haben.

Nach Befreiung der Stadt Jejsk durch die Rote Armee habe ich von vielen Stadtbewohnern gehört, daß die Leichen unserer Kinder tatsächlich im Panzergraben gefunden wurden. Im Frühjahr 1943 wurden die sterblichen Reste der Kinder exhumiert und zur letzten Ruhe in einem Massengrab bestattet. Aus diesem Anlaß fand eine Trauerfeier statt, der auch ich beiwohnte.

Insgesamt haben die Hitlerleute aus unserem Kinderheim während der Besatzung etwa 214 Kinder verschleppt und vernichtet.

»Ich habe mit eigenen Augen gesehen, wie die Deutschen die Kinder in den Wagen hineinwarfen. Mit Gewalt haben die Deutschen in den gedeckten Teil des Wagens 42 Kinder im Alter von 4 bis 15 Jahren hineingebracht. Unter diesen Kindern waren Mädchen und Buben. Ich weiß, daß dabei das Mädchen Terechowa und der Knabe Kolessnikow waren. Die beiden waren etwa 13 Jahre alt. Die Kinder waren geistig zurückgeblieben. Manche von ihnen weinten während der Aufladung. Ich erinnere mich, daß der Knabe Mischa Popow die Kinder beruhigte, indem er ihnen sagte, sie würden jetzt nach Moskau fahren.

Nachdem die Kinder aufgeladen waren, zählten sie die Deutschen. Einer von ihnen schlug die Wagentür zu. In der Karosserie waren keine Fenster. Die Kinder befanden sich im Dunkeln. Da fingen sie an, furchtbar zu weinen, zu schreien und an die Wagenwände zu schlagen, damit man sie aus dem Wagen herausließe. Der Wagen mit den Kindern verließ sofort den Hof des Krankenhauses. [...]«

Wärterin Euphrosinia Schkarubina über die Ermordung von 42 behinderten Kindern des Krasnodar-Gebietskrankenhauses, September 1942

Aus einer Aussage der ehemaligen Heimbewohnerin Galina Getmantschuk Während des Weltkrieges 1941–1945 befand ich mich im Kinderheim für behinderte Kinder in Jejsk, da mir der rechte Vollarm fehlt.

Als die Lkw hereinfuhren, bin ich mit noch zwei Mädchen weggelaufen. Wir haben uns in der Toilette im Hof versteckt, wo wir durch den Türspalt das Verladen der Kinder beobachteten. Mit einem Teil der Kinder, besonders mit Babies, wurde man schnell fertig. Dann begaben sich die Deutschen in das Wohnhaus und suchten dort und um das Haus herum die übrigen Kinder. Wie das Aufladen der Kinder vor sich ging, kann ich

Gruppenfoto: SS-Untersturmführer Dr. med. Heinrich Görz (ganz links), SS-Untersturmführer Kurt Trimborn (2. Reihe Mitte). Beide organisierten 1942 die Tötung der Kinder in Jejsk. Der Führer des Sonderkommandos 10 a: SS-Obersturmbannführer Heinz Seetzen, Volljurist (vorn, Mitte).

heute nicht mehr genau beschreiben, da ich vor Schreck nichts sah. Ich kann mich nur daran erinnern, daß einer der Deutschen zur Toilette kam, an die Tür klopfte und auf Deutsch sagte: »Kinder, Kinder, komm.« Wir machten jedoch nicht auf. Da sagte er noch in gebrochenem Russisch: »Skoro, skoro – schnell, schnell.« Da wir angenommen haben, er wollte die Toilette benützen, machten wir ihm auf. Er ging nicht herein, sondern trieb uns zum Lkw. Der zweite Deutsche, der bei dem Wagen stand, wies mit der Hand auf den Wagen und wiederholte mehrmals: »Sitzen, sitzen.« Ich bin jedoch nicht eingestiegen, sondern habe eine günstige Gelegenheit wahrgenommen, lief in das Haus und versteckte mich im oberen Stockwerk.

Anderntags, am 10. Oktober 1942, [...] kam in den Hof unseres Kinderheimes zum zweiten Mal ein schwarzer geschlossener Lkw. [...] Ich war die erste, die das anfahrende Auto bemerkte und schrie: »Das Auto!« Bei diesem Notsignal zerstreuten sich die Kinder in alle Richtungen. [...]

Später hörte ich von den Einwohnern unserer Stadt, daß die Kinder unseres Kinderheimes im Lkw mit Gas erstickt und ihre Leichen in den Panzergraben außerhalb der Stadt geworfen wurden. Wir Kinder nann-

94

ten diesen Lkw »der schwarze Rabe«, und die Erwachsenen hatten dafür die Bezeichnung »Duschegubka« [»Mörderin«].

Als Jejsk von der Roten Armee befreit wurde, fand man die Leichen der in dem Gaswagen vernichteten Kinder unseres Kinderheimes im Panzergraben. Sie wurden dann im Massengrab im Gorki-Stadtpark bestattet.

Aus einer Aussage des ehemaligen Heimbewohners Leonid Dwornikow

Am 9. Oktober 1942, etwa um 17 Uhr, fuhr in den Hof unseres Kinderheimes ein großer, sehr langer, geschlossener Wagen mit einer Tür hinten und hielt vor unserem Wohnblock. Einige deutsche Soldaten, die mit Pistolen bewaffnet waren, stiegen aus. Diesem Wagen folgte ein Pkw mit Deutschen, unter ihnen waren zwei Offiziere und der Dolmetscher

»Ende August 1942 zog die Gestapoabteilung SK-4a von Charkow in die Kosaken-Siedlung Nishnij Tschir um und besetzte dort das Gebäude der Kolchosenverwaltung. Am Tage unserer Ankunft fanden keine Verhaftungen und Erschießungen statt. Am 25. oder 26. August wurden zwei 1½ t schwere Lastwagen, von denen ich einen und den anderen der Chauffeur Blochin fuhr, zum Gebäude der Kinderanstalt in Nishnij Tschir gebracht, von wo man unter der Leitung der deutschen Gestapomänner und Polizisten die Kinder herausführte.

Die Kinder waren hauptsächlich im Alter von 6 bis 12 Jahren. Alle herausgeführten Kinder wurden von den Gestapomännern in die Wagen hineingestoßen. Als manche von ihnen bereits zu ahnen begannen, daß ihnen etwas Schreckliches bevorsteht, und zu weinen anfingen, beruhigten sie die Gestapomänner heuchelnd, indem sie ihnen erklärten, daß sie zu ihren Tanten und Onkeln nach Stalingrad gebracht werden. Nachdem die Wagen vollgeladen waren, knöpften ich und Blochin die Planen zu und fuhren zu den bereits ausgehobenen Gruben, die sich nicht weit von Nishnij Tschir, auf der Straße zur Bahnstation Tschir, hinter der Brücke, befanden. Als wir an dem Ort ankamen, stellte ich den Wagen mit der hinteren Seite zur Grube. Dann begannen wir unter Leitung der Gestapomänner, die Kinder zu zweit an den Händen haltend, hinauszuführen. An der Grube stand der Gestapofeldscher Alex und nahm die Kinder, die ich, Blochin und andere Gestapomänner – Deutsche – ihm zuführten, in Empfang.

Der Gestapomann nahm jedes der von uns zugeführten Kinder an der Hand und schoß direkt in den Kopf aus seiner Maschinenpistole, wonach er die Leiche mit dem Fuß in die Grube stieß. Auf diese Weise wurden von den Gestapomännern ca. 60 Kinder erschossen. Sie erschossen sie vor den Augen der anderen Kinder, die darauf warteten, bis sie an die Reihe kamen. Die dem Tode Geweihten weinten, beteten um Gnade. Manche Kinder versuchten, sich aus den Händen der Gestapomänner zu befreien und sagten: ›Nein, Onkel, ich habe Angst, bitte nicht, warum wollen Sie mich erschießen, ich möchte leben.‹ Die herumstehenden Gestapomänner trieben uns zur Eile, und wir, ohne das Weinen und die Schreie der Kinder zu beachten, zogen sie schnell vom Wagen zur Grube. [...]«

Aus dem Protokoll der Vernehmung von Bulanow, Michail, Sohn des Petr, vom 3. 12. 1943

Böhm. Auf der Straße vor dem Tor wurden deutsche Soldaten mit MP aufgestellt. Dort blieb auch einer der Offiziere im schwarzen Mantel stehen. Der andere Offizier und der Dolmetscher begaben sich zum Haus. Frau Galina Kotschubinskaja, Leiterin des Unterrichts in unserem Kinderheim, kam ihnen entgegen. Ich war zu dieser Zeit in der Nähe des Wohngebäudes und nur etliche Meter von ihnen entfernt.

Der Offizier sagte etwas auf Deutsch, und danach befahl der Dolmetscher der Frau Kotschubinskaja, die Kinderwärterinnen zusammenkommen zu lassen und mit der Aufladung der Kinder anzufangen, die angeblich zur Weiterbehandlung nach Krasnodar transportiert würden. Da jedoch bereits Feierabend war, waren fast alle Kinderwärterinnen schon weg, demzufolge mußten die Deutschen die Verladung allein besorgen.

Ein Teil der Kinder spielte zu dieser Zeit im Hof, und die anderen sind aus Neugier aus dem Hause herausgekommen. Die deutschen Soldaten, der Offizier und der Dolmetscher griffen nach Kindern. Sie schleppten sie zum Wagen und warfen sie hinein. Einige Deutsche sind ins Haus gegangen, um die Kinder zu suchen. Der Dolmetscher Böhm faßte mich und schleppte mich trotz meines Widerstandes zum Wagen.

In diesem Augenblick haben zwei Deutsche den 12jährigen Wolodja Gontscharow aus dem Hause herausgeschleppt. Sie hielten ihn fest an den Beinen und schleppten ihn Kopf herunter treppab und dann am Boden. Wolodja hat es aber fertiggebracht, einen Deutschen am Bein zu fassen und fing an, ihn zu beißen. Als Böhm das erblickte, ließ er von mir los und lief dorthin zur Hilfe. Ich versteckte mich im Gebüsch etwa 20 Meter vom Wagen entfernt. Von meinem Versteck aus beobachtete ich die ganze Verladung.

Die Deutschen faßten die Kinder an Armen, Beinen oder sonstwie und schleppten sie zum Lkw.

Die Kleinstkinder behandelten sie in derselben Weise, nur trugen sie zwei bis drei Babies auf einen Schlag. Viele Kinder sträubten sich, wollten nicht in den Wagen einsteigen und leisteten Widerstand. Manche von ihnen wurden dafür von Deutschen mit Fäusten verdroschen oder mit Fußtritten behandelt. Trotz des Widerstandes ist es doch den Deutschen gelungen, fast alle Kinder in den geschlossenen Wagen hineinzuwerfen, die Tür zuzuschlagen und wegzufahren. Nur wenigen Kindern ist es gelungen, sich zu retten: denjenigen, die gerade zu dieser Zeit aus irgendwelchem Grund abwesend waren, und noch einigen, die aus dem Fenster springen und weglaufen konnten.

Als ich sah, wie grausam die Deutschen die Kinder behandelten, habe ich begriffen, daß die Kinder zur Vernichtung abtransportiert wurden.

Ich fürchtete mich, zum Kinderheim zurückzugehen, und übernachtete mit einigen anderen heilgebliebenen Zöglingen unseres Kinderheimes im Nachbarhaus. In der Frühe gingen wir ins Kinderheim zum Frühstükken. Ein Mädchen, das sich draußen aufhielt, um Wache zu halten, rief uns bald zu, daß die Deutschen kommen. Ich und andere Kinder, die entweder im Hof oder im Erdgeschoß waren, liefen sofort weg und versteckten uns in benachbarten Höfen.

Kasino »Waldhof«
Protokoll einer Außerordentlichen Staatlichen Kommission in Winnitza (April 1944)

Vorliegendes Protokoll ist von der Kommission in folgender Zusammensetzung aufgestellt worden: Der Vorsitzende der Winnitzaer Städtischen Kommission zur Erfassung der Verluste, die von den faschistischen deutschen Eroberern verursacht wurden, Pirogow A. Ch.; die Mitglieder: der Sekretär des Winnitzaer Stadtsowjets der Deputierten der Werktätigen, Kalaschnikow, G. F.; der Oberpriester der Winnitzaer Samostjansker Kirche, Lopuchow M. I., in Anwesenheit des Abgesandten der Außerordentlichen Staatlichen Kommission, Makarow W. N.; unter Teilnahme gerichtsmedizinischer Sachverständiger, des gerichtsmedizinischen Sachverständigen der Armee, Hauptmann des Medizinischen Dienstes, Kopelowitsch G. M.; des Lehrstuhlleiters des Winnitzaer pathologischen anatomischen medizinischen Instituts, Dr. Wakulenko N. A. und des Stellvertretenden Leiters der Winnitzaer Städtischen Abteilung für Gesundheitswesen, Dr. Schtschawinskij M. M.:

> »IVb [Arzt!] und GFP [Geheime Feldpolizei der Wehrmacht] besprechen Beseitigung der bei der Gruppe Scheele herumlaufenden Irren. Soweit die Irren transportfähig waren, wurden sie ins Gefangenenlager Wassilkow abtransportiert (60–70 Stück, hauptsächlich Frauen). Der Rest, etwa 30, wurde erschossen.«
>
> Eintrag im Kriegstagebuch des 29. Armee-Korps vom 20. 8. 1941

Am 29. April 1944 führte die Kommission in der Stadt Winnitza auf dem Gelände der Psychiatrischen Klinik eine Exhumierung und Leichenöffnung der psychisch Kranken durch, die sich zur Heilung in dem genannten Krankenhaus befunden hatten und von den faschistischen deutschen Eroberern während der Besetzung der Stadt Winnitza hingemordet worden waren. Auf Grund von Untersuchungsmaterial hat die Kommission festgestellt, daß sich vor der Einnahme der Stadt Winnitza durch die deutschen Truppen in der Psychiatrischen Klinik von Winnitza an die zweitausend psychisch Kranke zur Heilung befanden. Die Klinik besaß eine große Nebenwirtschaft, die aus einigen Hundert Hektar Akkerland, einer Milch-, einer Schweinefarm, einer Imkerei und einer Mühle bestand.
Zum Zeitpunkt der Einnahme der Stadt Winnitza durch die Deutschen verfügte die Klinik über große Lebensmittelvorräte, trotzdem setzten die deutschen Okkupationsbehörden einen so geringen Verpflegungssatz für die psychisch Kranken fest, der völlige Erschöpfung und den Hungertod zur Folge hatte.
Die deutschen Okkupationsbehörden begnügten sich nicht mit der Einführung dieses Hungerregimes für die psychisch Kranken; sie führten

Massentötungen der Kranken durch, und zwar durch Erschießungen im Herbst 1941 und durch Vergiftungen im Winter und Frühjahr 1942.
Bei einer Überprüfung der Ausgabelisten für stark wirkende Drogen und Gifte in der Krankenhausapotheke stellte die Kommission fest, daß im Februar 1942 aus der Krankenhausapotheke 70 g Zyanquecksilber und 50 g Zyanquecksilberoxyd entnommen worden waren. Die Tötung erfolgte durch intravenöse Injektionen mit Lösungen giftiger Stoffe.
Die Kommission überprüfte die Begräbnisstätten der von den Deutschen getöteten psychisch Kranken und stellte fest, daß in einem sandigen Areal am Ufer des Flusses Wischenka in einem Graben 800 Leichen der von den Deutschen erschossenen psychisch Kranken begraben waren. Diese Begräbnisstätte war von den Deutschen in einen Abladeplatz für Schutt und Unrat verwandelt worden.
Die durch Vergiften getöteten Kranken waren auf dem Friedhof des Krankenhauses begraben worden, wo die Kommission 18 Gräber entdeckte, mit den Ausmaßen: 3–4 Meter breit, 2–3 Meter lang und 5 Meter tief. Bei der Exhumierung der Leichen aus den Gräbern stellte die Kommission fest, daß je 40–50 Leichen nackt in die Gräber geworfen worden waren, unordentlich durcheinander, in mehreren Schichten. Zwischen den Leichen lag verfaultes Stroh, Gras und medizinisches Wachstuch. Es erwies sich als unmöglich, festzustellen, in wieviel Reihen man die Leichen hineingeworfen hatte, weil die Leichen in lehmigem Boden begraben waren und sich in einem Zustand äußerster Verwesung befanden; die weichen Gewebe waren völlig verwest und abgefallen, das Skelett war in die einzelnen Knochen zerfallen. In den untersten Schichten wurden einzelne erhaltene Leichen gefunden, die nach der Exhumierung einer gerichtsmedizinischen Untersuchung unterzogen wurden. [...]

> »Ich habe in Erinnerung, daß in Ssapogowo [bei Kursk] der Stab des 7. Armee-Korps unter General Hell lag, ehe wir dort ankamen. Als wir dort ankamen, war ein Teil der Irren noch da ... Auch an mich wurde der Vorschlag herangetragen, die noch in der Irrenanstalt befindlichen Geisteskranken töten zu lassen, um Platz für den Armeestab zu schaffen. [...] Die Vorschläge, die an mich herangetragen wurden, stammten aus dem Kommandeurbereich Armeehauptquartier.«
>
> General Gustav Harteneck, Chef des Generalstabes der 2. Armee.

Auf Grund der Untersuchung der Leichen nimmt das gerichtsmedizinische Gutachten an, daß zwei Jahre seit der Beerdigung der Leichen vergangen sind. Die Kranken starben in einem Zustand völliger Erschöpfung infolge des Hungers. Das Vorhandensein zahlreicher Blutergüsse unter dem Epikard ist die Folge der toxischen Einwirkung des Gifts auf das Herz-Gefäß-System.
Anhand von Untersuchungsmaterial und der Ausgrabungen der Begräbnisstätten hat die Kommission festgestellt, daß auf dem Friedhof des Krankenhauses über 700 von den Deutschen vergiftete psychisch

Kranke begraben worden sind. Gleichzeitig entdeckte die Kommission auf demselben Friedhof acht große Gräber, in denen die Leichen von kriegsgefangenen Soldaten und Kommandeuren der Roten Armee begraben waren, die im Krankenhaus für Kriegsgefangene vor Erschöpfung gestorben waren. Nach dem Gutachten der Kommission sind in diesen Gräbern etwa 1000 Menschen begraben.

Im Februar 1942 organisierten die Deutschen in den freigewordenen Räumen der psychiatrischen Klinik von Winnitza ein Krankenhaus für Kriegsgefangene. Mitte April 1942 wurde das Krankenhaus mit den wenigen noch am Leben gebliebenen Kriegsgefangenen nach Shitomir verlegt. Die psychiatrische Klinik wurde aufgelöst – die noch am Leben befindlichen etwa 100 Kranken und die etwa 250 neu hinzugekommenen Kranken wurden teilweise in die Stadt Chmel'nik, Winnitzaer Gebiet, gebracht, wo sie von der Gestapo erschossen wurden. 100–120 Personen wurden in die Räume der ehemaligen 2. Haftanstalt an der Litinsker Chaussee gebracht, wo sie auch getötet wurden. Die Gebäude der psychiatrischen Klinik wurden von den Deutschen als Sanatorium und Kasino »Waldhof« für Offiziere Hitlers benutzt, die zu dieser Zeit in der Stadt Winnitza waren.

Die Außerordentliche Staatliche Kommission hat anhand von noch längst nicht vollständigem Untersuchungsmaterial festgestellt, daß allein in 24 Rayons von den 44 Rayons des Winnitzaer Gebiets von den faschistischen deutschen und rumänischen Eroberern 101 139 sowjetische Bürger gefoltert, erschossen und vernichtet wurden. 64 076 Menschen wurden in die deutsche Sklaverei verschleppt. In der Stadt Winnitza wurden davon allein schon 41 620 Menschen erschossen und vernichtet und 13 400 Menschen in die deutschen Zuchthäuser verschleppt.

Dabei hat die Außerordentliche Staatliche Kommission festgestellt, daß die Massenvernichtung von 15 000 sowjetischen Bürgern im Frühjahr 1942 in der Stadt Winnitza und die endgültige Liquidierung der psychiatrischen Klinik mit der Verlegung des Hitler-Hauptquartiers in die Stadt Winnitza zusammenfielen.

»Juden, die Hauptträger des Bolschewismus«
Wehrmacht und Einsatzkommandos beim arbeitsteiligen Massenmord

In einer sowjetischen Stadt (Lubny?): Juden auf dem Weg zum Sammelplatz und zu ihrer Erschießung. Sie müssen an herumliegenden Leichen vorübergehen.

Befehl des XXX. Korps der 11. Armee vom 2. 8. 1941

Der fanatische Wille der Angehörigen der kommunistischen Partei und der Juden, um jeden Preis die deutsche Wehrmacht aufzuhalten, muß unter allen Umständen gebrochen werden. Es ist daher notwendig, daß im Interesse der Sicherheit des rückwärtigen Armeegebietes scharf durchgegriffen wird. Mit dieser Aufgabe sind Sonderkommandos beauftragt. Bei Durchführung einer derartigen Aktion haben sich jedoch in einem Ort Truppenangehörige in unerfreulicher Weise beteiligt. Ich befehle für die Zukunft:

An derartigen Aktionen dürfen sich nur solche Soldaten beteiligen, die ausdrücklich hierzu befohlen werden. Ich verbiete auch eine Teilnahme als Zuschauer für alle Angehörigen der mir unterstehenden Truppen. Soweit Truppenangehörige zu derartigen Aktionen befohlen werden, müssen sie unter Führung von Offizieren stehen. Diese Offiziere sind dafür verantwortlich, daß jede unerfreuliche Ausschreitung seitens der Truppe unterbleibt.

gez. von Salmuth

Aus dem Kriegstagebuch der Abt. Ic/A. O. im Armeeoberkommando 11 vom 2. 8. 1941

Vorbereitung eines Anschlages von Juden und Komsomol in Kodyma. Rädelsführer und Verdächtige wurden erschossen.

Der Oberquartiermeister des Armeeoberkommandos 6 im August 1941

Betr.: Exekutionen durch den SD.
In verschiedenen Orten des Armeegebiets werden von Organen des SD des Reichsführers SS und Chefs der Deutschen Polizei notwendige Exekutionen an verbrecherischen, bolschewistischen, meist jüdischen Elementen durchgeführt.
Es ist vorgekommen, daß dienstfreie Soldaten sich freiwillig dem SD zur Mithilfe bei Durchführung von Exekutionen anboten, als Zuschauer derartigen Maßnahmen beiwohnten und dabei photographische Aufnahmen machten.
Hierzu hat der Oberbefehlshaber der Armee folgendes befohlen:
Es wird jede Teilnahme von Soldaten der Armee als Zuschauer oder Ausführende bei Exekutionen, die nicht von einem militärischen Vorgesetzten befohlen sind, verboten.
Photographische Aufnahmen derartiger Exekutionen, soweit sie bisher gemacht worden sind, sind von den Disziplinarvorgesetzten einzuziehen und zu vernichten. Sie sind in Zukunft zu verbieten.
Soldaten, die gegen diesen Befehl handeln, sind wegen Disziplinlosigkeit zu bestrafen.
Tritt der SD an Ortskommandanten mit der Bitte heran, einen für eine Exekution des SD vorgesehenen Raum durch Absperrmannschaften gegen Zuschauer zu sichern, so ist dieser Bitte Folge zu leisten.

Ereignismeldung UdSSR Nr. 58 vom 20. 8. 1941

Das Verhältnis zur Wehrmacht ist nach wie vor ohne jede Trübung. Vor allem zeigt sich in Wehrmachtskreisen ein ständig wachsendes Interesse und Verständnis für die Aufgaben und Belange sicherheitspolizeilicher Arbeit. Dies war gerade bei den Exekutionen in besonderem Maße zu beobachten. Zum andern ist die Wehrmacht auch selbst bemüht, die Durchführung sicherheitspolizeilicher Aufgaben zu fördern. So laufen zur Zeit bei sämtlichen Dienststellen der Einsatzgruppe fortgesetzt Meldungen der Wehrmacht über festgestellte kommunistische Funktionäre und Juden ein. Mitunter ist sogar die Sicherheitspolizei der letzte Rettungsanker für die Wehrmacht.

Geheim!

Befehl des Befehlshabers des rückwärtigen Heeresgebiets Süd vom 1.9.1941

Es mehren sich die Fälle von Übergriffen gegenüber der Zivilbevölkerung durch Wehrmachtsangehörige. Einzelne Soldaten und Unterführer nehmen selbständig Beschlagnahmungen vor oder dringen unter fadenscheinigen Vorwänden in Privatwohnungen ein und eignen sich dabei Sachen der Zivilbevölkerung an. In letzter Zeit sind auch Fälle vorgekommen, daß Soldaten und auch Offiziere selbständig Erschießungen von Juden vorgenommen oder sich daran beteiligt haben.
Die Aufgaben der Wehrmacht im rückwärtigen Heeresgebiet sind klar umrissen. Jedes selbständige Überschreiten dieser Aufgaben untergräbt die Manneszucht und das Ansehen der Wehrmacht und führt zur Verwilderung der Truppe. [...]
Exekutivmaßnahmen gegen bestimmte Bevölkerungsteile (insbesondere Juden) sind ausdrücklich den Kräften des Höh. SS- und Pol.-Führers vorbehalten, namentlich in bereits befriedeten Gebietsteilen.
Die Truppe selbst erledigt auf der Stelle nur solche Landeseinwohner, die feindseliger Handlungen überführt oder verdächtig sind, und dies nur auf Befehl von Offizieren. [...] Jedes *eigenmächtige* Erschießen von Landeseinwohnern, auch von Juden, durch *einzelne* Soldaten sowie jede Beteiligung an Exekutivmaßnahmen der SS- und Polizeikräfte sind daher als Ungehorsam mindestens disziplinarisch zu ahnden, sofern nicht gerichtliches Einschreiten notwendig ist. [...]

»Die nächste Erschießung, an die ich mich erinnern kann, fand in Gorodok statt. Es wurden etwa 100–120 Juden standrechtlich erschossen. [...] Bei dieser Erschießung wurde das Kommando von einem Zug Wehrmacht unter Führung eines Panzerleutnants unterstützt. Im Gegensatz zu uns, die wir mit Karabinern schossen, schoß der Wehrmachtsleutnant mit der Maschinenpistole.«

Polizeibeamter Maximilian Kölz, Mitglied des Sonderkommandos 7 a.

Aus dem Kriegstagebuch des Abwehr-Offiziers des Armeeoberkommandos 6 vom 2.9.1941

[...]
8.) Vortrag Abw. III, Hauptmann Luley über Partisanenbekämpfung und Maßnahmen gegen Banderabewegung.
9.) SS-Hauptsturmführer Callsen und SS-Hauptsturmführer von Radetzky, wegen Vertretung ersteren während Abwesenheit.
a) Bandera-Bekämpfung
b) Wunsch A.O.K. übermittelt, grundsätzlich *vor* Maßnahmen gegen Juden am Standort A.O.K. orientiert zu werden.

gez. Paltzo
Major i. G.

Sowjetische Juden, unterwegs zur Sammelstelle. Die Leichen an Erschöpfung Gestorbener oder Erschossener liegen in aller Öffentlichkeit auf Bürgersteig und Straße.

Befehl des Chefs des Oberkommandos der Wehrmacht vom 12.9.1941

[...] Der Kampf gegen den Bolschewismus verlangt ein rücksichtsloses und energisches Durchgreifen vor allem auch gegen die Juden, die Hauptträger des Bolschewismus.
Es hat daher jegliche Zusammenarbeit der Wehrmacht mit der jüdischen Bevölkerung, die offen oder versteckt in ihrer Einstellung deutschfeindlich ist, und die Verwendung von einzelnen Juden zu irgendwelchen bevorzugten Hilfsdiensten für die Wehrmacht zu unterbleiben. [...]

Ereignismeldung UdSSR Nr. 106 vom 7.10.1941

[...] Es fand deshalb am 18.9.41 eine diesbezügliche Besprechung mit der Feldkommandantur statt, in deren Ergebnis beschlossen wurde, die Judenschaft von Shitomir endgültig und radikal zu liquidieren. [...] Am 19.9.41 wurde das Judenviertel ab 4.00 Uhr früh geräumt, nachdem es am Abend vorher von 60 Mann ukrainischer Miliz umstellt und abgesperrt worden war. Der Abtransport erfolgte mit 12 Lkw, von denen ein Teil die Feldkommandantur bzw. die Stadtverwaltung von Shitomir zur Verfügung gestellt hatte. Nachdem der Abtransport erfolgt war und die notwendigen Vorbereitungen mit Hilfe von 150 Gefangenen getroffen worden waren, wurden insgesamt 3145 Juden registriert und exekutiert.

Ereignismeldung UdSSR Nr. 108 vom 9.10.1941

Als Sühnemaßnahme für die vor einigen Tagen bei Topala erschossenen 21 deutschen Soldaten werden 2100 Juden und Zigeuner exekutiert. Die Exekution wird von der deutschen Wehrmacht durchgeführt.

Staatsrat Dr. Turner   St. Qu., den 17. Oktober 1941.
F. P. Nr. 18739

An
SS-Gruppenführer und Generalleutnant der Polizei
Richard Hildebrandt
Danzig
Opitzstr. 2

Lieber Richard!
Soeben erreicht mich Dein lieber Brief vom 6. Oktober. Ich danke Dir dafür ebenso herzlich wie für das mir als Geburtstagsangebinde übersandte Büchlein, das mir eine willkommene Abwechslung in dem ewigen Einerlei des hiesigen Dienstes sein wird.
Daß hier der Teufel los ist, weißt Du ja wohl. Es sind erhebliche Truppenvermehrungen hergekommen, die sich nun an das Aufräumen heranmachen, was aber mit den nötigen Schwierigkeiten verknüpft ist. Denn nach den Lenin'schen Anweisungen über die Aufstandsmethoden haben sich Zweier- und Dreierkolonnen in der nötigen Menge gebildet, um überall mit Mord, Sabotageakten und ähnlichem vorzugehen, was natürlich schwer zu greifen ist. Vor 5 Wochen ungefähr hatte ich bereits die ersten von 600 an die Wand gestellt, seitdem haben wir bei einer Aufräumungsaktion etwa wieder 2000 umgelegt, bei einer weiteren wie-

der etwa 1000, und zwischendurch habe ich dann in den letzten 8 Tagen 2000 Juden und 200 Zigeuner erschießen lassen nach der Quote 1:100 für bestialisch hingemordete deutsche Soldaten, und weitere 2200, ebenfalls fast nur Juden, werden in den nächsten 8 Tagen erschossen. Eine schöne Arbeit ist das nicht! Aber immerhin muß es sein, um einmal den Leuten klarzumachen, was es heißt, einen deutschen Soldaten überhaupt nur anzugreifen, und zum andern löst sich die Judenfrage auf die Weise am schnellsten. Es ist ja eigentlich falsch, wenn man es genau nimmt, daß für ermordete Deutsche, bei denen ja das Verhältnis 1:100 zu Lasten der Serben gehen müßte, nun 100 Juden erschossen werden, aber die haben wir nun mal im Lager gehabt – schließlich sind es auch serbische Staatsangehörige, und sie müssen ja auch verschwinden. Jedenfalls habe ich mir keine Vorwürfe zu machen, daß es von meiner Seite aus an der nötigen Rücksichtslosigkeit des Durchgreifens zum Schutze des deutschen Ansehens, aber auch der Angehörigen der deutschen Wehrmacht gefehlt hat. [...]

»Dienstag, den 21. 10. 1941.
Heute morgen ging ich, nachdem die ganze Nacht vom Walde her die Schießerei herübergedrungen war, mit Feldwebel Göstl hinüber. Wir wollten eigentlich nach Brennholz sehen, aber dann gingen wir eben doch zu jener Schlucht, wo sich das Schauderhafte begab.
Gerade noch gewahrten wir einen etwa 12jährigen Judenjungen mit weißem Hemd und dunkler Hose aus dem Walde aufs Feld hinauslaufen, als auch schon die Büchsen hinterherknallten. Später trug man ihn mit herunterhängendem Kopfe zu dem Massengrab hinunter, wo Leute des Ordnungsdienstes und auch deutsche Soldaten standen und auf jede der Gestalten, die drunten noch Leben zeigten, schossen. Andere, darunter auch Soldaten, standen an den vielen abgelegten Kleidungsstücken und untersuchten deren Tascheninhalte. Gott sei's geklagt.«

Aus dem Tagebuch von Hauptmann Ludwig Schütte, Angehöriger des Stabes der 339. Infanterie-Division

Ereignismeldung UdSSR Nr. 119 vom 20. 10. 1941

Einsatzgruppe C
Standort Kiew.
[...] Entgegen der Planung kam es in Uman bereits am 21.9.1941 zu Ausschreitungen gegen die Juden durch Angehörige der Miliz unter Beteiligung zahlreicher deutscher Wehrmachtsangehöriger.
Die jüdischen Wohnungen sind während dieser Vorkommnisse sämtlich demoliert und aller Gebrauchs- und Wertgegenstände beraubt worden. Auch hieran waren fast ausschließlich Angehörige der Wehrmacht beteiligt. [...]
Durch die planlosen Ausschreitungen gegen die Juden in Uman hat die Systematik der Aktion des Einsatzkommandos außerordentlich gelitten. Vor allem wurde nunmehr eine große Anzahl Juden vorzeitig gewarnt und verließ fluchtartig die Stadt. [...]
Von einem Vorkommando des Sonderkommandos 4a wurde am

4. 10. 1941 in Perejeslaw mit Hilfe ukrainischer Vertrauensmänner eine Judenaktion durchgeführt. Es wurden insgesamt 557 Juden (Männer, Frauen und Jugendliche) erfaßt und liquidiert. Von der ukrainischen Bevölkerung und der Wehrmacht wurde diese Aktion mit Genugtuung vernommen. [...]

Von der Ortskommandantur in Korosten war gemeldet worden, daß Versammlungen von Bauern auf umliegenden Dörfern wiederholt gestört bzw. gesprengt worden seien und die Urheber vornehmlich Juden sind. Bei der durch Sonderkommando 4a erfolgten Aktion wurden insgesamt 177 Juden überprüft und anschließend exekutiert, da einwandfrei feststand, daß seitens dieser eine Reihe untragbarer Störungen erfolgt war.

Geheim

Oberleutnant Walther   O. U., den 1. 11. 1941.
Chef 9./I. R. 433.

Bericht über die Erschießung von
Juden und Zigeunern.

Nach Vereinbarung mit der Dienststelle der SS holte ich die ausgesuchten Juden bzw. Zigeuner vom Gefangenenlager Belgrad ab. Die Lkw der Feldkommandantur 599, die mir hierzu zur Verfügung standen, erwiesen sich als unzweckmäßig aus zwei Gründen:

»Fangschüsse«:
Nach einer
Massenerschießung
werden die
noch Lebenden
»abgeknallt«.

1. Werden sie von Zivilisten gefahren. Die Geheimhaltung ist dadurch nicht sichergestellt.
2. Waren sie alle ohne Verdeck oder Plane, so daß die Bevölkerung der Stadt sah, wen wir auf den Fahrzeugen hatten und wohin wir dann fuhren. Vor dem Lager waren Frauen der Juden versammelt, die heulten und schrien, als wir abfuhren.

Der Platz, an dem die Erschießung vollzogen wurde, ist sehr günstig. Er liegt nördlich von Pancevo unmittelbar an der Straße Pancevo–Jahuka, an der sich eine Böschung befindet, die so hoch ist, daß ein Mann nur mit Mühe hinauf kann. Dieser Böschung gegenüber ist Sumpfgelände, dahinter ein Fluß. Bei Hochwasser (wie am 29. 10.) reicht das Wasser fast bis an die Böschung. Ein Entkommen der Gefangenen ist daher mit wenig Mannschaften zu verhindern. Ebenfalls günstig ist der Sandboden dort, der das Graben der Gruben erleichtert und somit auch die Arbeitszeit verkürzt.

Nach Ankunft etwa 1½–2 km vor dem ausgesuchten Platz stiegen die Gefangenen aus, erreichten im Fußmarsch diesen, während die Lkw mit den Zivilfahrern sofort zurückgeschickt wurden, um ihnen möglichst wenig Anhaltspunkte zu einem Verdacht zu geben. Dann ließ ich die Straße für sämtlichen Verkehr sperren, aus Sicherheits- und Geheimhaltungsgründen.

Die Richtstätte wurde durch 3 l[eichte] M.G. und 12 Schützen gesichert:

1. Gegen Fluchtversuche der Gefangenen.
2. Zum Selbstschutz gegen etwaige Überfälle von serbischen Banden.

Das Ausheben der Gruben nimmt den größten Teil der Zeit in Anspruch, während das Erschießen selbst sehr schnell geht (100 Mann 40 Minuten).

Gepäckstücke und Wertsachen wurden vorher eingesammelt und in meinem Lkw mitgenommen, um sie dann der NSV zu übergeben.

Das Erschießen der Juden ist einfacher als das der Zigeuner. Man muß zugeben, daß die Juden sehr gefaßt in den Tod gehen – sie stehen sehr ruhig –, während die Zigeuner heulen, schreien und sich dauernd bewegen, wenn sie schon auf dem Erschießungsplatz stehen. Einige sprangen sogar vor der Salve in die Grube und versuchten, sich tot zu stellen.

Anfangs waren meine Soldaten nicht beeindruckt. Am 2. Tage jedoch machte sich schon bemerkbar, daß der eine oder andere nicht die Nerven besitzt, auf längere Zeit eine Erschießung durchzuführen. Mein persönlicher Eindruck ist, daß man während der Erschießung keine seelischen Hemmungen bekommt. Diese stellen sich jedoch ein, wenn man nach Tagen abends in Ruhe darüber nachdenkt.

gez. Walther
Oberleutnant.

Tätigkeitsbericht der 3. Feldgend.-Abt. (mot.) 683 über die Festnahme von Partisanen, ehemaligen kommunistischen Funktionären und Juden vom 2. 11. 1941

Sämtliche Festgenommenen wurden nach ihrer Überprüfung durch Zeugenvernehmungen und ihrem eigenen Eingeständnis dem S. D. zugeführt bzw. im Einverständnis mit dem S. D. von der Kompanie erschossen.

Aus dem Kriegstage-buch des Abwehr-Offiziers (Ic) des Armeeoberkomman-dos 6 vom 6.11.1941

Ic-mäßig erwünscht und für durchführbar werden folgende Maßnahmen gehalten:

a) Alsbaldige Feststellung aller Juden, politischen Kommissare, politisch Verdächtigen und aller nicht Ortsansässigen (besonders bolschewistischer Flüchtlinge aus dem Raum ostwärts Kiew). Festsetzen und weitere Behandlung dieser Elemente wäre Aufgabe des SD, der aber selbst zu schwach ist und deshalb der Unterstützung durch die Truppe bedarf.

Bericht des Wehrmachtsbefehls-habers Ostland

Kommandant in Weißruthenien   Minsk, den 10.11.41
des Wehrmachtsbefehlshabers Ostland
Abt. I a
Monatsbericht vom 11.10.–10.11.1941
[...] 2.) *Juden:* Bei den Juden wurde beobachtet, daß sie vielfach aus ihren Wohnsitzen auf dem flachen Lande abwandern, wahrscheinlich nach Süden, wodurch sie sich den gegen sie eingeleiteten Aktionen zu entziehen versuchen. Da sie nach wie vor mit den Kommunisten und Partisanen gemeinsame Sache machen, wird die restlose Ausmerzung dieses volksfremden Elements durchgeführt. Die hierzu bisher durchgeführten Aktionen fanden in Orten des Bereichs statt, im alten sowjetischen Grenzgebiet und an der Bahnstrecke Minsk–Brest-Litowsk. Außerdem wird im Bereich des Kdt. i. WR. die Zusammenbringung der Juden auf dem flachen Lande in Ghettos größerer Ortschaften durchgeführt.

Ereignismeldung UdSSR Nr. 132 vom 12.11.1941:

Die Zahl der durch das Sonderkommando 4a durchgeführten Exekutionen hat sich inzwischen auf 55432 erhöht.
In der Summe der in der zweiten Hälfte des Monats Oktober 1941 bis zum Berichtstage durch das Sonderkommando 4a Exekutierten sind neben einer relativ geringen Anzahl von politischen Funktionären, aktiven Kommunisten, Saboteuren usw. in erster Linie Juden, und hier wieder ein großer Teil von durch die Wehrmacht überstellten jüdischen Kriegsgefangenen enthalten. In Borispol wurden auf Anforderung des Kommandanten der dortigen Kriegsgefangenenlager durch einen Zug des Sonderkommandos 4a am 14.10.41 752 und am 18.10.41 357 jüdische Kriegsgefangene, darunter einige Kommissare und 78 vom Lagerarzt übergebene jüdische Verwundete erschossen. Gleichzeitig exekutierte derselbe Zug 24 Partisanen und Kommunisten, die vom Ortskommandanten in Borispol festgenommen worden waren. Hierzu ist zu bemerken, daß die reibungslose Durchführung der Aktion in Borispol nicht zuletzt auf die tatkräftige Unterstützung durch die dortigen Wehrmachtsdienststellen zurückzuführen war. [...]
Im Bereich des Sonderkommandos 4b wurde seitens der Wehrmacht der sicherheitspolizeilichen Tätigkeit des Sonderkommandos überall volles Verständnis entgegengebracht.

Nach einer Massenerschießung: Ein Angehöriger des Mordkommandos durchwühlt die Habe der Ermordeten.

Zwei Angehörige des Mordkommandos suchen nach Beute.

Exekution in Snigerewka oder Kachowka
»Wenn Sie mich fragen, ob bei dieser Exekution auch Fangschüsse auf
nicht tödlich Getroffene abgegeben worden sind, so erinnere ich mich,
daß hier einzelne Wehrmachtsangehörige, die zufällig an den Exekutions-
ort gekommen waren und bei der Exekution zusahen, Fangschüsse abgegeben haben. Sie benützten hierzu ihre 08-Pistolen. Vom Kommando
selbst war niemand speziell für diese Aufgabe eingeteilt worden.
In diesem Zusammenhang erinnere ich mich auch noch, daß sich Wehrmachtsangehörige auch bei der Erschießung von flüchtenden Juden mit
ihren Waffen beteiligten, als solche auf der Brücke über den Fluß ins Wasser sprangen, um sich so der Exekution zu entziehen. Dies habe ich beobachtet, als ich zur Exekutionsstelle fuhr. Welcher Einheit dieser Wehrmachtsangehörigen angehört haben, weiß ich nicht. Es waren eben die
Besatzungen von Fahrzeugen, die sich auf der Rollbahn Süd im Augenblick der Exekution befunden haben.«

SS-Untersturmführer Erich Bock, Mitglied des SK 10 a

Ereignismeldung UdSSR Nr. 135 vom 19. 11. 1941

Im Zuge der systematischen Überholung und der restlosen Erfassung
aller Juden und Kommunisten in den umliegenden Ortschaften von
Kiew entsandte das Sonderkommando 4 a laufend Teilkommandos, die
ihre Aufgaben in Zusammenarbeit mit den jeweils zuständigen Ortskommandanten der deutschen Wehrmacht reibungslos erledigen konnten. So wurde am 22. 10. 41 in Koselez außer 11 von der Wehrmacht
übergebenen Kommunisten und Partisanen 125 Juden exekutiert, die
den übriggebliebenen Rest einer vor dem Kriege mehr als 2000 zählen-
den Menge darstellten.

Ereignismeldung UdSSR Nr. 143 vom 8. 12. 1941

Ein Teilkommando des SK 4 a erschoß in Gornostaipol am 7. 11. 41 385
Juden standrechtlich, die zum großen Teil aus den umliegenden Dörfern
in G. zusammengetrieben worden waren. Auf dem Rückweg nach Kiew
erschoß dasselbe Kommando in Dymer 120 Juden und in Oster am
selben Tage 30 Juden und Partisanen. Diese Aktion konnte in Zusammenarbeit mit den Wehrmachtsdienststellen ohne jeden Zwischenfall
durchgeführt werden.

Tätigkeitsbericht des Abwehroffiziers Major Teichmann (Kommandeur des rückw. Heeres-gebiets 553) vom 1. 1. 1942

Ein Sonderfall, und zwar die Einrichtung eines jüdischen Konzentra-
tionslagers in Dshankoj (Krim), hat zu den mehrfachen Rücksprachen
mit dem SD, dem Ic/A. O., der Feldgendarmerie und uns geführt. Nach
Meldung der Ortskommandantur Dshankoj herrscht in diesem Lager
Hungersnot, und es drohen Seuchen auszubrechen, so daß die Räu-
mung unbedingt vorgenommen werden muß. Der SD weigert sich, die
Aktion durchzuführen, da er keine Mannschaften zur Verfügung hätte,
und verlangt, daß die Feldgendarmerie diese Aktion durchführe. Grundsätzlich ist die Feldgendarmerie zu solchen Aufgaben nicht heranzuziehen. Erst als wir uns bereiterklärten, Feldgendarmerie zur Absperrung

Aus »Exekutierten« werden »Umgesiedelte«
Judenmord in den Tätigkeitsberichten der Ortskommandanturen der Wehrmacht

Die Ortskommandantur Melitopol am 13.10.1941: »Sämtliche Juden (2000) wurden durch den S.D. exekutiert.«

Die Ortskommandantur Mariupol am 29.10.1941: »8000 Juden wurden durch den S.D. exekutiert.«

Die Ortskommandantur Simferopol am 14.11.1941: »Die verbliebenen 11 000 Juden wurden durch den S.D. exekutiert.«

Die Ortskommandantur Kertsch am 27.11.1941: »Das Gefängnis in Kertsch wurde vom Sonderkommando 10b übernommen und als Sammellager eingerichtet. Die Erfassung der in Kertsch lebenden jüdischen Bevölkerung ist noch nicht abgeschlossen. Die Liquidation der Juden wird wegen der gefährdeten Ernährungslage der Stadt beschleunigt durchgeführt werden.«

Die Ortskommandantur Armjansk am 30.11.1941: »Zum Schutze gegen Partisanenumtriebe und zur Sicherung der hier liegenden Einheiten erwies es sich ferner als unumgänglich nötig, die 14 ortsansässigen Juden und Jüdinnen unschädlich zu machen. Vollzug am 26.11.1941.«

Die Ortskommandantur Kertsch am 7.12.1941: »Die [»Erschießung« unleserlich gemacht und handschriftlich geändert in:] Umsiedlung der Juden, etwa 2500 an der Zahl, wurde am 1.2. und 3. Dezember vollzogen.«

Ortskommandantur Jewpatoria am 21.12.1941: »Die Wohnungen der vom S.D. [unleserlich gemacht und überschrieben:] umgesiedelten Juden wurden von der O.K. übernommen.«

zur Verfügung zu stellen, gab der SD-Führer den Befehl zur Durchführung der Aktion, welche voraussichtlich am 2.1.1942 durchgeführt werden soll. Bemerkt sei hierbei, daß das Konzentrationslager vom Bürgermeister von Dshankoj ohne Wissen einer militärischen Dienststelle eingerichtet worden ist.

Aus dem Kriegstagebuch der Sicherungs-Division 444 vom 3.1.1942

Seit Beginn der Aktionen gegen die Banditen im Walde von Nowo-Moskowsk und Pawlograd wurden
240 Banditen und 2 Flintenweiber erschossen,
61 Banditen und 4 Flintenweiber gefangen, die nach Vernehmungen erschossen werden
[...] 372 sonstige verdächtige Personen verhaftet,
136 Juden erschossen.

Ereignismeldung UdSSR Nr. 156 vom 16. 1. 1942

»Judenfrage in Charkow [...] Im Einverständnis mit dem zuständigen Generalstab und der Feldkommandantur werden die Vorbereitungsarbeiten zu einer größeren Judenaktion durch das SK 4 a eingeleitet, sobald die Einrichtungsarbeiten für die Unterkunft des Kommandos erledigt sind.«

Bericht der Einsatzgruppe A vom Winter 1941/42

Nach schätzungsweisen Angaben sind von der Wehrmacht bis Dezember 1941 ungefähr 19 000 Partisanen und Verbrecher, d. h. also in der Mehrzahl Juden, erschossen worden.

Warnung des Armee-Oberkommandos 2 vom 11. 5. 1942, betr. ungarische Juden

Betr.: Orientierung über ungar. Arbeits-Bataillone
Bei den neu eingetroffenen ungarischen Verbänden befinden sich Arbeits-Bataillone. Diese Arbeits-Bataillone, deren Kompaniestärke rund 200 Mann beträgt, rekrutieren sich aus jüdischen Dienstpflichtigen, die, obwohl wehrunwürdig, im Rahmen der allgemeinen Wehrpflicht zum Arbeitsdienst eingezogen werden. Der Einsatz dieser Abteilungen erfolgt nur in geschlossenen Gruppen unter Bewachung ungarischer Soldaten. Abzeichen der jüdischen Angehörigen dieser Arbeits-Bataillone Zivil, gelbe Binde am linken Oberarm, ungarische Feldmütze ohne Abzeichen, keine Waffe.
Die Truppe, alle rückwärtigen Dienste und alle militärischen und zivilen Dienststellen sind über den Einsatz dieser jüdischen Arbeits-Bataillone zu unterrichten, damit Übergriffe aus Unkenntnis des Sachverhalts vermieden werden. Einzelne Angehörige dieser Arbeits-Bataillone, die nicht unter Bewachung ungarischer Soldaten stehen, sind aufzugreifen und den ungarischen Dienststellen unter Mitteilung des Sachverhalts zu übergeben. Mit vermehrtem Einsatz dieser Bataillone ist künftig zu rechnen.

Aus dem Vortrag von Staatsrat Dr. Turner am 29. 8. 1942 beim Wehrmachtbefehlshaber Südost, General Löhr

Im Interesse der Befriedung wurde ... zunächst der Einfluß der Juden auf die Öffentlichkeit und die serbische Verwaltung und Wirtschaftsführung ausgeschaltet und die Judenfrage, ebenso wie die Zigeunerfrage, völlig liquidiert (Serbien einziges Land, in dem Judenfrage und Zigeunerfrage gelöst).

Tätigkeitsbericht des Abwehr-Offiziers des AOK 2 über Erschießungen von Juden vom 3. 4. 1943

Vom ungarischen Armeeoberkommando 2 wurde über die Erschießung ungarischer Juden, die Angehörige von Arbeitsbataillonen waren, Klage geführt. Die Erschießungen waren vom SD durchgeführt worden (Tätigkeitsbericht vom 9. 3. 1943). Nach einem Fernschreiben des höh. SS- und Polizeiführers Kiew, Gen. Thomas, wurden diese Erschießungen, die größtenteils in Ssumy stattfanden, vom 1 c [Abwehr-Offizier] der 75. Infanterie-Division gebilligt und nachträglich genehmigt. Zum Teil wurden Juden auch von deutschen Soldaten und OT erschossen ...

Aus dem Tätigkeitsbericht Nr. 8 des Panzer-Armeeoberkommandos 3 für die Zeit vom 22. 1. bis 30. 6. 1943, Anlage 1:

Einsatzkommando 9 der Sicherheitspolizei und des SD:
Stärke etwa 100 Mann
Leiter des EK 9: Sturmbannführer Dr. Buchardt,
Sitz des Kommandos Witebsk. [...]
Eine klare Abgrenzung zwischen den Aufgaben der Geheimen Feldpolizei [der Wehrmacht, d. Hrsg.] und denen des SD ist nicht möglich. Daraus ergeben sich jedoch im Armeegebiet keine Unzuträglichkeiten,
1.) weil vertrauensvoll zusammengearbeitet wird,
2.) weil die Fülle der Aufgaben Zuständigkeitsstreit nicht aufkommen läßt.

»Wehrmacht erbittet radikales Vorgehen«
Babi-Yar. Überlebende berichten

Die Schlucht von Babi-Yar (Babij Jar) bei Kiew. Hier wurden am 29. und 30. 9. 1941 33 771 Juden ermordet (Aufnahme von 1941).

Bericht der sowjetischen Zeitschrift »Junost«

[...] Der Großvater war auf die Straße gegangen, aber im selben Moment hörten wir ihn schon wieder auf der Außentreppe zurückkommen, er stürzte ins Zimmer: »Da hätten wir's! Nun, nun! Morgen wird es in Kiew nicht einen einzigen Juden mehr geben. Mögen sie fortfahren! Man bringt sie fort. Ein Befehl ist angeschlagen.«

»Wehrmacht begrüßt Maßnahmen und erbittet radikales Vorgehen.«

Ereignismeldung UdSSR Nr. 97 vom 28. 9. 1941.

Wir liefen auf die Straße. Am Zaun war ein grauer Zettel aus schlechtem Einwickelpapier angeschlagen, ohne Kopf und ohne Unterschrift:
»Alle Juden der Stadt Kiew und ihrer Umgebung haben am 29. September 1941 gegen 8 Uhr morgens an der Ecke Mjel'nikowskaja- und Dochturowskajastraße (neben den Friedhöfen) zu erscheinen. Mitzubringen sind: Papiere, Geld, Wertsachen sowie warme Kleidung, Wäsche usw.
Wer von den Juden dieser Anordnung nicht Folge leistet und an einem anderen Ort angetroffen werden sollte, wird erschossen.
Wer von den Bürgern in die von den Juden verlassenen Wohnungen eindringt und Sachen an sich nimmt, wird erschossen.«
Darunter folgte derselbe Text in ukrainischer Sprache, und darunter wieder, kleingedruckt, in deutscher Sprache, so daß der Anschlag dreiteilig war. Ich las ihn zweimal durch, und, ich weiß nicht, warum, es kroch mir auf einmal eine Gänsehaut über den Rücken. Zudem war es noch ein kühler, windiger Tag, die Straßen waren verlassen. Ich ging nicht ins Haus zurück, sondern erregt, wie ich war, strebte ich dem Marktplatz zu. [...]
Die Anschläge hingen auch an anderen Stellen, ich blieb stehen, las sie noch einmal durch, aber immer noch nicht so recht begreifend. Es war nämlich so, eine Mjel'nikowskaja- und Dochturowskajastraße gab es in Kiew überhaupt nicht. Es gab eine Mel'nik- und eine Djegtjarewskajastraße. Anscheinend hatten die Deutschen den Anschlag selbst verfaßt, und zwar mit schlechten Übersetzern. In der Tat waren diese Straßen neben den russischen und jüdischen Friedhöfen in Lukjanowka. Und dort befand sich auch die Güterstation Lukjanowka.
Sollte das heißen, daß man sie fortbringt? Und wohin?
[...] Also, ich konnte auf keinen Fall den Abtransport der Juden aus Kiew versäumen. Ich lief auf die Straße. Sie gingen schon los, als es noch dunkel war, um frühzeitig beim Zug zu sein und einen Platz zu belegen. Mit brüllenden Kindern, mit Alten und Kranken, unter Weinen und Geschimpfe, so kroch die jüdische Bevölkerung des Gemüseanbaubetriebes heraus auf die Straße. Mit Bindfäden zusammengeknotete Bündel, schäbige Sperrholzkoffer, geflickte Taschen, Kästchen mit Zimmermannswerkzeug. [...]

»Es fanden bei dem Stadtkommandanten [Generalmajor Eberhardt] Besprechungen statt, bei welchen auch Dr. Dr. Rasch [Chef der Einsatzgruppe C] teilnahm. Ich weiß, daß ich mehrere Male mit dort war. Bei diesen Besprechungen wurde festgelegt, daß sich die Juden der Stadt zu einer sogenannten Evakuierung sammeln sollten. Es erschien ein Plakat, das in einer Wehrmachtsdruckerei gedruckt worden war, auf dem die Juden aufgefordert wurden, sich an bestimmten Punkten zu sammeln und Nahrungsmittel mitzubringen. Das Plakat war unterschrieben von dem Stadtkommandanten, es kann auch sein, daß die Unterschrift ›Der Kampfkommandant‹ lautete. Die Juden haben sich dann auch eingefunden und mußten nach außerhalb von Kiew marschieren. Dort wurden sie in einer Schlucht getötet. Es fanden vor dieser Aktion mit verschiedenen Stellen der Wehrmacht Besprechungen statt, auch mit Pionieren ... Ich bin dann, die Einzelheiten weiß ich nicht mehr, in der Nähe des Exekutionsgeländes gewesen, es war dort ein großer Stab zusammen, cer aus SS- und Wehrmachtsoffizieren bestand.«

SS-Obersturmführer Christian Schulte, persönlicher Adjutant des Chefs der Einsatzgruppe C, Dr. Dr. Rasch

Die alten Frauen trugen Zwiebelketten um den Hals gehängt (als Proviant für unterwegs).
Verstehen Sie, unter normalen Umständen sitzen all die verschiedenen Krüppel, die Kranken und Alten zu Hause, man bekommt sie nicht zu sehen. Aber nun mußten alle heraus – und sie kamen heraus. Es schüttelte mich! Wieviel kranke und unglückliche Menschen gab es auf der Welt. Dann kam noch ein Umstand hinzu: Die gesunden Männer waren zur Armee einberufen worden. Jeder, der nur konnte, ließ sich evakuieren, wer Geld hatte oder mit seinem Betrieb fort konnte, fuhr unverzüglich fort. Und zurück blieb das größte Elend, so wie es [der jüdische Schriftsteller] Scholom Alejchem beschreibt, und so wälzte es sich auf die Straße. [...]
So viele Gespräche: Wohin wird man uns bringen? Wie wird man uns fortbringen? In einer Gruppe hörte man sogar: »Getto, Getto!« Eine aufgelöste, nicht mehr junge Frau kam herbei und rief: »Gute Leute, das ist der Tod!« Einige alte Frauen begannen zu weinen, andere zu singen. Man hörte, daß hier irgendwo die Karaïten vorbeigekommen seien (ich hörte dieses Wort zum ersten Mal und verstand nur, daß es sich um so etwas wie eine Sekte handeln mußte). Das waren uralte Männer in Mänteln, die ihnen bis auf die Fersen gingen, sie hatten die ganze Nacht in ihrer karaïtischen Synagoge zugebracht, dann waren sie herausgekommen und hatten gepredigt: »Kinder, wir gehen in den Tod, bereitet euch! Empfangt ihn mutig, wie Christus ihn empfangen hat.« Irgendwer regte sich auf: wie konnte man so Panik verbreiten! Aber inzwischen war auch schon bekannt geworden, daß eine Frau ihre Kinder und dann anschließend auch sich selbst vergiftet hatte, um nicht fortgehen zu müssen. Beim Operntheater hatte sich ein Mädchen aus dem Fenster gestürzt, es lag dort, mit einem Laken bedeckt. Nun begannen alle ringsumher erregt zu werden, sie begannen davon zu sprechen, daß weiter

vorn, in der Mel'nikstraße, eine Postenkette stehe, bis dahin wurde man durchgelassen, aber zurück nicht. Jetzt erschrak ich. Ich war müde geworden, mir tat der Kopf weh von all dem, ich fürchtete, daß ich nicht mehr zurück könnte und man mich auch fortbringen würde. Ich begann, gegen die Menge anzurennen, es gelang mir durchzukommen, dann ging ich lange durch verlassene Straßen nach Hause – nach mir eilten, fast rennend, noch einige wenige Verspätete.

»Ich erinnere mich, daß ich als Ic des 29. Armee-Korps, nachdem Kiew gefallen war, etwa in der zweiten Septemberhälfte des Jahres 1941 den Befehl erhielt, mich bei einer Besprechung, die möglicherweise beim Feldkommandanten stattgefunden hat, einzufinden. Ich kann nicht mehr genau sagen, ob der Befehl vom Armeeoberkommando 6 oder dem Feldkommandanten oder gar von einem SD-Kommando kam. Ich weiß noch mit Sicherheit, daß bei dieser Besprechung mehrere SS-Offiziere anwesend waren, die uns nicht vorgestellt wurden. [...] Ich war selbst entsetzt über das, was ich gehört hatte, und berichtete den Vorgang dem Kommandierenden General von Obstfelder und dem Chef des Korps, Oberst im Generalstab Ludwig Müller. Ich kann nicht sagen, ob, wie es von den SS-Offizieren verlangt worden war, unser Korps Truppen zur Absperrung der Straßen, durch die die Juden marschieren sollten, abgestellt hat.«

Gerhard Schirmer, Abwehroffizier (Ic) beim 29. Armee-Korps

Zu Hause angekommen, sah ich den Großvater. Er stand mitten im Hof, lauschte angespannt auf irgendein Schießen, hob den Finger. »Weißt du was«, sagte er erschüttert, »sie erschießen sie doch!«
Und jetzt drang es auch bis zu mir durch. Von Babi-Yar herüber kamen deutliche und gemessene Schüsse von Maschinengewehren: »Ta-ta-ta, ta-ta ...«
[...] Der Großvater sah bestürzt und ängstlich aus. »Vielleicht kommt das von einem Schießplatz?« suchte ich nach einer Möglichkeit. »Was heißt hier Schießplatz«, schrie mich der Großvater an. »Ganz Kurenewka spricht schon davon. Viktor Makedon ist gekommen, er hat seine Frau begleitet, kaum hat er sich retten können, Mutter Gottes, Heilige Himmelskönigin, was soll das alles?«
Wir gingen ins Haus, aber wir konnten nicht stillsitzen. Schießen, schießen. [...] Der Großvater ging zu Makedon, um etwas Neues zu erfahren, dort saßen viele Leute, und dieser junge Mann (er hatte gerade noch vor dem Kriege geheiratet) erzählte, daß sie dort die Pässe durchsehen und sie dann ins Feuer werfen würden. Er habe geschrien »Ich bin Russe«, daraufhin hätten sie ihm seine Frau weggerissen, und ein Polizist habe ihn davongejagt. [...]
In der Nacht verstummte das Schießen, aber am Morgen begann es von neuem. In Kurenewka sprach man davon, daß am ersten Tage dreißigtausend Menschen erschossen worden seien, die übrigen säßen und warteten darauf, daß die Reihe an sie käme. – Die Großmutter kam mit einer Neuigkeit von den Nachbarn. In den Hof der Gemüsewirtschaft war ein vierzehnjähriger Junge, der Sohn des Pferdehirten, gelaufen, er

erzählte Furchtbares: daß man dort alle ausziehe, einige Leute hinterein-
ander an die Gräben stelle, um mit einer Kugel viele umzubringen; daß
man Stapel von Getöteten aufschichte, diese zuschütte, dann von
neuem aufschichte; daß es viele gäbe, die noch nicht ganz tot gewesen
wären, so daß die Erde sich bewege und daß einige herauskriechen
würden. Er war herausgekrochen und hergekommen. »Man muß ihn
verstecken«, sagte meine Mutter. »Im Unterstand«. – »Söhnchen«,
sagte die Großmutter, »lauf schnell und ruf ihn, wir geben ihm etwas zu
essen und verstecken ihn.« Ich rannte schnell in den Gemüsehof. Aber
es war schon zu spät. Am Tor stand ein Wagen, der mit einem kopfhän-
genden Pferd bespannt war, darauf saß ein deutscher Soldat mit einer
Peitsche. Ein anderer Soldat, das Gewehr in der Hand, führte einen
blassen Jungen aus dem Tor. Eigentlich führte er ihn gar nicht, sondern
sie gingen nebeneinander. Sie gingen zum Wagen, kletterten von beiden Seiten hinauf. Der Soldat rückte sogar das Heu zurecht, damit der
Junge es bequemer habe. Er legte das Gewehr ins Heu, der Junge legte
sich auf die Seite und stützte sich auf den Ellenbogen. Seine großen
Augen glitten ruhig und ausdruckslos über mich hinweg. Der Soldat
knallte mit der Peitsche, schnalzte, und der Wagen setzte sich in Bewegung, so einfach und alltäglich, als ob sie auf die Wiese fahren würden,
um Gras zu mähen.
Aus Babi-Yar konnten sich nur einige Menschen retten. Ich füge eine
Erzählung hinzu, die von mir nach den Worten einer Frau aufgeschrie-
ben wurde, einer Mutter von zwei Kindern, der Schauspielerin des
Kiewer Puppentheaters, Dina Mironowna Pronitschewa. Ich gebe alles
so wieder, wie sie es erzählt hat und füge nichts hinzu.

Wie Dina Mironowna Pronitschewa
Babi-Yar überlebte

Sie ging den Befehl lesen. Sie las ihn rasch durch und ging wieder fort.
Bei den Anschlägen mit dem Befehl hielt sich überhaupt niemand lange
auf, und Gespräche kamen nicht zustande. Den ganzen Tag über und
auch noch am Abend gab es überall Beratungen und Vorschläge. Sie
hatte Vater und Mutter, gebrechlich schon, die Mutter war vor dem
Einmarsch der Deutschen nach einer Operation aus dem Krankenhaus
gekommen, und alle dachten nun: Wie wird sie fahren können? Die
Alten waren davon überzeugt, daß man sie in Lukjanowka alle in einen
Zug setzen und auf sowjetisches Territorium abtransportieren würde.
Dinas Mann war Russe, sie hatte einen russischen Familiennamen, und
außerdem hatte sie absolut kein jüdisches Aussehen. Sie redeten für
und wider, beratschlagten, dachten nochmals nach und beschlossen
dann schließlich, daß die Alten fahren sollten. Dina würde sie begleiten,
in den Zug setzen und selbst mit den Kindern zurückbleiben, was dann
auch werden möge. [...]

Als es hell zu werden begann, wusch sie sich, kämmte sich, nahm ihre Papiere und ging zu den Alten in die Turgenjewskajastraße, das war ganz in der Nähe. Auf den Straßen waren ungewöhnlich viele Leute. Alle eilten mit irgendwelchen Sachen geschäftig irgendwohin.

Um Punkt sieben Uhr war sie bei den Eltern. Das ganze Haus war wach. Die Fortgehenden verabschiedeten sich von den Nachbarn, versprachen zu schreiben, übergaben ihnen die Wohnungen, Sachen und Schlüssel. Die Alten konnten nicht viel tragen, Wertsachen hatten sie sowieso nicht, sie nahmen nur das Notwendigste und Proviant mit. Dina nahm den Rucksack auf den Rücken, und um Punkt acht Uhr brachen sie auf. In der Turgenjewskajastraße waren schon viele Leute auf den Beinen, aber in der Artemstraße gab es einen regelrechten Menschenandrang. Leute mit Bündeln, Wagen, verschiedene Karren, Fuhrwerke, manchmal sogar Lastwagen – das alles stand, bewegte sich wieder ein wenig vorwärts, um dann wieder erneut zum Stillstand zu kommen. Es war ein mächtiges Stimmengewirr, ein dumpfes Getöse der Menge, und alles ähnelte sehr einer Demonstration, bei der die Straßen ebenso vollgestopft sind mit Menschen, nur hier fehlten die Fahnen, Orchester und die Feierlichkeit.

> »Ich selbst war etwa 200 bis 250 Meter von dem eigentlichen Erschießungsort entfernt. Ich stand bei einer Gruppe von Wehrmachtsoffizieren, unter denen auch ein evangelischer Pastor war. Wir haben uns dabei sehr ausgiebig über diese Erschießungen unterhalten.«
>
> SS-Sturmbannführer Karl Hennicke

Merkwürdig war es mit diesen Lastwagen: Wo hatte man sie aufgetrieben? Es konnte sein, daß ein ganzes Haus sich zusammengetan hatte und einen für den Transport gemietet hatte, und so blieben sie nun alle an der Seite ihres Fuhrwerkes oder Lastwagens. Inmitten der Bündel und Koffer lagen Kranke und hingen Kinder wie Trauben. Kleinkinder wurden manchmal zu zweit oder zu dritt in einem Kinderwagen gefahren. Es gab sehr viele Begleitende: Nachbarn, Freunde, Verwandte, Russen und Ukrainer, sie halfen die Sachen tragen und führten die Kranken, das heißt, sie trugen sie auf den Schultern. Diese ganze Prozession bewegte sich sehr langsam vorwärts, und die Artemstraße war sehr lang. In einem Tor standen deutsche Soldaten, sie schauten zu. Sie begannen, Dina zu rufen und ihr durch Zeigen verständlich zu machen, daß bei ihnen die Böden gewischt werden müßten: »Komm waschen!« Sie winkte ab. Lange, unendlich lange, bis zur Betäubung, zog sich dieser summende Zug dahin, diese »Demonstration« mit Gedränge, Gesprächen und Kinderweinen. Dina trug einen Pelz, ihr begann heiß zu werden. Erst nach der Mittagszeit kamen sie bei den Friedhöfen an. Sie erinnert sich, daß rechts die lange Ziegelmauer des jüdischen Friedhofs mit dem Tor war. Hier war quer über die Straße ein Drahtverhau angebracht, Tankabwehriegel mit einem Durchgang in der Mitte. Hier stand eine Kette von Deutschen mit Blechschildern auf der Brust und auch ukrainische Polizisten in schwarzer Uniform mit grauen Aufschlägen. Ein sehr hochgewachsener emsiger Mann in einem gestickten Hemd, mit nach Kosakenart herabhängenden Schnurrbartenden, sehr auffallend, schaffte am Eingang Ordnung. Die Menge strömte an ihm vorbei in den Durchgang, aber zurück kam niemand, nur ab und zu fuhren unter Geschrei die Fuhrleute leer zurück: sie hatten dort schon irgendwo die Sachen abgeladen und prallten nun gegen die Menge, brüllten und fuchtelten mit den Peitschen, das gab ein Gedränge und Geschimpfe.

Alles war sehr unverständlich. Dina setzte die Alten am Friedhofstor ab, sie selbst ging weiter, um zu sehen, was weiter vorn los war. Wie viele andere auch, so dachte sie bis zu diesem Augenblick, daß dort vorn ein Zug stehen würde. Sie hörte irgendein nahes Schießen, am Himmel kreiste niedrig ein Flugzeug, und überhaupt war ringsumher eine so gespannte, direkt panische Stimmung. In der Menge hörte man Gesprächsfetzen: »Das ist der Krieg, der Krieg! Uns bringt man fort, dorthin, wo es ruhiger ist.« – »Aber warum nur die Juden?« – Eine alte Frau, die schon nicht mehr ganz klar bei Verstand war, schlug eine völlig unsinnige Möglichkeit vor: »Nun, vielleicht deshalb, weil wir eine den Deutschen verwandte Nation sind, und so haben sie beschlossen, uns in erster Linie zu evakuieren.« Dina arbeitete sich nur mit Mühe durch die Menge vorwärts, sie wurde immer unruhiger, und dann sah sie, daß vorn alle ihre Sachen ablegten. Verschiedene Kleidungsstücke, Bündel und Koffer links auf einen Haufen, den Proviant nach rechts. [...]

Dina wurde es unheimlich. Hier sah nichts nach einem Eisenbahnhof aus. Sie wußte noch nicht, was hier los war, aber sie fühlte in ihrem Innern, daß dies hier kein Abtransport war. Das konnte alles sein, aber kein Abtransport. Besonders merkwürdig waren diese nahen Maschinengewehrsalven. Sie wollte immer noch nicht dem Gedanken Raum geben, daß dies eine Erschießung war. Und vor allen Dingen, diese Menschenmassen! So etwas gibt es nicht! Und dann – wozu denn?

Man kann sicher annehmen, daß die Mehrheit genauso empfand wie Dina, ein unangenehmes Gefühl hatte, sich aber trotzdem weiterhin an dieses »man bringt uns fort« klammerte, aus wer weiß, welchem Grund. Außerdem erzählten die Alten so viel, wie die Deutschen im Jahre 1918 in der Ukraine gewesen seien, daß sie damals die Juden nicht angerührt hätten, sich ihnen gegenüber nicht schlecht benommen hätten, vielleicht, weil sie eine ähnliche Sprache hätten und das alles ...

So sprachen die Alten: »Es gibt verschiedene Deutsche, aber im allgemeinen sind sie kultivierte und ordentliche Menschen, ganz anständig.« Oder auch dieser völlig neue Gesichtspunkt wurde erwähnt: Vor zwei Tagen hatten irgendwelche Leute in der Worowskijstr. die Wohnung einer evakuierten jüdischen Familie besetzt. Zurückgebliebene Verwandte gingen zum Stab der nächsten deutschen Einheit und beschwerten sich. Ein Offizier war erschienen, hatte kategorisch befohlen, die Wohnung zu räumen und hatte sich liebenswürdig vor den Juden verneigt: »Bitte sehr, alles ist in Ordnung!« Das war tatsächlich vorgestern gewesen, alle hatten es gesehen, und sofort entstanden darüber Gerüchte.

Und die Deutschen waren doch konsequent und logisch. Aber wenn dies hier kein Abtransport war, was ging dann hier vor sich?

Dina sagt, daß sie in diesem Moment nur einen dumpfen Schreck empfand, sie war ganz benommen und befand sich in einem Zustand, der mit nichts anderem vergleichbar war. – Den Leuten wurden die warmen Sachen abgenommen. Ein Soldat kam auf Dina zu und, ohne ein Wort zu sagen, zog er ihr schnell und geschickt den Pelz aus. Jetzt stürzte sie zurück. Sie entdeckte die Alten am Tor und berichtete, was sie gesehen hatte. Der Vater sagte: »Töchterchen, wir brauchen dich doch nicht mehr. Geh.«

Sie ging zu der Absperrung. Hierhin strebten schon ziemlich viele Leute, die zurückgelassen werden wollten. Der Menschenmenge schlug eine Welle von Menschen entgegen. Der Schnurrbärtige in dem gestickten Hemd schrie immer noch herum und schaffte Ordnung. Dina arbeitete sich zu ihm durch und begann zu erklären, daß sie als Begleitung hierher gekommen sei, daß ihre Kinder in der Stadt zurückgeblieben seien und daß man sie zurücklassen solle. Er verlangte ihren Paß. Sie reichte ihn hin. Er las die Rubrik »Nationalität« und rief aus: »He, Jüdin, zurück!« Jetzt begriff Dina endgültig – hier wird erschossen. Sorgfältig zerriß sie ihren Paß in kleine Schnipsel, sie warf sie auf den Boden, nach links und nach rechts. Dann kehrte sie zu den Alten zurück, aber sie erzählte ihnen nichts, um sie nicht vorzeitig aufzuregen. Obgleich sie schon ohne ihren Pelz war, war ihr furchtbar heiß. Ringsumher waren zu viele Leute, eine dichtgedrängte Menge, und die Ausdünstungen! Verlorengegangene Kinder heulen, einige Leute sitzen auf ihren Bündeln und essen. Sie dachte bei sich: Wie können sie jetzt essen? Haben sie denn immer noch nicht begriffen?

Jetzt wurde begonnen zu kommandieren und zu schreien. Alle Sitzenden mußten sich erheben, sie bewegten sich weiter vor, und die anderen rückten nach – so ergab sich eine unvorstellbar lange Reihe. Hier legten sie die einen Sachen ab, dort die anderen, sie wurden geschubst und mußten sich aufstellen. In diesem Chaos verlor Dina ihre Alten, sie hielt Ausschau und sah, daß sie in ihrer Gruppe weitergeführt wurden, vor Dina kam die Reihe zum Stehen.

Sie standen und warteten. Sie reckte den Hals, um zu sehen, wohin man Vater und Mutter führe. Plötzlich trat ein riesiger Deutscher auf sie zu und sagte zu ihr: »Geh mit mir schlafen, ich werde dich dafür freilassen!« Sie sah ihn an wie einen Geistesgestörten, er ging weiter. Schließlich wurde ihre Gruppe durchgelassen. Das Gerede verstummte, alle schwiegen, gleichsam wie versteinert, ziemlich lange gingen sie völlig schweigend, an den Seiten standen Reihen von Faschisten. Weiter vorn zeigte sich eine Kette von Soldaten, die Hunde an den Leinen hielten. Hinter sich hörte Dina: »Meine Kinder, helft mir durchgehen, ich bin blind!« Sie faßte den alten Mann beim Gürtel und ging mit ihm zusammen weiter. – »Großväterchen, wohin führt man uns?« – fragte sie. »Kindchen«, antwortete er, »wir gehen jetzt, um bei Gott unsere letzte Schuld zu begleichen.« In diesem Augenblick gelangten sie in einen langen Durchgang zwischen zwei Reihen von Soldaten und Hunden. Dieser Durchgang war schmal, etwa anderthalb Meter. Die Soldaten

Babi-Yar, September 1941: Jüdische Sowjetbürger oberhalb der Schlucht. Vor der Ermordung werden sie gezwungen, sich auszuziehen.

Babi-Yar, September 1941: Die Mörder wühlen in der Habe der Ermordeten.

standen Schulter an Schulter, sie hatten aufgekrempelte Ärmel, alle hatten Gummiknüppel oder große Stöcke. Und dann hagelten Schläge auf die durchgehenden Leute. Es war unmöglich, sich ihnen zu entziehen oder sich zu bücken. Die grausamsten Schläge, die gleich bis aufs Blut gingen, sausten auf die Köpfe, Rücken und Schultern, von rechts und von links. Die Soldaten schrien: »Schnell, schnell!«, lachten fröhlich dabei und amüsierten sich anscheinend gut. Sie suchten nach Möglichkeiten, um noch stärker auf die verwundbaren Stellen zu schlagen. Alle schrien, die Frauen kreischten. Wie im Kino zog es an Dina vorbei: Ein bekannter junger Mann aus ihrer Straße, sehr intelligent und gut gekleidet, er schluchzt. Sie sieht, daß Leute fallen. Sofort stürzen sich die Hunde auf sie. Ein Mann wird unter Geschrei wieder hochgerissen, aber irgend jemand bleibt am Boden, von hinten drängen sie nach, die Menge stürmt geradenwegs über die Körper hinweg, zertrampelt sie.

Von all dem spürte Dina eine große Hoffnungslosigkeit und Finsternis in sich. Sie richtete sich auf, hielt den Kopf hoch aufgereckt und ging, als ob sie aus Holz wäre, ohne zu schwanken. Sie wurde fürchterlich zugerichtet, aber sie spürte es kaum und registrierte es nicht. In ihr hämmerte nur das eine: »Nur nicht fallen, nur nicht fallen!« Die fast wahnsinnigen Leute stürzten auf einen von Truppen umzingelten Platz, der mit Gras bewachsen war. Die ganze Fläche war mit Wäsche, Schuhwerk und Kleidung besät. Ukrainische Polizisten (dem Akzent nach zu urteilen, waren es keine hiesigen, sondern mußten aus der West-Ukraine stammen) schnappten sich die Leute, prügelten sie wieder und schrien: »Ausziehen, aber schnell, schnell!« Wer zögerte, dem rissen sie die Kleidung vom Leib, schlugen ihn mit Schlagringen und Knüppeln, traten ihn mit den Füßen, sie waren wie betrunken vor Bösartigkeit, erfaßt von einer sadistischen Rage. Es war offensichtlich, daß dies hier geschah, um die Menschen nicht zu sich kommen zu lassen. Viele nackte Leute waren ganz blutüberströmt. Von der Seite her, wo die Ausgezogenen schon irgendwohin geführt wurden, hörte Dina plötzlich, wie die Mutter ihr zuschrie und mit der Hand winkte: »Töchterchen, du siehst doch nicht so aus! Rette dich!«

Dina ging entschlossen auf einen Polizisten zu und fragte ihn, wo der Kommandant sei. Sie sagte, daß sie jemanden begleitet habe und zufällig hierher geraten sei. Er verlangte ihre Papiere. Sie begann, sie aus dem Täschchen zu ziehen, aber er nahm das Täschchen an sich und sah sich alles an: Es war Geld darin, ferner ihr Arbeitsbuch und ihr Gewerkschaftsbuch, in denen keine Nationalität angegeben war. Der Familienname »Pronitschewa« überzeugte den Polizisten. Das Täschchen gab er nicht zurück, aber er wies auf ein Hügelchen, wo schon ein Häuflein von Leuten saß. »Setz dich dorthin. Die Juden erschießen sie, die hier lassen wir laufen.« Dina ging zu dem Hügelchen und setzte sich. Alle schwiegen hier, sie waren ganz kopflos. Nur eine alte Frau, die in ein Wolltuch gehüllt war, beklagte sich bei Dina, daß sie ihre Schwägerin begleitet habe und nun hier gelandet sei. Hier gab es nur Begleitende.

So saßen sie nun hier, und vor ihnen, wie auf einer Bühne, vollzog sich dieser Alptraum: Aus dem Durchgang ergossen sich Schub für Schub

»Wir mußten die Drecksarbeit machen. Ich denke ewig daran, daß der Generalmajor Eberhardt in Kiew sagte: ›Schießen müßt ihr!‹«

SS-Obersturmführer August Häfner, Sonderkommando 4a

die zerschundenen Leute, kreischend, sie wurden von den Polizisten in Empfang genommen, wieder geprügelt, ausgezogen – und das nahm kein Ende.

Dina ist sicher, daß einige hysterisch kicherten und daß sie mit eigenen Augen gesehen hat, wie einige Leute, während sie ausgezogen wurden und zur Erschießung gingen, vor ihren Augen grau wurden.

Die nackten Leute mußten sich zu kleinen Ketten formieren. Dann führte man sie in einen Einschnitt, der in die steile, sandige Wand gegraben worden war. Was dahinter war, konnte man nicht sehen, auf jeden Fall kam von dorther die Schießerei.

Die Mütter machten sich besonders viel mit den Kindern zu schaffen, deshalb erschien von Zeit zu Zeit irgendein Deutscher oder ein Polizist, wurde böse, riß einer Mutter ein Kind weg, ging damit zu der Sandwand, und, ausholend, warf er es wie ein Stück Holz über den Kamm. Dina war wie angeschmiedet, sie saß lange, lange, hielt den Kopf zwischen die Schultern gezogen. Sie fürchtete sich, auf ihre Nachbarn zu blicken, weil deren Zahl immer mehr zunahm. Sie nahm weder die Schreie noch die Schießerei mehr wahr.

Es begann zu dunkeln. Plötzlich kam ein offener Wagen, in ihm saß, groß, schlank und elegant, ein Offizier mit einer Reitgerte in der Hand. Man konnte sehen, daß er der Oberste war. Zusammen mit ihm kam ein Dolmetscher. »Was sind das hier für welche?« fragte der Offizier durch den Dolmetscher einen Polizisten und zeigte auf den kleinen Hügel, wo jetzt schon an die fünfzig Menschen saßen. »Das sind unsere Leute«, erwiderte der Polizist. »Sie wußten von nichts, man muß sie wieder freilassen.« Der Offizier brüllte: »Sofort erschießen. Wenn auch nur einer von ihnen zurückkehrt und in der Stadt etwas erzählt, wird morgen kein einziger Jude mehr kommen.« Der Dolmetscher übersetzte dies gewissenhaft dem Polizisten, und die Leute, die auf dem Hügelchen saßen, mußten zuhören. »Na denn los, gehen wir, erhebt euch!« schrien die Polizisten. Wie betrunken erhoben sich die Leute. Es war schon spät, vielleicht zog man diese Gruppe deshalb nicht aus und führte sie angekleidet in den Einschnitt.

Dina ging etwa in der zweiten Zehnergruppe. Sie passierten den Korridor des Grabens, und vor ihnen öffnete sich ein sandiger Steinbruch mit fast senkrechten Wänden. Es war schon halbdunkel. Dina konnte den Steinbruch nur schlecht übersehen. Im Gänsemarsch schickte man alle schnell, zur Eile antreibend, nach links, auf einen sehr schmalen Vorsprung. Links war die Wand, rechts eine Grube, und der Vorsprung war offensichtlich eigens für die Erschießung herausgeschnitten. Er war so schmal, daß sich die Leute, wenn sie über ihn gingen, instinktiv an die sandige Wand drückten, um nicht zu fallen. Dina blickte nach unten. Ihr schwindelte, so tief schien es ihr zu sein. Unten war ein Meer von blutigen Körpern. Auf der gegenüberliegenden Seite des Steinbruchs konnte sie die dort aufgestellten leichten Maschinengewehre ausmachen, dort befanden sich auch einige deutsche Soldaten. Sie hatten ein Lagerfeuer angezündet, auf dem sie anscheinend irgend etwas kochten. Als die ganze Kette der Unglücklichen auf den Vorsprung getrieben worden war, entfernte sich einer der Deutschen vom Lagerfeuer, ging ans Maschinengewehr und begann zu schießen. Dina sah es nicht so sehr, wie sie es fühlte, daß die Körper von dem Vorsprung hinabstürzten, und sie merkte, wie die Geschoßkette sich ihr näherte. Ihr zuckte es durch den Kopf: »Sofort bin ich dran, jetzt ...« Und sie wartete nicht, sondern stürzte sich, die Fäuste ballend, in die Tiefe.

Ihr schien es, als ob sie eine ganze Ewigkeit fallen würde, es war ja tatsächlich auch sehr tief. Beim Aufprall fühlte sie weder einen Stoß noch einen Schmerz. Sofort war sie von oben bis unten mit warmem Blut bedeckt, über ihr Gesicht strömte Blut, weil sie gleichsam in eine Wanne mit Blut gefallen war. Sie lag, breitete die Arme aus, schloß die Augen, vernahm irgendwelche dumpfen Töne, Stöhnen, Schluckauf und Weinen ringsumher und unter sich hervor: Es gab viele, die noch nicht ganz tot waren. Diese ganze Masse aus Leibern bewegte sich kaum merklich, senkte sich und verdichtete sich durch die Bewegung der verschütteten noch Lebenden.

Soldaten stiegen auf den Vorsprung und begannen mit Laternen nach unten zu leuchten, sie schossen aus Pistolen auf diejenigen, die ihnen noch am Leben zu sein schienen. Aber nicht weit von Dina stöhnte jemand immer noch weiter. Sie hörte sie näherkommen, sie waren schon auf den Leichen. Die Deutschen kletterten herunter, bückten sich, nahmen den Getöteten irgend etwas ab, dabei schossen sie von Zeit zu Zeit in die sich bewegende Masse.

Es kam auch der Polizist, der ihre Papiere durchgesehen und das Täschchen weggenommen hatte: Sie erkannte ihn an der Stimme. Ein SS-Mann stieß Dina an, sie schien ihm wohl verdächtig. Er beleuchtete sie mit einer Laterne, hob sie hoch und begann auf sie einzuschlagen. Aber sie hing wie ein Sack und gab kein Lebenszeichen von sich. Er trat ihr mit dem Stiefel in die Brust, trat ihr auf die rechte Hand, so daß sie knirschte, aber er schoß nicht. Dann ging er weiter. Nach einigen Minuten hörte sie eine Stimme von oben: »Also los, fangt an zuzuschütten!« Schaufeln begannen zu knirschen, man hörte das dumpfe Klatschen des Sandes auf die Körper, es kam immer näher, und schließlich begannen die Sandhäufchen auch auf Dina zu fallen. Sie wurde zugeschüttet, aber sie rührte sich nicht, solange ihr Mund noch nicht zugeschüttet war. Sie lag mit dem Gesicht nach oben, atmete Sand ein, verschluckte sich und instinktiv, ohne sich darüber im klaren zu sein, begann sie sich in panischer Furcht hin und her zu wälzen, schon eher bereit, sich erschießen zu lassen, als bei lebendigem Leibe begraben zu werden. Mit der linken gesunden Hand begann sie, den Sand von sich wegzuscharren, verschluckte sich wieder, hätte um ein Haar gehustet und konnte mit äußerster Mühe diesen Husten unterdrücken. Aber ihr wurde leichter. Schließlich kroch sie unter der Erde hervor. Dort oben hatten sie aufgehört. Sie hatten den Sand nur darübergestreut und waren dann fortgegangen. Dinas Augen waren voller Sand. Es herrschte eine Höllenfinsternis, und die Luft war so schwer ...

Dina näherte sich der nächsten Sandwand, lange, lange, langsam machte sie sich vorsichtig an sie heran, dann stand sie auf und begann mit der linken Hand Löcher in die Wand zu machen. So preßte sie sich an die Wand, machte Löcher und kletterte Fußbreit um Fußbreit nach oben, dabei in jeder Sekunde riskierend, abzustürzen. Oben fand sich ein Strauch, sie ertastete ihn, klammerte sich verzweifelt an, und in dem Moment, als sie sich über den Rand schwingen wollte, hörte sie eine leise Stimme, vor der sie beinahe wieder zurückgestürzt wäre. »Tante, erschrick nicht, ich bin auch am Leben.« Es war ein Junge in Unterwäsche. Er kroch genauso wie sie heraus. Der Junge zitterte. »Sei leise«, zischelte sie ihm zu. »Kriech hinter mir«. Und so krochen sie zusammen weiter, irgendwohin, schweigend.

Sie krochen sehr, sehr lange, ganz langsam, stießen auf Abhänge, die sie umgingen, und krochen wohl die ganze Nacht, weil es schon hell zu werden begann. Dann fanden sie ein Gebüsch, in dem sie sich verkrochen. Sie befanden sich am Rande einer großen Schlucht. In der Nähe sahen sie Deutsche, die herbeikamen und Sachen zu sortieren und wegzulegen begannen. Mit ihnen gingen auch Hunde an Leinen. Ab und zu kamen Lastwagen, um die Sachen zu holen, aber manchmal auch einfache Pferdefuhrwerke. Als es hell geworden war, sahen sie eine fliehende alte Frau, hinter ihr rannte ein Junge von etwa sechs Jahren, der schrie: »Großmutter, ich habe Angst!« Aber die alte Frau wollte ihn verscheuchen. Sie wurden von zwei deutschen Soldaten gejagt und dann erschossen: zuerst die alte Frau, dann der Junge. Die Deutschen gingen die ganze Zeit hin und her, mal unten, mal oben, und unterhielten sich laut über irgend etwas. Die ganze Zeit ging irgendwo, in der Nähe, die Schießerei weiter. Es war eine solche Schießerei, daß es Dina schien, als hätte sie überhaupt nie aufgehört, auch in der Nacht nicht. So lag sie mit dem Jungen da, bald dämmerten sie ein, dann schreckten sie wieder hoch. Der Junge erzählte, daß er Motja heiße, und daß ihm niemand mehr geblieben sei. Er sei mit seinem Vater zusammen gefallen, als geschossen wurde. Dina schaute in sein verängstigtes Gesicht, und sie dachte unwillkürlich, daß sie, sollte es ihr jemals gelingen, sich zu retten, ihn als ihren Sohn annehmen wollte.

Gegen abend begannen sich bei ihr Halluzinationen einzustellen: Vater, Mutter und ihre Schwester begannen an ihr vorbeizuziehen. Sie trugen lange weiße Mäntel, sie lachten und schlugen Purzelbäume. Als Dina die Augen aufschlug, saß Motja bei ihr und weinte: »Tante, stirb nicht, verlaß mich nicht.« Mit großer Mühe versuchte sie sich vorzustellen, wo sie sich befand. Sobald es dunkel war, verließen sie ihr schützendes Gebüsch und krochen weiter. Am Tage hatte Dina sich den Weg gemerkt: über eine große Wiese bis zu dem Gehölz, das in der Ferne zu sehen war. Manchmal dämmerte sie ein, kam wieder zu sich, wenn Motja sich an sie klammerte und zu Boden zog. Anscheinend verlor sie auch das Bewußtsein, weil sie einmal in die Schlucht stürzte. Sie hatten jetzt schon mehr als vierundzwanzig Stunden nichts gegessen und getrunken, aber Gedanken daran kamen ihnen nicht einmal. So krochen sie noch eine Nacht, bis es hell zu werden begann. Vorn waren Sträucher, und Motja kroch, auskundschaften. Sie hatten das schon mehrmals so gemacht. Wenn dort alles in Ordnung war, sollte Motja mit dem Strauch ein Zeichen geben. Aber er schrie durchdringend: »Tante, komm nicht her, hier sind Deutsche!« Und dann hallten Schüsse und sie töteten ihn auf der Stelle. Zu Dinas Glück hatten die Deutschen nicht verstanden, was Motja geschrien hatte. Sie kroch über den Sand zurück. Dann machte sie halb mechanisch eine Grube, schüttete ganz ordentlich einen kleinen Hügel auf und bildete sich dabei ein, daß sie Motja, ihren kleinen Weggenossen, begrabe. Dann begann sie zu weinen. Sie war schon fast nicht mehr bei Sinnen.

Es wurde hell, und Dina entdeckte, daß sie schwankend mitten auf dem Weg saß und daß links vom Wege Umzäunungen waren, irgend etwas, das nach einer kleinen Gasse aussah. Sie kroch auf allen vieren dorthin und entdeckte einen Müllabladeplatz. Sie grub sich in den Müll ein und bedeckte sich mit allen möglichen Lumpen, Papierfetzen usw. und setzte sich einen zerrissenen Korb auf den Kopf, um darunter atmen zu können. Dann lag sie dort und verbarg sich. Einmal kamen Deutsche, blieben stehen und rauchten. Direkt vor sich, am Rande eines Gemüsegartens, sah sie zwei grüne Tomaten. Um zu ihnen zu gelangen, hätte sie herauskriechen müssen. Und gerade jetzt bekam sie das Gefühl, trinken zu müssen, es begannen Qualen. Sie versuchte, an irgend etwas zu denken, schloß die Augen, redete sich zu und verbot sich zu denken, aber es zog sie wie mit einem Magnet zu den Tomaten hin. Aber sie kroch nicht hervor und lag dort, bis es dunkel war. Erst bei völliger Dunkelheit kroch sie hervor, ertastete die Tomaten, aß sie auf und kroch wieder auf dem Bauch weiter. Sie war jetzt schon so viel gekrochen, daß sie es wohl verlernt hatte, auf den Füßen zu gehen.

Sie kroch lange, fiel in einen Graben mit Stacheldraht. Gegen Morgen erblickte sie ein Häuschen und dahinter eine Scheune. Sie beschloß, in diese Scheune zu kriechen. Die Scheune war nicht verschlossen, aber kaum war sie hineingekrochen, als im Hof ein Hund zu kläffen begann. Die Hunde aus der Nachbarschaft stimmten ein in das Gebell. Ihr schien es, als würden hundert Hunde bellen, ein solcher Lärm erhob sich. Eine verschlafene Bäuerin kam heraus und schrie: »Sei still, Rjabko!« Sie guckte in die Scheune und entdeckte Dina. Die Bäuerin sah finster aus, und als sie Dina auszufragen begann, was Dina für eine sei und warum sie hier sei, begann Dina schnell zu lügen, daß sie aus den Schützengräben komme, sich verirrt habe und schließlich beschlossen habe, in der Scheune zu übernachten. Sie fragte sogar nach dem Weg zum Stadtkommandanten. – »Und woher kommst du?« – »Aus Bjelaja Zerkow'.« – »Aus Bjelaja Zerkow', na, na ...« In der Tat sah Dina auch schlecht aus: über und über mit angetrocknetem Blut bedeckt, Sand in den Augen, mit Schmutz und Sand bedeckt, die Schuhe hatte sie schon im Steinbruch verloren, die Strümpfe waren zerrissen. Bei dem Lärm liefen die Nachbarinnen herbei, sie umringten Dina. ... Die Deutschen mußten ganz in der Nähe sein, weil gleich darauf ein Offizier erschien. Er betrachtete Dina und winkte ihr: »Komm!« Er ging auf dem Pfad voraus, Dina hinter ihm. Er sprach nichts, sah sich nur um, ob sie ihm auch folgte. Sie legte die Hand auf die Brust, preßte sie fest dagegen, ihr wurde kalt, die rechte Hand schmerzte, sie war ganz blutig, die Füße taten ihr weh – sie waren ganz zerschlagen.

Sie betraten ein einstöckiges Ziegelhaus, in dem etwa zwanzig Soldaten frühstückten: Sie tranken Kaffee aus Aluminiumbechern. Dina wollte sich in der Ecke auf einen Stuhl setzen, aber der Offizier schrie sie an – so setzte sie sich auf den Boden. Bald darauf nahmen die Deutschen ihre Gewehre und gingen hinaus. Zurück blieb nur ein Soldat – der Stubendienst. Er ging hin und her, räumte auf, wies Dina auf einen Stuhl: »Setz dich hin«, sagte er, sonst nichts. Sie setzte sich auf den Stuhl. Der Soldat schaute aufs Fenster, dann gab er Dina einen Lappen und machte ihr klar, daß sie die Scheiben abwischen solle. Es war ein großes Fenster, fast ging es über die ganze Wand, es war in kleine Teile unterteilt, wie bei einer Veranda. Und durch dieses Fenster sah Dina jetzt, daß sie um die ganze Schlucht gekrochen war und an derselben Stelle wieder angekommen war, von der aus sie geflohen war. Der Soldat begann leise zu sprechen. Dina konnte ihn verstehen, aber er dachte wohl, daß sie ihn nicht verstehen könnte, und begann aus Leibeskräften auf sie einzureden: »Du könntest auch ein bißchen begreifen. Die Offiziere sind fortgegangen. Ich gebe dir einen Lappen, damit du fliehen kannst. Du wischt und schaust aus dem Fenster, um zu sehen, wohin du fliehen kannst. Nun begreif doch schon, du Dummkopf, schwerfällig, wie du bist!« Er sprach mitleidig. Dina dachte, daß sich das eigentlich nicht nach einer Provokation anhörte. Aber sie war auch in einem solchen Zustand, daß sie an nichts mehr glaubte, und für alle Fälle drehte sie den Kopf mit verständnislosem Blick. Ärgerlich hielt ihr der Soldat einen Besen hin und schickte sie das Nachbarhäuschen ausfegen, wo überhaupt niemand war. Dina ging hin und her, bereit zu fliehen, als Lärmen und Weinen hörbar wurden. Es erschien ein Offizier, der zwei Mädchen von etwa fünfzehn, sechzehn Jahren herbeiführte. Die Mädchen schrien, schluchzten und warfen sich zu Boden und versuchten, dem Offizier die Stiefel zu küssen. Sie flehten ihn an, sie alles tun zu lassen, was er wolle, nur möge er sie nicht erschießen. Sie trugen die gleichen reinlichen dunklen Kleidchen und hatten Zöpfchen. – »Wir sind aus dem Waisenhaus!« schrien sie. »Wir wissen nicht, welcher Nationalität wir sind, man hat uns schon als Säuglinge dorthin gebracht.« Der Offizier sah sich das an, wie sie sich am Boden wälzten, dann zog er die Füße weg. Er befahl ihnen und Dina, ihm zu folgen. Sie gingen hinaus auf denselben Platz, wo ausgezogen worden war. Hier lagen nach wie vor noch die Berge von Kleidung und Schuhwerk herum. Hinter den Sachen, etwas abseits, saßen dreißig bis vierzig alte Männer, alte Frauen und Kranke. Sicher waren das die Reste, die man in den Wohnungen geschnappt hatte. Eine alte Frau lag dort, die gelähmt war, sie war in eine Decke gehüllt. Dina und die Mädchen setzten sich zu diesen. Die Mädchen weinten leise. Sie saßen unter irgendeinem Vorsprung, und auf dem Vorsprung ging ein Posten mit einer Maschinenpistole hin und her. Dina folgte ihm finster mit den Blicken, wie er sich entfernte und dann wieder näherkam. Er bemerkte das, begann unruhig zu werden und brüllte plötzlich auf

deutsch: »Was guckst du mir so nach? Sieh mich nicht so an! Ich kann
gar nichts für dich tun. Ich habe auch Kinder!« Sie dachte, daß es einigen Deutschen wahrscheinlich auch nicht so leichtfallen würde, das alles hier. Zu ihr setzte sich ein Mädchen in Bluse und Mantel. Als es sah,
daß Dina vor Kälte zitterte, legte sie ihr den Mantel um. Sie unterhielten
sich leise. Das Mädchen hieß Ljuba, es war neunzehn Jahre alt, hatte
gedient und war so in die Einkesselung geraten. Dann kam ein Lastwagen mit sowjetischen Kriegsgefangenen, alle hatten Schaufeln. Die Alten wurden von wilder Furcht gepackt, sollten sie etwa lebendig begraben werden? Aber einer der Gefangenen guckte von weitem zu ihnen
her und rief ihnen zu: »Ihr habt Glück gehabt.« Alle mußten sich erheben und wurden auf den Lastwagen getrieben. Zwei Soldaten hoben die
alte Frau in der Decke auf und schoben sie wie einen Holzstamm auf den
Wagen, dort nahm man sie in Empfang. Der Lastwagen war offen, mit
hohen Seitenwänden. Ein Deutscher setzte sich ins Führerhaus, ein anderer nach hinten, und vier Polizisten plazierten sich an den Seitenwänden. Dann fuhren sie irgendwohin. Es war schwer, in all diesem eine
logische Konsequenz zu sehen: Die einen wurden ausgezogen, die anderen nicht, jene brachte man von hier, die anderen von dort, diese
wurden getötet. . . .
Der Lastwagen fuhr in die Mel'nikstraße, wo sich ein großer Autohof
befand. In den großen Hof mündeten viele Garagen- und Werkstätten-
tore. Man öffnete ein Tor, und es zeigte sich, daß dort alles mit Menschen vollgestopft war, wie in einem Heringsfaß. Sie schrien, keuchten
und stürzten aus dem Tor. Hierher hatte man für die Nacht die Leute von
den Straßen getrieben, und hier mußten sie einige Tage sitzen und
warten, bis die Reihe an sie kam und sie erschossen wurden. Man hob
die gelähmte Alte vom Wagen und schob sie in die Garage. Mit großer
Mühe, unter viel Geschrei und Geächze wurde das Tor wieder geschlossen, und die Deutschen begannen besorgt miteinander zu reden. Dina
verstand, lauschte und versuchte sich auszumalen, wie es weitergehen
würde.
Der Lastwagen fuhr im Rückwärtsgang aus dem Hof. Der Deutsche, der
hinten gesessen hatte, sprang herunter, zurück blieben die vier Polizisten: zwei am Führerhaus, zwei an den Seitenwänden, aber in der Mitte,
und nicht an der Rückwand. Dina und Ljuba begannen sich zu verständigen: Es mußte gesprungen werden. Würden sie schießen − na wenn
schon, dann war es wenigstens ein plötzlicher Tod, besser, als zu war-

»Die Aktion selbst ist reibungslos verlaufen. Zwischenfälle haben sich
nicht ergeben. Die gegen Juden durchgeführte ›Umsiedlungsmaßnahme‹
hat durchaus die Zustimmung der Bevölkerung gefunden. Daß die Juden
tatsächlich liquidiert wurden, ist bisher kaum bekannt geworden, würde
auch nach den bisherigen Erfahrungen kaum auf Ablehnung stoßen. Von
der Wehrmacht wurden die durchgeführten Maßnahmen ebenfalls gutgeheißen.«

Ereignismeldung UdSSR Nr. 106 vom 7. 10. 1941

ten, bis die Reihe an einen kam. Sie fuhren schnell. Ljuba deckte Dina gegen den Wind mit dem Mantel. Sie kurvten durch die Straßen. Sie waren in Schuljawka, irgendwo in der Gegend der Brest-Litowsker Chaussee. Gedeckt durch den Mantel, schob sich Dina über die Rückwand und sprang in voller Fahrt ab. Sie fiel hin, zerschlug sich bis aufs Blut am Straßenpflaster, aber vom Wagen wurde sie nicht bemerkt. Aber vielleicht wollte man sie auch gar nicht bemerken?
Passanten umringten sie. Sie begann zu erzählen, daß sie gefahren sei, am Markt aussteigen mußte, aber daß der Chauffeur es nicht verstanden habe, so sei sie dann einfach abgesprungen. ... Sie glaubten ihr oder glaubten ihr nicht, auf jeden Fall sah sie in menschliche Augen. Man führte sie schnell in einen Hof.
Schon nach einer halben Stunde war sie bei der Frau ihres Bruders, die Polin war. Die ganze Nacht hindurch wärmten sie Wasser und weichten Dina das Hemd vom Leibe ab, das tief in die Wunden eingedrungen war.

Bericht des Jakow Abramowitsch Kapjer, der zweimal aus Babi-Yar entkam

Zu Beginn des Vaterländischen Krieges wurde ich in die sowjetische Armee einberufen. Der Truppenteil, bei dem ich Dienst tat, lag bei Kiew, und im September 1941 geriet ich in die Einkesselung durch deutsche Truppen. Ich wurde gefangengenommen und war in Kriegsgefangenenlagern. Nach einigen Tagen wurde ich, weil ich jüdischer Nationalität war, von den Deutschen in ein besonderes Lager für jüdische Häftlinge gebracht, das sich in Kiew in der Kerossinajastraße befand. In diesem Lager wurden wir verprügelt, und man hungerte uns aus.
Etwa am 29./30. September 1941 begannen die Deutschen, die Häftlinge aus diesem Lager auf Lastwagen nach Babi-Yar zu transportieren und dort zu erschießen. Mich setzte man in den letzten Wagen, aber auf dem Weg nach Babi-Yar, im Bezirk Luk'janowka, sprang ich von dem fahrenden Wagen ab und fiel auf den Weg, wo erschossene Menschen lagen. Ich konnte mich nicht verstecken. Auf dem Weg nach Puschtscha Wodina wurde ich von den Nazis geschnappt, zur Gestapo gebracht und dann in ein Lager für Juden in Kiew in der Institutskajastraße.
Nach zwei Monaten schickte man mich zusammen mit fünf anderen Häftlingen zur Arbeit in die sogenannte Polizeischule in der Mjel'nikstraße 48. In dieser Schule wurden wir, genau wie im Lager, gequält, die Verhältnisse dort waren mehr als unmenschlich. Im Herbst 1942 – es war September oder Oktober – setzte man mich und noch drei Häftlinge – Budnik Dawid Iossifowitsch, Ostrowskij Leonid, an seinen Vatersnamen erinnere ich mich nicht, und Wilkis Filipp, an dessen Vatersnamen ich mich auch nicht erinnere – in einen Lastwagen und brachte uns in das Syrezer Konzentrationslager, wo wir bis August 1943 blieben. Aus dem Lager konnten wir sehen, wie die Nazis systematisch zwei- oder

Das Syretzer KZ in Kiew. Erdhütten, in denen die Häftlinge untergebracht waren (Aufnahmen von 1943).

Babi-Yar 1944. Sowjetische Experten an einem geöffneten Massengrab. Zwischen 1941 und 1943 wurden hier Zehntausende sowjetischer Bürger erschossen oder erschlagen.

dreimal in der Woche Menschen nach Babi-Yar brachten und dort erschossen. Im August 1943 trieb man uns nach Babi-Yar, fesselte uns mit Ketten und zwang uns, Leichen auszugraben, Spezialöfen zu bauen und darin die Überreste der Opfer zu verbrennen. Uns hatte man in einer Erdhütte untergebracht, die Deutschen des Sonderkommandos schlugen die Häftlinge grausam. Nachts legten wir uns in der Erdhütte auf die nackte Erde. In Babi-Yar waren wir über 300 solcher Häftlinge.

Nach dem Ausgraben der Gruben zogen wir die Leichen mit Feuerwehrbaggern [Haken] heraus und legten sie dicht in die Öfen, die aus Steinplatten, Schienen, Stangen und Holzschichten, die mit Petroleum übergossen waren, errichtet wurden. Zwischen diesen Schichten lagen die Leichen. Die Öfen wurden angezündet und brannten länger als einen Tag.

Gleichzeitig zwang man uns, an einem anderen Platz der Schlucht neue Öfen zu bauen. Dies wiederholte sich viele Male. Die Knochen, die nach der Verbrennung der Leichen zurückgeblieben waren, zerstampften wir in Mörsern, siebten sie durch ein Sieb, vermischten sie mit Sand und streuten beides zusammen aus, um die Wege zu ebnen. Man zwang die Häftlinge auch, vor dem Verbrennen der Leichen diesen die goldenen Zähne auszureißen und andere Wertsachen abzunehmen. Ich sah, wie ein Gaswagen in die Schlucht gefahren kam, einige Minuten mit laufendem Motor stehenblieb. Dann wurden wir gezwungen, aus diesem Wagen die Leichen auszuladen und in die brennenden Öfen zu werfen. Häufig waren die Menschen in den Gaswagen noch nicht gestorben, und wir warfen sie lebend ins Feuer. Aus dem brennenden Scheiterhaufen ertönten Schreie und Stöhnen.

Außerdem sahen wir, wie Menschen auf Lastwagen nach Babi-Yar gebracht und dort an Ort und Stelle erschossen wurden, sie waren nicht durch Gas getötet worden. Auch ihre Leichen wurden verbrannt. Der Vernichtung durch die Gaswagen und den Erschießungen in Babi-Yar fielen friedliche Menschen, Partisanen und sowjetische Aktivisten zum Opfer.

In Babi-Yar befand ich mich mit den anderen Häftlingen etwa zwei Monate. In dieser Zeit wurden etwa 120 000 Leichen verbrannt. Den letzten Ofen errichteten wir für uns selbst, denn wir waren verurteilt, in dieser Schlucht zu sterben. Jedoch, obwohl wir uns unter starker Bewachung der Nazis befanden und unter den von ihnen geschaffenen schweren Bedingungen lebten, bereiteten wir uns darauf vor, uns zu erheben und in die Freiheit zu entkommen. Der Häftling Jerschow hatte uns dazu angefeuert. Ich fand bei den Leichen einen Schlüssel, und nachdem er für das Schloß der Erdhütte, in der wir uns nach der Arbeit befanden, passend gemacht worden war, machten sich andere Kameraden daran, die Ketten zu zerstören und die Faschisten zu überfallen.

Am 29. September 1943 öffneten wir das Schloß und stürzten uns auf die Wache. Von 300 Mann gelang es nur etwa 10—15, sich durchzuschlagen und sich zu retten. Die übrigen wurden an Ort und Stelle erschossen oder nicht weit von der Erdhütte von den deutschen Schergen erschlagen. Außer mir blieben am Leben: Dawydow, Stjejuk und andere. Fast alle leben sie in der Stadt Kiew.

». . . tödliche Angst, in deutsche Kriegsgefangenschaft zu geraten«
Sowjetische Gefangene: verhungert, erfroren, erschossen

Kiew. Lager Syreck. Eine Frau sucht ihren Mann.

»... gezwungen, ihre Notdurft an dem Platz zu verrichten, wo sie gerade stehen«
Bericht von Ministerialrat Dorsch (OT) über das Gefangenenlager Minsk

SP/Dr.   Berlin, den 10. Juli 1941

Bericht

Betrifft: Gefangenenlager in Minsk.

Das Gefangenenlager Minsk beherbergt auf einem Raum von etwa der Größe des Wilhelmplatzes ca. 100 000 Kriegsgefangene und 40 000 Zivilgefangene. Die Gefangenen, die auf diesem engen Raum zusammengepfercht sind, können sich kaum rühren und sind dazu gezwungen, ihre Notdurft an dem Platz zu verrichten, wo sie gerade stehen. Bewacht wird das Lager von einem Kommando aktiver Soldaten in Kompaniestärke. Die Bewachung des Lagers ist bei der geringen Stärke des Wachkommandos nur möglich unter Anwendung brutalster Gewalt.

Die Kriegsgefangenen, bei denen das Verpflegungsproblem kaum zu lösen ist, sind teilweise sechs bis acht Tage ohne Nahrung und kennen in einer durch den Hunger hervorgerufenen tierischen Apathie nur noch eine Sucht: Zu etwas Eßbarem zu gelangen. Die Zivilgefangenen bestehen aus den 15- bis 50jährigen Männern aus Minsk und Umgebung. Die Verpflegung dieser Zivilgefangenen erfolgt, soweit es sich um Minsker handelt, durch deren Angehörige. Es werden allerdings auch nur diejenigen verpflegt, die Angehörige besitzen, die in endlosen Reihen von früh bis spät, mit Eßvorräten beladen, in das Gefangenenlager pilgern.

In der Nacht fallen die hungernden Zivilisten über die Versorgten her und schlagen sich gegenseitig tot, um zu einem Stück Brot zu gelangen.

Die einzig mögliche Sprache des schwachen Wachkommandos, das ohne Ablösung Tag und Nacht seinen Dienst versieht, ist die Schußwaffe, von der rücksichtslos Gebrauch gemacht wird. Eine Abhilfe dieser chaotischen Zustände seitens der Militärdienststellen ist bei dem durch den Vormarsch bedingten vordringlichen Menschen- und Transportraumbedarf nicht möglich. [...]

An

Herrn Reichsleiter Rosenberg
unter Bezugnahme auf die Besprechung mit Herrn
Reichsminister Dr. Todt weitergeleitet

12.7.

gez. Dorsch
Min. Rat

». . . es gab Fälle von Menschenfresserei«
Zwei Berichte aus der ukrainischen Stadt Rowno

**Bericht
einer sowjetischen
Kommission**

Stadt Rowno, den 11. März 1944.
[. . .] Unerträglicher Hunger, ständige Mißhandlungen und Folterungen, ein qualvoller Tod – dies herrschte in den Lagern für die sowjetischen Kriegsgefangenen in der Stadt Rowno. Es gab drei solcher Lager in Rowno. Es waren kleine Grundstücke, die mit hohen Zäunen aus Stacheldraht umgeben waren. Auf dem Lagergelände gab es eine Baracke, die nur einen geringen Teil der Kriegsgefangenen aufnehmen konnte. Die Hauptmasse der Menschen war gezwungen, den ganzen Tag unter freiem Himmel zu leben, ungeachtet der Kälte und des Unwetters. Ein Augenzeuge der fürchterlichen Zustände, die in den Rowensker Kriegsgefangenenlagern herrschten, der Direktor des Historischen und Landeskundlichen Gebietsmuseums der Stadt Rowno, I. I. Dubowskij, berichtet: »Die Lage in den Lagern war schrecklich. Die Kriegsgefangenen wurden sehr schlecht ernährt. Nur einmal am Tage wurde Nahrung ausgegeben. Sie bestand aus einem Tellerchen Suppe, die aus Küchenabfällen gekocht war (aus Kartoffelschalen), oder aus Kleie oder unzerkleinertem Buchweizen. . . . Um ihr Leben zu retten, aßen die Leute alles: Es gab Fälle von Menschenfresserei, es wurden sowohl deutsche Bewacher als auch gestorbene Kameraden zerrissen.« Der Hunger zwang die unglücklichen Menschen, Gras, Rinde und die im Lager wachsenden Sträucher zu essen.
Die deutschen Wachmannschaften gingen in ihrer Raserei so weit, daß

sie das Feuer auf zivile Bürger eröffneten, die versucht hatten, den Kriegsgefangenen mit etwas Brot oder Gemüse zu helfen. Den Kriegsgefangenen, der die Hand ausgestreckt hatte, um etwas Brot oder einen Zwieback zu bekommen, erschossen die Deutschen sofort an Ort und Stelle. Bei der Heimkehr von der Arbeit erschossen die deutschen Schergen die Erschöpften, die nicht mit ihren Kameraden Schritt halten konnten, in den Straßen der Stadt vor den Augen der Zivilbevölkerung. Besonders grausame Lebensbedingungen schufen die Deutschen für die verwundeten und kranken Kriegsgefangenen. So wurden z.B. am 19.8.1941 2500 verwundete und kranke sowjetische Kriegsgefangene von den Deutschen in die Stadt Rowno gebracht. Sie alle wurden in den Hof des Städtischen Gefängnisses getrieben, wo sich damals das Lager Nr. 1 befand, welches die Deutschen »Lazarett für Kriegsgefangene« nannten. Sie wurden sofort in die Gefängniszellen gebracht, und dadurch war das Gefängnis völlig überfüllt. Die Zellen waren überbelegt, es herrschte eine unvorstellbare Enge. Die Verwundeten und Kranken lagen einer neben dem anderen auf dem blanken Fußboden, erschöpft und immer hungrig. Hier gab man den Leuten zweimal pro Tag eine Schlempe zu essen, die die Deutschen »Suppe« nannten. Dieser Fraß bestand aus verfaultem Gemüse und Obst sowie aus ungereinigtem Buchweizen oder Hirse. Selbst die ekligsten Abfälle von getöteten Tieren, verfault und mit Maden, kamen in die Nahrung für die kranken und verwundeten Kriegsgefangenen. Behandlung gab es überhaupt nicht. Medizinische Hilfe mußten solche Personen leisten, die man aus den Reihen der Kriegsgefangenen ausgewählt hatte. Jedoch gaben die Deutschen für die Behandlung der Kranken und Verwundeten keine Medikamente, kein Verbandszeug, chirurgische Instrumente oder andere Heilmittel heraus. [...]

»Die 6. Armee hat Befehl gegeben, daß alle schlappmachenden Kriegsgefangenen zu erschießen sind. Bedauerlicherweise wird dies an der Straße, selbst in Ortschaften vorgenommen, so daß die einheimische Bevölkerung Augenzeuge dieser Vorgänge ist.«

Inspektionsbericht Oberst Erich Lahousen vom 31.10.1941

In den Zellen standen Kübel für den Stuhlgang, die tagelang nicht ausgeleert wurden. Infolgedessen herrschte ständig ein schwerer, abscheulicher und erdrückender Gestank. Die Fliegen schwärmten wie die Bienen über den Kranken, sie fraßen an den Wunden, und fast bei jedem Verwundeten bildeten sich Maden. Im »Lazarett« breiteten sich Flecktyphus- und Ruhrepidemien aus. Das »Lazarett« wurde von einem Deutschen geführt – von Kommandant Major German, der den Kranken ständig mit unverhohlenem Zynismus und voller Ironie erklärte: »Ich bin vor niemandem für euer Leben verantwortlich, je mehr von euch abkratzen, desto besser für uns Deutsche.« Kommandant German und die Polizisten prügelten die verwundeten Kriegsgefangenen sehr oft auf bestialische Weise, sie schlugen mit Holz-, aber meist mit Gummiknüppeln. [...]

Nach schätzungsweisen Berechnungen beläuft sich die Zahl der in der Stadt Rowno gestorbenen und von den Deutschen getöteten sowjetischen Kriegsgefangenen auf nicht weniger als 50 000 Menschen.

Aus den Tagebuchaufzeichnungen eines Hauptmanns

Nachdem wir uns bei Tag im Gymnasium von Rowno, das gerade für den Stab als Dienstgebäude eingerichtet wurde, mehr müßig als beschäftigt aufgehalten hatten, schlossen wir uns abends wieder im Hause 59 zu einer Runde zusammen. Büchler, Strauß und Zenker als Gastgeber stellten zwei gebratene Hühner mit gerösteten Kartoffeln auf den Tisch, und Strauß hatte wieder das Vergnügen, einen pikanten Salat zu mischen.

Der freie Nachmittag am 7. September [1941], einem Sonntag – der General war mit einigen Offizieren an Bord unserer Junkers Ju 52 nach Berlin geflogen –, beschied uns ein schönes Ausgehwetter. Bücherl, Strauß und ich suchten vorerst die Hinrichtungsstätte auf, die zwischen Bahn und Westkaserne lag. Der SD hatte dort Juden und Bolschewisten erschossen und verscharren lassen. Die Ränder der drei Massengräber hoben sich im Boden deutlich ab, da das Erdreich unter Regeneinwirkung leicht abgesunken war. Von der Hinrichtungsstätte kletterten wir bergauf zum Lager der russischen Kriegsgefangenen.

Stallgebäude, in denen einst die Pferde der polnischen Reitertruppe standen, beherbergen nun ein paar Hundertschaften der Roten Armee. Zerlumpt und ausgehungert, irren hinter Stacheldraht die Gestalten, ein Rassengemisch aus zwei Kontinenten, schweigend durcheinander. Die Latrinen, nur grabenartige Vertiefungen, sind ständig besetzt, was durchaus erklärlich ist, denn der Hunger treibt die Gefangenen dazu, sogar Gras zu essen.

Das unvergeßliche Bild von menschlicher Hilflosigkeit und einem trostlosen Gefangenenelend bietet der Baum in der Lagerecke, denn er ist bis in die höchsten Zweige völlig entrindet und nackt; in seiner Krone versuchen zwei Gefangene, die letzten Rindenreste zu erreichen, um sich damit den Hunger zu stillen.

Der Unteroffizier der Wachmannschaft, den wir über die Lagerverhältnisse befragen, erklärt nur, die Generalität sei auf solche Massen von Gefangenen nicht vorbereitet gewesen ...

»In den Jahren 1941/42 starben die Kriegsgefangenen im Lager, weil sie nichts zu essen bekamen, den Hungertod. Die anderen Kriegsgefangenen rissen den Gestorbenen ganze Stücke aus dem Leib – das Herz, die Leber usw. Sie aßen dies, um sich auf diese Weise vor dem Hungertod zu retten. Nachdem die deutsche Lagerleitung dies entdeckt hatte, gab sie den Befehl, solche Kriegsgefangenen zu erschießen.«

Aus dem Bericht einer sowjetischen Kommission vom 17. 5. 1944 über ein Gefangenenlager bei der Stadt Nowo-Ukrainka.

[29. 9. 1941]

Manchmal wirken ja auch Auslandsmeldungen, deren Empfang sonst verboten ist, wie ein grelles Blitzlicht... Die Peitschenhiebe aber kommen meist aus dem eigenen Lager, aus dem eigenen Wehrmachtsbereich, und einer ihrer furchtbarsten ist der Bericht des Arztes aus dem Kriegsgefangenenlager Schepetowka. Der Arzt meldet, daß die Hungersnot nicht mehr zu ertragen sei, daß Fälle von Kannibalismus vorkommen, weil Gefangene ihre Kameraden überwältigen, um in den Genuß von Menschenfleisch zu kommen, daß innerhalb des Lagers Menschenkot ein begehrter Leckerbissen geworden sei, und daß er als Arzt angesichts der unhaltbaren Zustände um die einzig mögliche Lösung bitte: Die Hungernden durch Erschießen von ihrem Leiden zu befreien.
[...]
Um dem Befehlshaber den Kannibalismus zu beweisen, schickt der Lagerarzt einen Film mit Aufnahmen, den wir entwickeln, und tatsächlich zeigen die Bilder eine Reihe von Toten, denen das Oberschenkelfleisch fehlt, während anderen Opfern die Bauchhöhle geöffnet wurde, weil die Täter auf diesem Wege die inneren Organe aushoben.
Es sind, heißt es in einer weiteren Meldung, fast durchwegs Usbeken, die als Kannibalen identifiziert wurden, ihre sofortige Erschießung sei veranlaßt worden. [...]

»...von 3,6 Millionen nur noch einige Hunderttausend arbeitsfähig«
Reichsminister Rosenberg am 28. 2. 1942 an den Chef des Oberkommandos der Wehrmacht, Generalfeldmarschall Keitel

[...] Von den 3,6 Millionen Kriegsgefangenen sind heute nur noch einige Hunderttausend voll arbeitsfähig. Ein großer Teil von ihnen ist verhungert oder durch die Unbilden der Witterung umgekommen. Tausende sind auch dem Fleckfieber erlegen. Es versteht sich von selbst, daß die Ernährung derartiger Massen von Kriegsgefangenen auf Schwierigkeiten stieß. Immerhin hätte bei einem gewissen Verständnis für die von der deutschen Politik angestrebten Ziele ein Sterben und Verkommen in dem geschilderten Ausmaß vermieden werden können. Innerhalb der Sowjet-Union war z. B. nach vorliegenden Nachrichten die einheimische Bevölkerung durchaus gewillt, den Kriegsgefangenen Lebensmittel zur Verfügung zu stellen. Einige einsichtige Lagerkommandanten haben diesen Weg auch mit Erfolg beschritten. In der Mehrzahl der Fälle haben jedoch die Lagerkommandanten es der Zivilbevölkerung untersagt, den Kriegsgefangenen Lebensmittel zur Verfügung zu stellen, und sie lieber dem Hungertode ausgeliefert. Auch auf dem Marsch in die Lager wurde

Sieger ist der deutsche Soldat!

„Wenn ich nun zusammenfassend den bisherigen Erfolg dieses Feldzuges umreißen will, dann hat die Zahl der Gefangenen nunmehr rund 3,6 Millionen erreicht, d. h. 3 600 000 Gefangene, und ich verbitte mir, daß hier ein englischer Strohkopf kommt und sagt, das sei nicht bestätigt. Wenn eine deutsche militärische Stelle etwas gezählt hat, dann stimmt das!"

Der Führer am 8. November 1941 in München.

RPL. der NSDAP.

vom 9.—15. 11. 46/41 b

Foto: Reichspropagandaleitung der NSDAP aus dem November 1941.

es der Zivilbevölkerung nicht erlaubt, den Kriegsgefangenen Lebensmittel darzureichen. Ja, in vielen Fällen, in denen Kriegsgefangene auf dem Marsch vor Hunger und Erschöpfung nicht mehr mitkommen konnten, wurden sie vor den Augen der entsetzten Zivilbevölkerung erschossen und die Leichen liegen gelassen. In zahlreichen Lagern wurde für eine Unterkunft der Kriegsgefangenen überhaupt nicht gesorgt. Bei Regen und Schnee lagen sie unter freiem Himmel. Ja, es wurde ihnen nicht einmal das Gerät zur Verfügung gestellt, um sich Erdlöcher oder Höhlen zu graben. Eine systematische Entlausung der Kriegsgefangenen in den Lagern und der Lager selbst ist offenbar versäumt worden. Es sind Äußerungen vernommen worden wie: »Je mehr von diesen Gefangenen sterben, desto besser für uns.« Die Folge dieser Behandlung ist nun die, daß das Fleckfieber durch Entlaufen und Entlassen der Kriegsgefangenen sich weit verbreitet und sowohl in der deutschen Wehrmacht wie unter der Zivilbevölkerung, selbst der des Altreichs, Opfer gefordert hat. Zu erwähnen wären endlich noch die Erschießungen von Kriegsgefangenen, die zum Teil nach Gesichtspunkten durchgeführt wurden, die jedes politische Verständnis vermissen lassen. So wurden z. B. in verschiedenen Lagern die »Asiaten« erschossen, obwohl gerade die Bewohner der zu Asien rechnenden Gebiete Transkaukasien und Turkestan die am schärfsten gegen die russische Unterdrückung und den

143

Bolschewismus eingestellten Bevölkerungsteile der Sowjet-Union abge-
ben. Das Reichsministerium für die besetzten Ostgebiete hat wiederholt
auf diese Mißstände hingewiesen. Trotzdem ist z. B. noch im November
in einem Kriegsgefangenenlager bei Nikolajew ein Kommando erschienen, das die »Asiaten« liquidieren wollte.
Die Behandlung der Kriegsgefangenen scheint zu einem großen Teil auf
völlig falschen Vorstellungen von den Völkern der Sowjet-Union zu beruhen. Man begegnet der Auffassung, daß die Völker immer minderwer-
tiger würden, je weiter man nach Osten komme. Wenn schon die Polen
einer harten Behandlung unterworfen würden, so argumentiert man,
müßte dies daher in weit höherem Maße für die Ukrainer, Weißruthenen, die Russen und schließlich die »Asiaten« gelten. Man übersah bei
der Behandlung der Kriegsgefangenen offenbar völlig, daß Deutschland
in den besetzten Ostgebieten im Gegensatz zum Westen (Frankreich,
Belgien, Niederlande, Norwegen) eine Bevölkerung antraf, die durch
alle Schrecken des Bolschewismus gegangen und nun glücklich über
ihre Befreiung sich den Deutschen willig zur Verfügung stellte. Ein besseres Geschenk hätte Deutschland in diesem auch den letzten Mann
erfordernden Krieg nicht zufallen können. Statt aber dieses Geschenk
anzunehmen, behandelte man die Völker des Ostens geringschätziger
und schlechter als die Völker des Westens, die aus ihrer Feindschaft
gegen Deutschland keinen Hehl machen.

Bilder aus dem Zwangsarbeiterlager in der Janowska-Straße von Lemberg. Die Häftlinge sind hilflos dem Sadismus ihrer Bewacher ausgeliefert. Kein Anlaß ist zu nichtig, einen Gefangenen zu töten. Ein Orchester muß zum Vergnügen der Lagerfunktionäre aufspielen, auch bei Erschießungen.

Ein grundlegender Fehler ist gewesen, daß kein Unterschied gemacht wurde zwischen eigentlichen Kriegsgefangenen und Überläufern. Die deutsche Propaganda hat bekanntlich in Millionen von Exemplaren Flugblätter jenseits der Linien abgeworfen und die Rot-Armisten zum Überlaufen aufgefordert, wobei ihnen ausdrücklich gute Behandlung und ausreichende Ernährung zugesichert wurden. Diese Versprechen wurden nicht gehalten. Der Überläufer wurde genauso wie viele Kriegsgefangene verprügelt und dem Hungertode preisgegeben. Eine selbstverständliche Folge dieser politisch und militärisch unklugen Behandlung war nicht nur ein Erlahmen des Willens zum Überlaufen, sondern geradezu eine tödliche Angst, in deutsche Kriegsgefangenschaft zu geraten. Es wäre naiv, anzunehmen, daß die Vorgänge in den Kriegsgefangenenlagern der Sowjet-Regierung hätten verborgen bleiben können. Wie aus der Zirkularnote Molotows ersichtlich, besitzen die Sowjets tatsächlich eine ausgezeichnete Kenntnis von den oben geschilderten Zuständen und haben selbstverständlich alles in ihren Kräften Stehende getan, die Sowjet-Bevölkerung und die Rot-Armisten entsprechend zu beeinflussen. Man kann wohl ohne Übertreibung sagen, daß die Fehler in der Kriegsgefangenen-Behandlung zu einem großen Teil die Ursache für die sich versteifende Widerstandskraft der Roten Armee sind und damit auch für den Tod Tausender deutscher Soldaten.

Nachdem es dem Reichsministerium für die besetzten Ostgebiete endlich gelungen war, in die Voreingenommenheit gegenüber den Sowjet-Kriegsgefangenen eine Bresche zu schlagen und die Kriegsgefangenen in größtem Umfange zum Arbeitseinsatz in Deutschland kommen sollten, stellte sich heraus, daß von den 3,6 Millionen nur noch einige Hunderttausend arbeitsfähig waren. So muß auch die deutsche Wirtschaft und Rüstungsindustrie für die Fehler in der Kriegsgefangenenbehandlung büßen.

Die vorstehenden Ausführungen sollen nicht eine nachträgliche fruchtlose Kritik darstellen, noch sind sie gegen irgendeine Dienststelle gerichtet, zumal, wie erwähnt, auch sehr viele objektive Momente mitgespielt haben und im übrigen die Verantwortung sich verteilt. Sie sollen lediglich die Grundlage für eine neue Kriegsgefangenen-Politik abge-

---

»Seitens des Chefs der Heeresgruppe Mitte [Generalmajor Hans von Greiffenberg] wird die Frage der Ernährung von Kriegsgefangenen angesprochen. Insbesondere wird seitens der Heeresgruppe Mitte darauf hingewiesen, daß die Kriegsgefangenen einen notwendigen Zuschuß an Arbeitskraft darstellten, in ihrem gegenwärtigen Zustand aber nicht arbeiten könnten, vielmehr in großem Umfange der Erschöpfung anheimfielen.
Der Generalquartiermeister [Generalleutnant Eduard Wagner] greift in die Auseinandersetzung ein und erklärt:
Nichtarbeitende Kriegsgefangene in den Gefangenenlagern haben zu verhungern.«

Aus den Notizen des Chefs des Generalstabes der 18. Armee, Oberst im Generalstab, Wilhelm Hasse, von der Chefbesprechung am 13. 11. 1941 in Orscha.

ben, die unseren militärischen und zivilen Interessen mehr entspricht. Das Reichsministerium für die besetzten Ostgebiete ist nach Kräften bemüht, der kämpfenden Truppe durch eine zugkräftige Propaganda zur Zersetzung der militärischen Kräfte des Feindes zu helfen. Alle Propaganda muß aber vergeblich sein, wenn die Gefangenschaft mehr gefürchtet wird als Tod und Verwundung auf dem Schlachtfelde. [...]

»Die Bäume von oben nach unten abgenagt«
Eine sowjetische Kommission über Mißhandlungen und Erschießungen der Kriegsgefangenen in Riga/Lettland

Riga   15. Dezember 1944
[...] Die sowjetischen Kriegsgefangenen befanden sich in dem Zentrallager »Stalag – 350«, das in den ehemaligen Kasernen des 5. Cesisskij-Regiments in der Pernov- und der Rudolfstraße sowie in den Abteilungen dieses Lagers untergebracht war: in Salaspils, in den ehemaligen Panzerkasernen in der Slokstraße, beim Flughafen »Spilva«, in der Seilerei, bei der Rangierstation, im sogenannten Kriegsgefangenenlazarett in der Gymnastikstraße, im Exporthafen sowie an anderen Orten.
Entgegen allen internationalen Regeln sperrten die Deutschen die sowjetischen Kriegsgefangenen ins Gefängnis. Eine große Anzahl von Kriegsgefangenen befand sich im Zentralgefängnis von Riga. Die deutschen Militärbehörden waren, gemäß direkten Anordnungen der deutschen Regierung, bemüht, eine möglichst große Anzahl sowjetischer Kriegsgefangener auszurotten. Allein im »Stalag – 350« vernichteten die

Das KZ von Salaspils. Beim deutschen Rückzug wurde das Lager niedergebrannt. Übriggebliebene Schornsteine der Baracken und der Wachturm. (Sowjetisches Foto).

Deutschen mehr als 30 000 sowjetische Kriegsgefangene. Der ehemalige Kriegsgefangene Jakovenko P. F., der in diesem Lager inhaftiert war, hat ausgesagt: »Wir bekamen 180 Gramm Brot, das zur Hälfte mit Sägespänen und mit Stroh vermengt war, und einen Liter Suppe ohne Salz, die aus faulen und ungesäuberten Kartoffeln zusammengekocht war. Wir schliefen auf dem Übungsplatz. Uns fraßen die Läuse. Durch Hunger, Kälte, Prügel, Flecktyphus und Erschießungen kamen von Dezember 1941 bis Mai 1942 an die 30 000 Kriegsgefangene um, die sich im ›Stalag – 350‹ befanden. Man hetzte uns mit Hunden, warf die Gefangenen in die westliche Dvina und ertränkte sie in dem Fluß, als wir im Hafen von Riga arbeiteten, andere verbrannten sie bei lebendigem Leibe in der Dampferfeuerungsanlage. Täglich schossen die Deutschen auf die Kriegsgefangenen, die vor Schwäche oder vor Krankheit nicht zur Arbeit gehen konnten.«

V. P. 20298/3/2. g   Berlin, den 29. November 1941.
                                Ref.: Klare
                                    v. Normann.   Geheim!
Betr.: Ernährung der russischen Kriegsgefangenen und Zivilarbeiter.
Sitzung im REM unter Leitung von Staatssekretär Backe und Min. Dir. Moritz am 24. 11. 41, 16.30 Uhr.
Vertreten waren die beteiligten Ressorts, insbesondere Gen. Reinicke und Min. Dir. Mansfeld.
I. Art der Lebensmittel
Die Versuche über ein besonders herzustellendes Russenbrot haben ergeben, daß die günstigste Mischung sich aus 50 % Roggenschrot, 20 % Zuckerrübenschnitzel, 20 % Zellmehl und 10 % Strohmehl oder Laub ergibt.
[...]

Unter Androhung der Erschießung zwangen die Faschisten die sowjetischen Kriegsgefangenen, Arbeiten zu verrichten, die ihren Kräften nicht entsprachen. Vor Beginn der Arbeit zwangen sie sie, ein Grab auszuheben, wobei sie erklärten, diejenigen, die schlecht arbeiteten, würden erschossen und in diesem Grab verscharrt werden.
Der Zeuge Plotniek A. A., wohnhaft in der Rudolfstraße 1, der mehrmals vom Fenster seiner Wohnung aus beobachtet hat, was in den Kasernen des ehemaligen 5. Cesisskij-Regiments vor sich ging, bestätigt: »Dorthin hatten die Deutschen sehr viele sowjetische Kriegsgefangene zusammengetrieben, so viele, daß nicht nur die Kasernen, sondern auch der Hof dermaßen mit sowjetischen Kriegsgefangenen vollgestopft waren, daß man sich nirgends setzen konnte. Weil sie vor Hunger dem Tod entgegengingen, nagten die Kriegsgefangenen an der Baumrinde. Die Rinde der Bäume, die rings um den Offiziersklub standen, wurde von den Kriegsgefangenen abgerissen und aufgegessen. Danach ordneten die Deutschen an, diese Bäume zu fällen, doch haben sich bis heute einige Linden erhalten, deren Rinde abgenagt ist. Eine von ihnen ist vertrocknet.« Die Zeugin Jakobson A. E. teilt mit: »Auf der Lichtung des

Das KZ Salaspils. Oben: das Lager, Zaun mit einer Tafel: »Betreten nur in dienstlichen Angelegenheiten. Meldung bei der Kommandantur«. – Unten: Innenansicht einer Baracke im KZ
Salaspils: »Schlafplätze«

Lagers Salaspils waren ungefähr 3000 Menschen. Die Bäume auf der Lichtung waren alle von oben nach unten abgenagt.«

Die Zeugin Povickis G. V., die als Oberschwester im Hospital für die sowjetischen Kriegsgefangenen in der Gymnastikstr. 1 gearbeitet hat, sagt gleichfalls aus, daß die Kranken Gras und Laub verzehrt hätten, um die Qualen des Hungers abzuschwächen. Tretjakov K. A., Arztgehilfe desselben Hospitals, teilt mit, daß in dem Zeitraum von Juli 1941 bis Oktober 1944 35 000 sowjetische Kriegsgefangene umgekommen und im Sand begraben worden seien.

In der dritten Abteilung des »Stalag – 350«, im Lager in der Slokstraße, das in den ehemaligen Panzerkasernen untergebracht war, und in dem Lager am Flugplatz »Spilva« wurden von den deutschen Faschisten mehr als 13 000 sowjetische Kriegsgefangene vernichtet.

Die deutschen Banditen pflegten verwundete Kriegsgefangene zu erschießen. Die Zeugin Zekunde V. sagt aus: »Im August 1944 brachte man 370 verwundete sowjetische Kriegsgefangene ins Lager Salaspils. Ende dieses Monats wurden sie am hellichten Tage vor aller Augen erschossen. Am 25. September 1944 sammelten sie alle Kranken des Krankenhauses des Lagers Salaspils und erschossen sie in einem Wald unweit des Lagers.«

Während des Transports in die Lager ließ man die sowjetischen Kriegsgefangenen eine Woche hindurch und länger ohne Nahrung und ohne Speise. Viele kamen vor Hunger um. Die Zeugin Taukulis hat ausgesagt: »Im Herbst 1941 traf auf der Station Salaspils ein aus 50 bis 60 Waggons bestehender Transportzug mit sowjetischen Kriegsgefangenen ein. Als die Waggons geöffnet wurden, verbreitete sich über eine weite Entfernung Leichengeruch. Die Hälfte der Menschen war tot. Viele waren dem Tode nahe. Diejenigen, die aus den Waggons zu klettern vermochten, stürzten zum Wasser auf der Waldwiese. Doch die Wache eröffnete auf sie das Feuer und erschoß einige Dutzend Menschen.«

Die Kommission hat in Riga und in seiner Umgebung zwölf Massengräber von Leichen sowjetischer Kriegsgefangener ausgemacht. Die größten von ihnen sind in den Wäldern von Rumbuli, Drejlin und Bikkernek.

Die faschistischen Mörder versuchten, die Spuren ihrer Verbrechen zu verwischen. Die Deutschen organisierten Spezialkommandos aus sowjetischen Kriegsgefangenen und zwangen sie, in den Wäldern von Bikkernek, Rumbuli und Drejlin die Leichen der Erschossenen auszugraben und zu verbrennen. Jeden Tag wurden diese Kommandos nach Beendigung der Arbeit von den Deutschen erschossen, ihre Leichen wurden verbrannt.

Die »Sonderbehandlung« der Schwerkriegs-
beschädigten am Heiligen Abend 1942
Aus den Akten des Kommandeurs der Sicherheitspolizei und des SD in Shitomir

Kommandeur der Sicherheitspolizei und des SD Shitomir

Berditschew, den 24.12.1942

Auf Anordnung erscheint der SS-Sturmscharführer u. Krim.-Obersekretär Fritz Knop, 18.2.1897 in Neuklenz, Krs. Köslin, geboren, und macht folgende Angaben:
Seit Mitte August bin ich Dienststellenleiter der Außendienststelle Berditschew des Kommandeurs der Sicherheitspolizei und des SD in Shitomir. Am 23.12.42 besichtigte der zur Zeit stellv. Kommandeur, SS-Hauptsturmführer Kallbach, die hiesige Dienststelle und auch das Arbeitserziehungslager, das meiner Dienststelle untersteht. In diesem Arbeitserziehungslager befinden sich seit Ende Oktober oder Anfang November 78 ehem. Kriegsgefangene, die aus dem Stalag in Shitomir s.Z. entlassen waren, da sie nicht arbeitsfähig waren. Diese Kriegsgefangenen sind damals m.W. in einer größeren Anzahl entlassen und dem Kommandeur der Sipo und SD zur Verfügung gestellt worden. In Shitomir hat man dann von ihnen eine kleine Anzahl noch einigermaßen arbeitsfähiger Männer herausgesucht und die restlichen 78 dem hiesigen Arbeitslager überstellt. [...]
Bei den sich im hiesigen Lager befindlichen 78 Kgf. handelte es sich ausschließlich um Schwerkriegsbeschädigte. Einigen der Kgf. fehlten beide Beine, einigen wiederum beide Arme, anderen wieder eins der Glieder. Nur wenige von ihnen hatten wohl noch ihre Glieder, waren aber durch andere Verwundungen so stark versehrt, daß sie irgendwelche Arbeiten nicht verrichten konnten. Die letzteren hatten dann die anderen zu betreuen. Bei der Besichtigung des Arbeitserziehungslagers am 23.12.1942 ordnete SS-Hauptsturmführer Kallbach an, daß die inzwischen durch Todesfälle übriggebliebenen 68 oder 70 Kgf. am heutigen Tage sonderzubehandeln sind. Zu diesem Zweck stellte er einen Lkw mit dem Fahrer SS-Mann Schäfer von der Kommandeurdienststelle zur Verfügung, der heute um 11.30 Uhr hier eintraf. Mit den Vorbereitungen für die Exekution habe ich heute früh die Angehörigen der hiesigen Dienststelle SS-Unterscharf. Paal, SS-Rottenf. Hesselbach und SS-Sturmm. Vollprecht beauftragt. Von diesen drei Männern beauftrage ich wieder Vollprecht als den Verantwortlichen. [...]
Über die drei mit der Erschießung der Kgf. beauftragten Männer war mir bekannt, daß sie bereits in Kiew bei Großexekutionen von mehreren tausend Personen teilgenommen hatten. Auch an der hiesigen Dienststelle waren sie in früherer Zeit, d.h. auch zu meiner Zeit, mit Erschießungen von mehreren hundert Personen beauftragt. Aus diesem Grunde und weil ich z.Z. mit Arbeit stark überlastet bin, habe ich diesen

Foto: Reichs-
propagandaleitung
der NSDAP

So sorgt das Nationalsozialistische Deutschland
für seine Verwundeten, die Ehrenbürger der Nation!
Auch Radfahren lernen die Soldaten mit amputierten Armen oder Beinen im Genesungsheim;
sie fühlen sich wohl in der schönen Umgebung und finden rasch ihr seelisches Gleichgewicht wieder.

drei Männern die Durchführung der heutigen Exekution überlassen und als Verantwortlichen den Dienstältesten, SS-Unterscharf. Paal, bestimmt. An Waffen führten die Männer eine deutsche MP., ein automatisches russ. Gewehr, eine Pistole 08 und m. W. noch einen Karabiner bei sich. Ich möchte noch bemerken, daß ich den SS-Hauptscharführer Wenzel als Beamten den drei Männern beigeben wollte, daß dieses aber von dem SS-Sturmmann Vollprecht mit dem Bemerken abgeschlagen wurde, sie seien zu dritt stark genug.

Auf Vorhalt: Es ist mir nicht der Gedanke gekommen, durch ein größeres Kommando den reibungslosen Verlauf der Exekution zu sichern, da die Exekutionsstelle nicht einzusehen war und auch die Häftlinge durch ihre körperliche Behinderung nicht fähig waren zu flüchten. Etwa gegen 15 Uhr erhielt ich einen Anruf vom Stalag, daß ein Kamerad meiner Dienststelle vom Sonderauftrag verwundet und ein Mann getötet sei. Darauf entsandte ich sofort mit einem Fuhrwerk SS-Hauptscharführer Wenzel und SS-Oberscharführer Fritsch zur Exekutionsstelle. Einige Zeit später erhielt ich einen zweiten Anruf vom Stalag, wodurch mir mitgeteilt wurde, daß zwei Kameraden von der Dienststelle tot seien. Durch einen zufällig bei meiner Dienststelle ankommenden Kraftwagen der Wehrmacht ließ ich mich sofort zum Stalag fahren. Vor dem Stalag traf ich den Lkw der Kommandeurstelle an, auf dem bereits die beiden erschossenen Kameraden lagen. Hesselbach machte mir Meldung über den Vorfall. Danach hat Hesselbach die Erschießung in der Grube vorgenommen, während die anderen beiden Kameraden zur Bewachung in der Nähe des Wagens standen. Hesselbach habe bereits drei Kgf. erschossen, der vierte stand neben ihm, als er plötzlich oberhalb der Grube Schüsse hörte. Darauf erschoß er noch den vierten Kgf., kletterte aus der Grube heraus und sah die Kgf. auseinanderlaufen. Er hat hinter den Flüchtenden hergeschossen und nach seiner Meinung zwei davon erschossen. Ich bin dann noch ins A. Lager hinein gefahren und habe Anordnungen gegeben, daß die Häftlinge besonders scharf bewacht werden. Eine Verstärkung der Wache konnte ich nicht vornehmen, da ich nicht die nötigen Kräfte zur Verfügung habe. Auch von anderen Pol.-Dienststellen konnte ich eine Verstärkung nicht bekommen, da ich wußte, daß sie sich im Einsatz befinden. Hesselbach hatte an Ort und Stelle beim Stalag bereits veranlaßt, daß ein Kommando von 20 Mann die Gegend nach den Geflüchteten absuchte. Zur weiteren Fahndung habe ich dann die Feldgendarmerie, Pol.-Gendarmerie und die Eisenbahnpolizei verständigen lassen. Hesselbach, der Kraftfahrer und die beiden nachgesandten Beamten haben die erschossenen Kgf. ordnungsmäßig mit Erde bedeckt.

Ich möchte noch darauf hinweisen, daß der Vorfall bei der zweiten Exekution geschehen ist. Dieser ist vorausgegangen eine Erschießung von etwa 20 Kgf., ohne besonderen Zwischenfall. Unmittelbar nach meiner Rückkehr habe ich fernmündlich dem Kommandeur in Shitomir Meldung erstattet.

Weitere Angaben habe ich nicht zu machen. Ich versichere, daß sie wahrheitsgemäß sind und bin darauf hingewiesen worden, daß bei nicht wahrheitsgemäßen Angaben meine Bestrafung und Ausschluß aus der SS erfolgt.

Geschlossen:

Kuntze
SS-Ostuf.   Fritz Knop, SS-St.scharf.

Weiter erscheint auf Anordnung der SS-Rottenführer der Waffen-SS Friedrich Hesselbach 24. 1. 1909 in Feudingen, Krs. Wittgenstein/Westf., geboren und macht folgende Angaben:

[...] Beim ersten Transport hatte auf Anweisung von Paal der Transport fast ausschließlich aus Beinamputierten bestanden. Ich machte gegen diese Einteilung, zunächst alle Beinamputierten heranzunehmen, den Einwand, daß das nicht richtig wäre. Paal wies meinen Einwand jedoch zurück, mit dem Bemerken, er hätte die Einteilung schon so gemacht. Die Exekution des ersten Transportes verlief ohne Zwischenfall. Während Vollprecht bei der Grube blieb, fuhren Paal und ich zurück zum Arbeitslager, wo wir weitere 28 Kgf. auf den Lkw luden. Bei diesem zweiten Transport handelte es sich in erster Linie um Männer, die irgendwelche Armamputationen hatten. Soweit ich mich jetzt richtig entsinne, hatten die meisten alle Glieder. Auch jetzt kritisierte ich die falsche Einteilung von Paal. Er bemerkte darauf, daß es ja doch alles Krüppel seien. Ich warnte ihn dann noch zur besonderen Vorsicht. Auf Anordnung von Paal stellte ich mich auf das Trittbrett beim Führerhaus und beobachtete mit gezogener Pistole die im offenen Wagen sitzenden Häftlinge. Paal selbst stand nicht auf der anderen Seite des Trittbrettes, sondern saß neben dem Kraftwagenführer. Während bei dem ersten Transport Vollprecht mit seiner MP die Erschießung durchgeführt hatte, wurde ich jetzt bei dem zweiten durch Paal damit beauftragt. Er beabsichtigte damit, bei diesem gefährlichen Transport eine größere Feuerkraft als Bewachung am Wagen zu haben. Unmittelbar am Lkw stand also Paal mit einem dicken Fahrermantel bekleidet und umgehängtem automatischen Russengewehr. Auch Vollprecht stand mit Mantel und der MP in der Hand unmittelbar beim Lkw. Der Kraftfahrer Schäfer bezog am Rande der Grube Posten, während ich in der Grube mit meiner Pistole 08 die Erschießung vornahm. Bevor ich in die Grube stieg, habe ich Paal noch einmal zur Vorsicht ermahnt und ihm geraten, den Mantel auszuziehen, damit er beweglicher sei. Ich habe ihm auch weiter geraten, das Gewehr im Anschlag zu halten, da wir es hier nicht mit Juden zu tun hätten. Auf meine Einwände hat Paal jedoch in keiner Weise reagiert, sondern befahl im Gegensatz zu meinem Vorschlag, immer die Gefangenen einzeln zur Grube zu führen, daß zwei Mann gleichzeitig durch mich und den Kraftfahrer zur Grube geführt werden sollten.

Nachdem ich die ersten drei Häftlinge erschossen hatte, hörte ich plötzlich oberhalb der Grube ein Geschrei. Da der vierte Häftling gerade beim Hinlegen war, habe ich diesen schnell abgeknallt und bemerkte dann beim Aufblicken, daß am Lkw ein wüstes Durcheinander war. Ich hatte auch unmittelbar vorher Schüsse fallen hören, und die Häftlinge sah ich links und rechts vom Wagen das Weite suchen. Über den einzelnen Ablauf der Dinge, die am Lkw vor sich gingen, kann ich genaue Angaben nicht mehr machen, zumal ich in größerer Entfernung von etwa 40—50 m stand und das Ganze ein wüstes Bild darbot. Ich weiß jetzt nur noch zu sagen, daß ich die beiden Kameraden am Boden liegen sah und daß zwei Häftlinge mit den erbeuteten Waffen auf mich und den Kraftfahrer schossen. [...]

Bericht! Shitomir, den 27. 12. 1942.
[...] Am 25. 12. fand unter meiner Leitung die Sonderbehandlung der restlichen 20 ehem. Kgf. an derselben Stelle statt. Da zu befürchten war, daß die geflüchteten Häftlinge in kürzester Zeit Verbindung mit einer Bande aufgenommen haben könnten, habe ich veranlaßt, daß das Stalag wiederum ein Kommando von 20 mit LMG und Karabiner bewaffneten Soldaten zur Sicherung der Umgegend abstellte. Die Exekution ist ohne Zwischenfall verlaufen.

Als Vergeltungsmaßnahmen ordnete ich an, daß durch die Gendarmerie in den umliegenden Ortschaften sofort eine Überprüfung sämtlicher bereits entlassener Kgf. auf ihre politische Betätigung während der Sowjetzeit durchgeführt würde und 20 Aktivisten und KP-Mitglieder aus diesen Reihen festgenommen und der Sonderbehandlung zugeführt werden. Außerdem erteilte ich Sturmscharf. Knop Anweisungen und Richtlinien für die Durchführung weiterer Exekutionen.

Bei meinem Eintreffen in der Außendienststelle Berditschew waren die erschossenen Kameraden in einem hergerichteten Totenzimmer würdig aufgebahrt. Der Dienststellenleiter hat durch die Wehrmacht in Berditschew Särge erhalten, so daß am 27. 12. die Überführung der erschossenen Kameraden nach hier erfolgen konnte. Die Beisetzung fand am heutigen Tage um 14 Uhr auf dem Heldenfriedhof [!] der SS und Polizei in Hegewald statt.

Kuntze
SS-Obersturmführer

Im Namen der Deutschen Wehrmacht!
wird für Recht erkannt:
Der Major Piotr Matwijewitsch...
vom 781. Schützen-Regiment der 124. Roten Schützen-Division
ist standrechtlich zu erschießen.
Begründung:
Niemals hat die Deutsche Wehrmacht kriegsgefangene Offiziere, Unteroffiziere und Mannschaften mißhandelt oder erschossen, besonders nicht, wenn sie verwundet in Gefangenschaft gerieten.
Es ist amtlich und einwandfrei festgestellt, daß Soldaten der 124. Roten Schützen-Division seit Beginn der Kämpfe am 22. 6. planmäßig deutsche Soldaten aller Dienstgrade, die verwundet oder unverwundet in ihre Hände fielen, in bisher unvorstellbar grausamer und tierischer Weise mißhandelt, gequält, verstümmelt und ermordet haben.
Diese Taten geschahen unter den Augen und mit Duldung der Offiziere der 124. Schützen-Division. Diese Offiziere sind daher voll und ganz für die Untaten ihrer Untergebenen verantwortlich. Die Deutsche Wehrmacht ist es ihren hingemordeten Kameraden schuldig, daß diese Untaten eine rasche, harte und gerechte Sühne finden. Diese kann in der standrechtlichen Erschießung der für Greueltaten verantwortlichen Offiziere der 124. Roten Schützen-Division gefunden werden.
Der Oberbefehlshaber der Armee.
gez. Unterschrift

Aus dem Kriegstagebuch des Armeeoberkommandos 6 vom 21. 6. bis 15. 7. 1941

In den Betten erschossen
Eine sowjetische Kommission über die Ermordung verwundeter Rotarmisten im Krankenhaus von Charkow

Protokoll

Stadt Charkow, den 7. September 1943.
[...] Nach der zweiten Okkupation der Stadt Charkow im März 1943 begingen die faschistischen deutschen Eroberer ein fürchterliches Verbrechen an verwundeten Soldaten und Offizieren der Roten Armee, die sich im 1. Armeeaussonderungskrankenhaus in der Trinklerstr. 5 befanden. Über 400 Verwundete wurden erschossen und etwa 300 Menschen in einem der Krankenhausgebäude lebendig verbrannt.
Diese schrecklichen Greueltaten, begangen an verwundeten sowjetischen Militärpersonen, werden durch Zeugenaussagen, das gerichtsmedizinische Gutachten und anderes Dokumentenmaterial bestätigt.
Mitarbeiter des Krankenhauses – Professor Katkow Jewegenij Ssewostjanowitsch, die Krankenschwester Juchno Anna Ignatjewna und Dmitri-

jewa Jelisawjeto Antonowna – sagten aus, daß am Morgen des 13. März 1943 ein Offizier der SS-Division »Adolf Hitler« namens Schulz ins Krankenhaus gekommen sei und den medizinischen Angestellten mitgeteilt habe, daß das ehemalige 1. Armeekrankenhaus als »Lazarett für russische Kriegsgefangene« dienen werde. Schulz befahl dem medizinischen Personal, auf ihren Posten zu bleiben. Die Verwundeten aus den Kellern und aus dem Krankenhaus Nr. 3 (klinische Siedlung) sollten in den Bau Nr. 8 gebracht werden. Auf diese Weise waren an einer Stelle über 300 verwundete Menschen versammelt.

Etwa gegen 15 Uhr – am 13. März 1943 – drangen deutsche Soldaten in das Krankenhausgelände ein, versperrten die Eingangstüren des Baus Nr. 8 und zündeten sie an.

Der Chirurg des Krankenhauses, Dshintschwiladse Georgij Sacharowitsch, der sich zu dieser Zeit mit verwundeten Soldaten in diesem Gebäude aufhielt, berichtet:

»Ich befand mich im Operationszimmer in der zweiten Etage dieses Gebäudes und bereitete mich auf die Operation Verwundeter vor. Etwa gegen 15 Uhr hörte ich ein dumpfes Krachen in der ersten Etage und lief hinaus in den Korridor, um festzustellen, was geschehen sei. Die Krankenschwestern berichteten mir, daß die Deutschen das Haus angezündet und die Eingangstüren zugenagelt hätten. Ich versuchte, die Krankenschwestern und die Verwundeten, die gehen konnten und sich um mich versammelt hatten, durch die Tür an der Nordseite des Gebäudes hinauszuführen, aber auch sie erwies sich als versperrt. Ich befahl allen, in die zweite Etage hinaufzusteigen und auf der Treppe und in der Toilette zu bleiben. Bald fing auch schon die zweite Etage an zu brennen, und die Treppe war von Rauch eingehüllt. Die Flammen näherten sich uns. Plötzlich hörten wir die Schüsse von der Straße her aufhören, und durchs Fenster sahen wir, daß die Deutschen sich in ihre Wagen setzten und vom Krankenhaus abfuhren. Durch ein Fenster der zweiten Etage sprangen wir aus dem brennenden Gebäude. Nach einigen Minuten stürzten die Decken in dem brennenden Gebäude ein, die sich noch im Gebäude befindenden Verwundeten verbrannten. Neben dem Haus lagen etwa 30 Verwundete, die aus dem Fenster gesprungen und von den Deutschen erschossen worden waren.«

Über die Erschießung der Verwundeten, die versucht hatten, sich aus dem brennenden Gebäude zu retten, berichten auch andere Augenzeugen, die Krankenhausangestellten Juchno A. I., Dmitrijewa E. A., Katkow E. S., Ssokolowskaja W. A. und andere.

Die Verwundeten, die nach der Verbrennung des Gebäudes Nr. 8 in den übrigen Gebäuden noch übriggeblieben waren, wurden von den Deutschen am 14., 15., 16. und 17. März 1943 in den Sälen des Krankenhauses erschossen. In diesen vier Tagen wurden über 400 Menschen erschossen.

Die Krankenschwester Juchno A. I. berichtete, daß am Morgen des 14. März 1943 vier Soldaten in die Offiziersabteilung des Krankenhauses gekommen seien und begonnen hätten, die Verwundeten der Reihe nach zu erschießen. In ihrer Gegenwart seien 8 Menschen erschossen worden.

Die Einwohnerin der Stadt Charkow, Frau Koslowa Marija Aleksandrowna, deren Mann Scher Michail Borissowitsch sich im Krankenhaus befand, sagte aus: »Am 15. März 1943 brachte ich meinen Mann etwas ins Krankenhaus. Im Saal 1 des 4. Gebäudes erblickte ich seine Leiche. Mein Mann war in seinem Bett erschossen worden, durch das rechte Auge. Die übrigen zehn Verwundeten, die sich mit ihm in einem Saal befanden, waren auch erschossen worden. Ihre Leichen lagen in den Betten.«

Folgendes sagte die Krankenschwester Dmitrijewa Jelisowjeta Antonowna aus: »Am 14. März 1943, gegen 9 Uhr morgens, kamen vier deutsche Soldaten in die Offiziersabteilung, zwei blieben am Eingang, und zwei stiegen in die zweite Etage empor und begannen, die Verwundeten zu erschießen. Sie hielten sich dort etwa 10 Minuten auf, dann kamen sie herunter in die erste Etage und begannen auch hier die Verwundeten in den Sälen zu erschießen. Ich befand mich in einem Saal, der ganz am Ende des Korridors gelegen war, und die Soldaten kamen dorthin, nachdem sie alle Verwundeten, die in den benachbarten Sälen untergebracht gewesen waren, erschossen hatten. In diesem Saal waren 7 verwundete Militärpersonen eines tschechoslowakischen Truppenteils in der UdSSR und zwei Russen. Acht von diesen Leuten wurden von den Deutschen erschossen, der Tscheche Freschel Erik wurde mit einem Dolch erstochen. Als ich am folgenden Tag in diesen Saal kam, sah ich die Leichen der Tschechen: Foltan Franz – Oberfeldwebel; Gorowskij Michail – Sergeant; Freschel Erik – Sergeant; und die Soldaten: Fridrich Karl, Scharf Bedrich, Kenig Iossif und Korngauser Albert.

Die Leichen der Erschossenen wurden im Hof des Krankenhauses begraben. [...]

Lebend auf Scheiterhaufen geschichtet
Bericht des Stellvertretenden Staatsanwalts der Estnischen Sozialistischen Sowjetrepublik über das KZ Klooga

Tallinn   12. Oktober 1944
[...] 44 km südwestlich der Stadt Tallinn [estnischer Name für Reval], auf dem Wege zum Seehafen Paldiski, im Amtsbezirk Keila, Kreis Charju, liegt an einer Eisenbahnstation der kleine Villenort Klooga-Aedlin, was »Klooga-Gartenstadt« bedeutet. Vor der deutsch-faschistischen Besetzung war Klooga-Aedlin ein beliebter Villenort für die Bewohner der Stadt Tallinn. Im September 1943 bildeten die deutschen Eroberer in Klooga ein Arbeitskonzentrationslager der sogenannten »Organisation Todt«. Um das Lager holzten die Deutschen einen schönen, malerischen Kiefernwald ab, das Lager selbst umzäunten sie jedoch mit Stacheldraht

und Wachtürmen. Die Überwachung des Lagers oblag Polizeieinheiten. Über den Lagereingängen waren Bretter mit warnenden Aufschriften aufgehängt, daß beim Herannahen unbefugter Personen zum Lagerzaun die Wache ohne Warnung schießen wird. Diese Regel bezog sich auch auf die Gefangenen innerhalb des Lagers.

Am 26. Juni 1944 befanden sich im Lager Klooga 2330 verhaftete Zivilpersonen. Unter den Gefangenen waren Leute verschiedener Nationalität: Juden, Polen, Litauer, Esten, Russen und andere. Nach dem Altersbestand befanden sich unter den Gefangenen 13jährige Knaben und Mädchen sowie 70jährige Greise. Unter den 2330 Gefangenen waren 47

Auf einem Scheiterhaufen erschossene Häftlinge in Klooga (Sowjetische Fotos)

158

Das Lager Klooga, nahe der estnischen Stadt Tallinn (Reval). Warnschild: »Halt! Es wird ohne Anruf geschossen!«

Berufe vertreten, wie zum Beispiel 33 Ärzte, 9 Ingenieure, 2 Landwirte, 15 Mechaniker, 6 Buchhalter, 37 Krankenschwestern, 11 Apotheker, 39 Friseure, 25 Waschfrauen, 147 Tischler, 263 Weber, 651 Konfektionsarbeiter, 441 Arbeiter und viele andere Berufe.

Die Gefangenen wurden im Lager nicht nach ihren Berufen, sondern nur für schwere, physische Arbeiten ausgenutzt: für Waldarbeiten, im Steinbruch, Betonarbeiten, beim Verladen von schweren Lasten und beim Häuserbau für das Lager.

Die Arbeiten der Gefangenen wurden von deutschen Militärpersonen geleitet: von Aufsehern, Schachtmeistern und Truppführern der Organisation Todt. Diese genannten Amtspersonen trugen Militäruniform mit besonderen Erkennungszeichen auf den Achselstücken und Litzen und rote Armbinden am Ärmel mit dem Hakenkreuz auf weißem Untergrund. Alle diese Amtspersonen zeichneten sich durch besondere Brutalität und Grausamkeit aus. Sie übten eine unbeschränkte Macht über die Gefangenen aus, indem sie die Gefangenen systematisch mit Fäusten, Füßen, Stöcken und verschiedenen anderen Gegenständen prügelten.

Die Gefangenen im Lager wurden in die Lage rechtloser Sklaven versetzt und ihre menschliche Würde auf jede Art und Weise erniedrigt. Allen Gefangenen wurden Nummern (auf der linken Brustseite und auf der rechten Seite der Kleidung über dem Knie) angelegt. Nach dem Namen wurde niemand genannt, lediglich nach der für jeden festgelegten Nummer.

Im Lager hat sich öffentlich die Bestrafung der Gefangenen mit der Riemenpeitsche (Nagaika) eingebürgert, die aus Ochsensehnen mit einem diese durchziehenden Stahldraht angefertigt wurde. [...]

159

Der Zeuge Rattner, von Beruf Ingenieur, sagte aus: »Im Lager herrschte ein System von verschiedenen Strafen: es wurde die Nahrung bis zu zwei Tagen entzogen, man bestrafte mit 25 bis 75 Peitschenschlägen. Die Peitsche bestand aus einer ausgestreckten Sehne mit Stahldraht in der Mitte. Man hat auch erschossen. Erschossen wurde wegen eigenmächtigem Verlassen des Lagergeländes. Die Strafen wurden aus jedem beliebigen Anlaß vollzogen: sollte jemand schlecht gearbeitet haben, sich während der Arbeit zum Ausruhen hingesetzt haben oder sogar deshalb, wenn jemand vor dem Lagerleiter zu spät die Mütze gezogen hatte. Die Mütze mußte man in einer bestimmten Entfernung abnehmen. Ich wurde persönlich mit 25 Peitschenschlägen dafür bestraft, weil ich angeblich zu spät die Leute zur Arbeit gesammelt hatte. Der Geschäftsführer des Lagers, Oberscharführer Schwarze, gab mir den Befehl, 40 Personen zu sammeln. Ich sammelte die Leute, aber es schien ihm, daß ich das nicht rechtzeitig getan hätte. Er schlug mir mit der Faust zweimal ins Gesicht, und zwar so, daß er mir einen Zahn herausgeschlagen hat, und am nächsten Tag wurde ich außerdem mit 25 Schlägen bestraft. Im Lager befand sich eine besondere Bank für die Leibesstrafen. Der Mensch stellte sich am Ende dieser Bank auf, er wurde mit den Füßen an die Füßchen dieser Bank angebunden und gezwungen, sich auf dem Bauch hinzulegen und die Bank mit den Armen zu umfassen, die auch zusammengebunden wurden. Ein Deutscher setzte sich auf den Kopf, der andere versetzte die Schläge, wobei der zu Bestrafende die Schläge zählen mußte. Man wurde mit der Peitsche blutig geschlagen. Nach der Leibesstrafe mußte der Bestrafte unbedingt zur Arbeit gehen.« [. . .]

Infolge unerträglicher Lebensbedingungen im Lager waren große Massen der Gefangenen systematisch krank, und die Sterblichkeit war hoch, die nach amtlichen deutschen Angaben monatlich bis 10 % erreichte. Dieses wurde von den Deutschen auch nicht geleugnet. Der Hauptarzt der Konzentrationslager, Bodmann, teilte in seinem schriftlichen Bericht vom 25.3.1944, gerichtet an die Hauptverwaltung der Lager mit, daß »der Gesundheitszustand der Gefangenen schlecht ist. Die Sterblichkeit ist sehr hoch. Dieser Umstand wird durch Körperverletzungen und durch unbefriedigende hygienische Verhältnisse bedingt. [. . .]«

Infolge des schnellen Angriffs der Roten Armee, haben die Deutschen beim Rückzug die Konzentrationslager eilig aufgehoben, durch Überführung eines Teiles der Gefangenen in andere Lager; zum größten Teil wurden die Gefangenen aber erschossen und verbrannt. Ende August dieses Jahres wurden mit dem Herannahen der Frontlinie zur Hauptstadt des Sowjetestlands, Tallinn, sämtliche Lager aufgehoben, mit Ausnahme des Lagers Klooga, wo die ganze Obrigkeit der Konzentrationslager von Estland mit ihrem Chef, Hauptsturmführer Brenneis, zusammenkam. [. . .]

Am 19. September 1944 um 5 Uhr morgens wurden alle Gefangenen, wie gewöhnlich, auf dem Lagerplatz zum Appell aufgestellt. Zum Appell erschien auch der Lagerführer, Unterscharführer Werle, in Begleitung des Geschäftsführers des Lagers, Unterscharführer Schwarze, des Bürochefs, Hauptscharführer Dahlmann, des Oberscharführers Fruwerdt [Frühwirt] und Helbitsch [Helbig] und Unterscharführer Genth.

Nach dem Aufruf gab Werle den Gefangenen öffentlich bekannt, daß alle sich zur Evakuierung nach Deutschland bereithalten müßten. Zwei Stunden später suchten Schwarze und Dahlmann von den Gefangenen 301 Personen aus, die physisch stärkeren und gesünderen Männer, unter dem Vorwand, die Vorbereitungsarbeiten für die Evakuierung durchzuführen.

In Wirklichkeit wurden die 301 ausgesuchten Personen zum Holztragen vom Lagergelände an die Waldwiese, 1 km nördlich des Lagers und zum Aufbau der Scheiterhaufen, um die Gefangenen zu verbrennen, ausgenutzt. Zur Hilfe der ausgesuchten Personen wurden noch 700 Esten dazugegeben, die in Haft waren, weil sie sich der Einberufung zur deutschen Wehrmacht entzogen hatten. Ein Teil der Gefangenen hat das Holz herangetragen, und der andere Teil baute unter strenger Bewachung der Schutzwache die Scheiterhaufen auf. Die Scheiterhaufen wurden in folgender Weise aufgebaut: Auf die Erde wurden einige Balken als Fundament gelegt. Auf diese Balken legte man lange, dünne unbearbeitete Stangen, auf die in kompakter Schicht Holzscheite in einer Länge von 75 cm dazukamen. In der Mitte des Scheiterhaufens waren im Viereck vier Stangen in die Erde eingeschlagen, ½ Meter entfernt voneinander, mit angenagelten Latten, wodurch so etwas wie ein Abzugsschornstein gebildet wurde. Auf diese Weise wurden in einer Linie 4 Scheiterhaufen aufgebaut, mit einer Fläche 6 × 6,6 Meter, in einer Entfernung von 4 Metern voneinander.

Als die Scheiterhaufen fertig waren, begannen die Deutschen mit den Massenerschießungen der Gefangenen. Zuerst wurden die Holzträger und die Scheiterhaufenbauer erschossen. Die Erschießung ging so vor sich: Die Deutschen vom Polizeikommando des Sicherheitsdienstes zwangen die Gefangenen mit Waffengewalt, sich mit dem Gesicht nach unten auf den Scheiterhaufen zu legen und schossen sie in solcher Lage aus Maschinenpistolen und Pistolen durch Genickschüsse zusammen. Die Leute wurden in kompakten Reihen auf der ganzen Fläche des Scheiterhaufens zusammengelegt. War die gesamte Fläche des Scheiterhaufens mit Erschossenen ausgefüllt, wurde auf sie eine Reihe von Holzscheiten aufgestapelt, wodurch sich eine zweite Fläche bildete, auf die ebenfalls einzelne lebende Menschen gelegt und ebenso wie oben erschossen wurden. Auf die zweite Leichenreihe kam die dritte Holzscheiteschicht, auf die wiederum eine neue Menschenreihe gelegt und erschossen wurde. Nach Erschießung der Gefangenen, die die Scheiterhaufen aufgebaut hatten, wurden zu den Scheiterhaufen neue Gefangenengruppen zu 30–50 Personen herangeführt, die gleichfalls in drei bis vier Schichtreihen gelegt und erschossen wurden. Zuerst wurden die Männer und nachher die Frauen erschossen. Hier auf dem Scheiterhaufen wurden auch alle Kranken, zusammen mit dem ärztlichen Personal der Gefangenen, die sich im Lagerkrankenhaus befanden, erschossen. Von den 4 aufgebauten Scheiterhaufen wurden 3 benutzt. Infolge plötzlicher Annäherung der Frontlinie blieb ein Scheiterhaufen nicht benutzt.

Gleichzeitig mit der Erschießung der Gefangenen auf den Scheiterhaufen vollzog sich die Erschießung der Gefangenen innerhalb des nicht zu

Eine sowjetische Kommission, Rotarmisten und einige wenige Überlebende vor den Resten eines verbrannten Scheiterhaufens

Leichenreste, wie sie von der Kommission vorgefunden werden

Ende gebauten Holzhauses, in der Fläche 3 × 18 Meter, das sich 20 Meter außerhalb des Lagergeländes befand. Zu diesem Gebäude wurden die Gefangenen gruppenweise zu 30–50 Personen herangeführt und gezwungen, sich mit dem Gesicht zum Boden, um der Flucht vorzubeugen, hinzulegen. Die Deutschen führten von hier die Leute einzeln in die Baracke, wo sie sie zwangen, sich auf den Boden mit dem Gesicht nach unten zu legen. Sie wurden mit Genickschuß erschossen.

Nach Beendigung der Erschießung um 10–11 Uhr, wurden die Leichen auf dem Scheiterhaufen und im Gebäude mit Petroleum begossen und angezündet.

In der Zeit, als die Scheiterhaufen und das Gebäude mit den Erschossenen bereits brannten, wurde aus dem Gefängnis von Tallinn eine Gruppe Gefangener von 73 Personen Esten und Russen gebracht, die von den Deutschen im unteren Stock der Gemeinschaftswohnung erschossen wurden. Zusammen mit ihnen wurden auch 6 Gefangene aus dem Lager Klooga erschossen, die den Versuch unternommen hatten, sich vor der Erschießung zu retten. Auf diese Weise wurden in der Gemeinschaftswohnung insgesamt 79 Personen erschossen, darunter ein 3monatiges Brustkind zusammen mit der jungen Mutter.

Außerdem wurden 18 Gefangene während des Fluchtversuches von den Scheiterhaufen erschossen. Ihre Leichen fand man in einem Abstand von 5 bis 200 Meter im Gelände der Scheiterhaufen.

Die Zeugenaussagen ergaben, daß bei den Erschießungen nicht alle Gefangenen getötet wurden. Viele von ihnen waren verwundet und sind – wie durch ärztliche Untersuchung der auf den Scheiterhaufen erhalten gebliebenen Leichen festgestellt wurde – lebend verbrannt worden.

Die Zeugin Jalas, wohnhaft nicht weit vom Lager, auf dem Vorwerk Kraawi, sagte aus:

»Spät abends erhob sich aus dem Wald eine Feuerflamme, und ich sah, wie die Baracke anfing zu brennen. In jener Zeit brannten die Scheiterhaufen, von denen das Stöhnen und Geschrei der Menschen ertönten.«

Der Zeuge Trillo, ebenfalls nicht weit vom Lager wohnhaft, sagte aus:

»Um 10 Uhr abends erhob sich aus dem Wald eine Flamme, und nach einer ½ Stunde fing die Baracke an zu brennen. Um die brennende Baracke gingen bewaffnete Leute, die oft geschossen haben. Aus der brennenden Baracke hörte man Menschengeschrei.«

Der Zeuge Sinipalu von der Lagerwache sagte aus:

»Bald darauf erschallte es wie eine Explosion. Wir gingen aus der Kaserne heraus und sahen, daß die Baracke, aus der Schüsse ertönten, brennt. Dann kehrte ich wieder in die Kaserne zurück. Nach einiger Zeit gingen ich und die anderen Wachmänner wieder hinaus. Die Baracke war zur Hälfte abgebrannt. Man hörte menschliches Geschrei und Stöhnen, das zuweilen nachließ und dann wiederum anschwoll.« [...]

Auf diese Weise ergaben die Ermittlungsunterlagen, die kriminal-medizinische Untersuchung an erhaltenen Leichen und die sorgfältige Besichtigung des Ortes, wo die Leichen verbrannt wurden, daß am

19. September 1944 im Lager Klooga etwa 2000 Gefangene der friedlichen Bevölkerung vernichtet wurden.

Die Schuldigen des Verbrechens

Durch die Unterlagen der Voruntersuchung wurde festgestellt, daß die Organisatoren und unmittelbaren Vollstrecker der Massenerschießungen und der Verbrennung friedlicher Sowjetbürger, darunter Brustkinder, Frauen und Greise, im Konzentrationslager Klooga am 19.9.1944 unten benannte Militärpersonen der deutsch-faschistischen Wehrmacht sind:

1. Chef der Hauptverwaltung über sämtliche Lager in Estland, Hauptsturmführer Brenneis,
2. Hauptarzt der Konzentrationslager in Estland, Obersturmführer von Bodmann,
3. Leiter des Lagers Klooga, Unterscharführer Werle,
4. Geschäftsführer des Lagers Klooga, Unterscharführer Schwarze,
5. Bürochef des Lagers Klooga, Hauptscharführer Max Dahlmann,
6. Chef der Sanitätsabteilung des Lagers Klooga, Unterscharführer Genth,
7. Wirtschaftsverwalter des Lagers Klooga, Oberscharführer Hellbik [Helbig],
8. Oberscharführer Fruwirt [Frühwirt]

Außer den genannten Personen haben unmittelbar an der militärischen Begleitung, Überwachung und am Erschießen 50 Soldaten aus dem Heeresbestand des Sicherheitsdienstes teilgenommen, deren Namen durch die Untersuchung nicht festgestellt werden konnten. [...]

gez. Udras
Stellvertretender Staatsanwalt der Estnischen Sozialistischen Sowjetrepublik, staatlicher Justizrat III. Klasse

»So einen Arbeitseinsatz wie in Deutschland gibt es nicht noch einmal auf der Welt!«
Deutsche Dokumente zur Behandlung der »fremdvölkischen« Arbeitskräfte

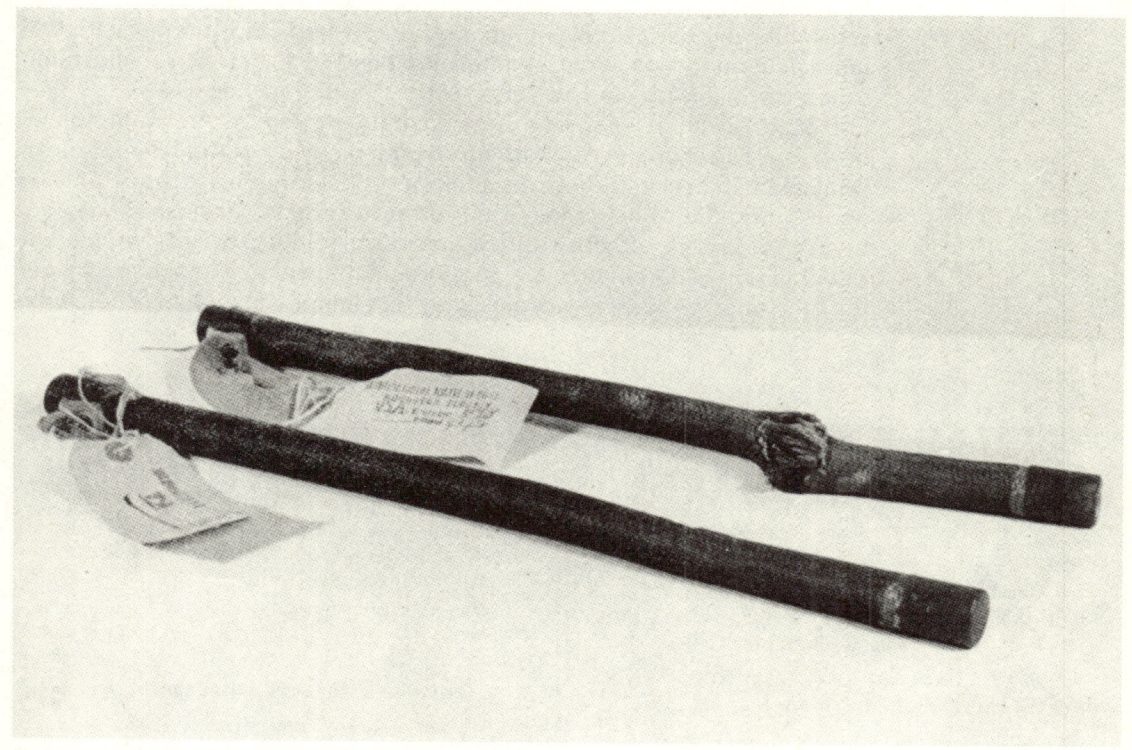

Stahlknüppel, im Januar 1945 für Lager in und bei Essen angeschafft.

»... wie die Schinder früher Hunde gefangen haben«

Auszug aus dem geheimen Stimmungsbericht der Auslandsbriefprüfstelle Berlin über in der Zeit vom 11. 9. bis 10. 11. 1942 ausgewertete Briefe aus den besetzten Ostgebieten.

In den Briefen aus der Ukraine zeichnet sich eine weitere, scharfe Verschlechterung der Stimmung ab, und unter dem Eindruck der verstärkten Aushebung von Arbeitskräften für das Reich hat sich der ukrainischen Bevölkerung ein panischer Schrecken bemächtigt. Entsetzte Schilderungen von Zwangsmaßnahmen der Verwaltungsbehörde zur Erfassung von Ostarbeitern bilden einen Großteil der für die in Deutschland beschäftigten Angehörigen bestimmten Nachrichten aus der Heimat. Die Abneigung, dem Rufe zum Arbeitseinsatz im Reichsgebiet zu folgen, ist offenbar ständig gewachsen, nicht zuletzt infolge der Berichte von Ostarbeitern, die von ihren Arbeitsplätzen nach Hause geflüchtet oder entlassen worden sind. Um dennoch die Arbeitertrans-

BEKANNTMACHUNG   ОГОЛОШЕННЯ

Auf Grund der dritten Durchführungverordnung zur Verordnung des Reichsministers für die besetzten Ostgebiete über die Einführung der Arbeitspflicht in den besetzten Ostgebieen vom 16. 11. 1942 ordne ich an:

§ 1. Männliche und weibliche einheimische Angehörige der Jahrgänge 1922, 1923, 1924 und 1925 werden zur Arbeitsdienstpflicht aufgerufen.

§ 2. Die Dauer der Arbeitsdienstpflicht wird auf 2 Jahre festgesetzt.

§ 3. Die Entscheidung über den Einsatzort der Arbeitsdienstpflichtigen treffen der Ger albevollmächtigte für den Arbeitseinsatz und der Reichskommissar für die Ukraine.

§ 4. Verstösse gegen diese Verordnung werden mit Zuchthaus oder Gefängnis bestraft.

Kiew, 27. April 1943   *Der Generalkommissar in Kiew*

На підставі третього розпорядження про виконання постанови Рейхсміністра звільнених східних областей щодо введення трудової повинності у зайнятих східних областях від 16. 11. 1942 НАКАЗУЮ:

§ 1. Місцеве населення, як чоловіки, так і жінки, народження 1922, 1923, 1924 і 1925 рр. призивається до трудової повинності.

§ 2. Тривалість трудової повинності — два роки.

§ 3. Місце праці трудовозобов'язаних визначають Генеральний уповноважений для вербування робочої сили і Рейхскомісар України.

§ 4. За протидіяння цьому розпорядженню каратиметься каторжною тюрмою або в'язницею.

Київ, 27 квітня 1943   *Генералькомісар Київ*

Meldung hat zu erfolgen: — З'являтись:

»Wo die Freiwilligkeit versagt (nach den Erfahrungen versagt sie überall), tritt die Dienstverpflichtung an ihre Stelle. Das ist nun das eiserne Gesetz des Jahres 1943 beim Arbeitseinsatz: Es darf in wenigen Wochen kein besetztes Gebiet mehr geben in dem nicht die Dienstverpflichtung für Deutschland das Selbstverständlichste von der Welt ist. Wir werden die letzten Schlacken unserer Humanitätsduselei ablegen. Jede Kanone, die wir mehr beschaffen, bringt uns eine Minute dem Siege näher! Es ist bitter, Menschen von ihrer Heimat, von ihren Kindern loszureißen. Aber wir haben den Krieg nicht gewollt! Das deutsche Kind, das an der Front seinen Vater verliert, die deutsche Frau, die ihren gefallenen Mann beklagt, ist weit schlimmer getroffen. Schwören wir hier jeder falschen Gefühlsregung ab. [...]
Sie müssen draußen die Parole verbreiten: Wer in Deutschland ordentlich arbeitet, genießt den besten Schutz seines Lebens und seiner Gesundheit. Diese Parole muß in den besetzten Gebieten die Runde machen. [...] Tragen Sie das allen Lügen zum Trotz hinaus. Sie können und müssen draußen vertreten: So einen Arbeitseinsatz wie in Deutschland gibt es nicht noch einmal auf der Welt!«

Aus einer Rede des Generalbevollmächtigten für den Arbeitseinsatz, Fritz Sauckel, vor den Arbeitseinsatzstäben am 6.1.1943.

porte in der angesetzten Kopfzahl sicherzustellen, werden angeblich Männer und Frauen einschließlich Jugendlicher vom 15. Lebensjahr ab auf der Straße, von den Märkten und aus Dorffestlichkeiten heraus aufgegriffen und fortgeschafft. Die Einwohner halten sich deshalb ängstlich verborgen und vermeiden jeden Aufenthalt in der Öffentlichkeit. Zu der Anwendung der Prügelstrafe ist nach den vorliegenden Briefen seit etwa Anfang Oktober das Niederbrennen der Gehöfte bzw. ganzer Dörfer als Vergeltung für die Nichtbefolgung der an die Gemeinden ergangenen Aufforderungen zur Bereitstellung von Arbeitskräften getreten. Die Durchführung dieser letzteren Maßnahme wird aus einer ganzen Reihe von Ortschaften gemeldet.

Stellen aus zwei Briefen

»Bei uns sind neue Ereignisse vorgekommen. Man nimmt Leute nach Deutschland. Am 5.10. sollten einige aus dem Kowkuski-Bezirk fahren, aber sie wollten nicht, und man hat das Dorf angesteckt. Dasselbe haben sie in Borowytschi zu tun versprochen, als nicht alle zur Abfahrt Bestimmten fahren wollten. Darauf kamen 3 Kraftwagen voll Deutscher und haben ihre Häuser angesteckt. In Wrasnytschi hat man 12 Häuser und in Botowytschi 3 Häuser niedergebrannt.«

»Am 1.10. fand eine neue Aushebung von Arbeitskräften statt; von dem, was geschehen ist, werde ich Dir das Wichtigste beschreiben. Du kannst Dir diese Bestialität gar nicht vorstellen. Du erinnerst Dich wohl daran, was man uns während der Polenherrschaft über die Sowjets erzählt hat; so unglaublich es ist jetzt auch, und wir glaubten es damals nicht. Es kam der Befehl, 25 Arbeiter zu stellen, aber keiner hat sich gemeldet, alle waren geflohen. Dann kam die deutsche Gendarmerie und fing an, die

Dieses Foto wurde 1944 im Hause des ehemaligen Kreisältesten Bummerg in dem lettischen Dorf Bumberk gefunden. Nach sowjetischen Angaben zeigt es Opfer der Zwangsarbeit.

Häuser der Geflohenen anzuzünden. Das Feuer wurde sehr heftig, da es seit 2 Monaten nicht geregnet hat, dazu standen die Getreideschober auf den Höfen. Du kannst Dir denken, was da vor sich ging. Man verbot den herbeigeeilten Leuten zu löschen, schlug und verhaftete sie, so daß 6 Höfe niederbrannten. Die Gendarmen zünden unterdessen andere Häuser an, die Leute fallen auf die Knie und küssen ihnen die Hände, die Gendarmen aber schlagen mit Gummiknüppeln auf sie los und drohen, daß sie das ganze Dorf niederbrennen werden. Ich weiß nicht, womit das geendet hätte, wenn I. Sapurkany sich nicht ins Mittel gelegt hätte. Er versprach, daß bis zum Morgen Arbeiter dasein würden. Während des Brandes ging die Miliz durch die anliegenden Dörfer, nahm die Arbeiter fest und brachte sie in Gewahrsam. Wo sie keinen Arbeiter fanden, sperrten sie die Eltern so lange ein, bis die Kinder erschienen. So wüteten sie die ganze Nacht in Bielosirka. Auch in anderen Dörfer spielte sich dasselbe ab. Die Brände dauerten Tag und Nacht z.B. in Molotkiw, Schuschkiwzi, Osnyky, Moskaliwka. Die Arbeiter, die bis dahin noch nicht erschienen waren, sollten erschossen werden. Man hat alle Schulen geschlossen und die verheirateten Lehrer hier zur Arbeit geschickt, während die unverheirateten zur Arbeit nach Deutschland gehen. Man fängt jetzt Menschen, wie die Schinder früher Hunde gefangen haben. Man ist schon eine Woche auf Jagd und hat noch nicht genug. Die gefangenen Arbeiter sind in der Schule eingesperrt, sie dürfen nicht einmal hinaus, um ihre Bedürfnisse zu erledigen, sondern müssen es wie Schweine im selben Raum tun. Aus den Dörfern wallfahrteten viele Leute an einem bestimmten Tage zum Kloster Potschaew. Sie wurden alle festgenommen, eingesperrt, und man wird sie zur Arbeit schicken. Unter ihnen gibt es Lahme, Blinde und Greise.«

»Betrifft:
Gegenwärtiger Stand der Ostarbeiter-Frage«
Eine Denkschrift der Zentralstelle für Angehörige
der Ostvölker

Zentralstelle   Berlin NW 7, cen 30. September 1942
für   Hegelplatz 2
Angehörige der Ostvölker
I h (ZO)

Betrifft: Gegenwärtiger Stand der Ostarbeiter-Frage.

Der Einsatz und die Behandlung der in das Reich hereingenommenen
fremdvölkischen Arbeitskräfte aus den besetzten Ostgebieten stellt einen Vorgang dar, der nicht nur für die deutsche Kriegsproduktion und
Ernährungssicherung, sondern auch für die Durchsetzung der deutschen Verwaltungsbelange im vormals sowjetischen Raum von grundlegender Bedeutung ist. Zwei große Aufgabenkreise werden durch die
Art und Weise, wie die mit der Hereinnahme einer Millionenziffer von
Angehörigen der Ostvölker ins Reich anfallenden Probleme gelöst werden, berührt:
1.) Die Entwicklung der Kriegslage,
2.) die Durchsetzung des deutschen Führungsanspruches im Osten nach
Kriegsende.
Als im Januar 1942 in den besetzten Ostgebieten in verstärktem Maße
zur Arbeit in Deutschland aufgerufen wurde, stellte dies für die hierfür in
Frage kommenden Schichten der russischen und ukrainischen Zivilbevölkerung eine Angelegenheit dar, der in jedem Falle der Charakter eines Wagnisses anhaftete. Mochten die einen (die Arbeitsfreiwilligen)
unter dem Eindruck leichtfertiger Versprechungen an die Fahrt in das
Reich überschwengliche Hoffnungen knüpfen, während die anderen
(die Zwangsgestellten) in Erinnerungen an frühere bolschewistische De-
portationen sowie infolge anti-deutscher Zweckgerüchte ihre Heimat
mit innerem Widerstand, mindestens aber mit Mißtrauen verließen, Tatsache war, daß die Fahrt in das Reich sowohl von den beiden Teilneh-
mergruppen als auch von den zurückbleibenden Angehörigen infolge
der jahrzehntelangen Isolierung der UdSSR gegen Europa als eine Reise
in ein unbekanntes Schicksal empfunden werden mußte, von deren
Ausgang das öffentliche Urteil über das Reich und seine Führung mindestens in gleichem Maße abhängig war wie von den Maßnahmen der
deutschen Militär- und Zivilbehörden in den besetzten Ostgebieten selber. Bot doch die Arbeit in Deutschland eine einzigartige Gelegenheit,
das in der Sowjetpresse vielgelästerte Großdeutsche Reich und die
nationalsozialistische Stellung zum Arbeiter aus eigener Anschauung
kennenzulernen und so eine durch keine Propaganda zu ersetzende Ver-
gleichsmöglichkeit zu den entsprechenden kommunistischen Grundsät-

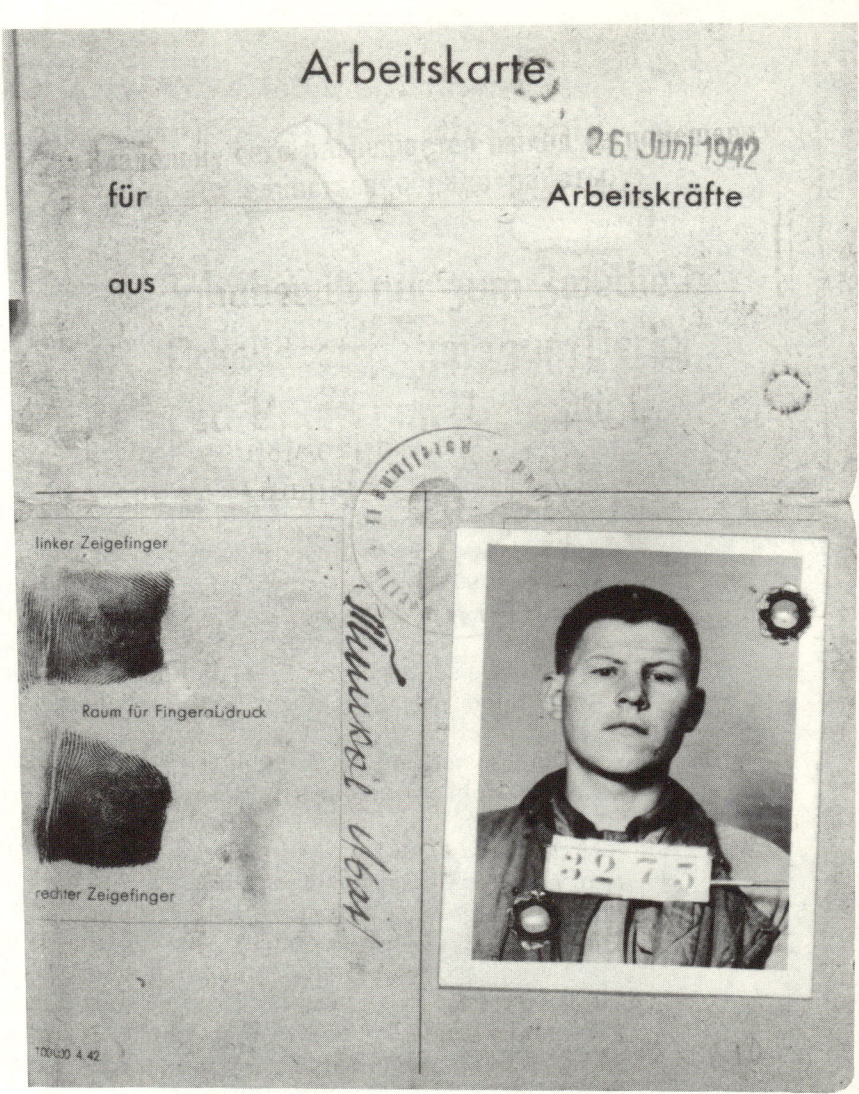

zen und Methoden zu gewinnen. Dies hieß nicht mehr und nicht weniger, als daß dem Ostarbeiter-Einsatz für die politische Meinungsbildung der Ostvölker über die derzeit »okkupierende« Macht eine Bedeutung zukam, der bei sämtlichen Maßnahmen, die der Durchführung der Anwerbung, des Einsatzes, der Unterbringung usw. im Reich dienten, von vornherein hätte Rechnung getragen werden müssen; denn angesichts der Notwendigkeit, in den Riesenräumen im Rücken der Front die Mithilfe der einheimischen Bevölkerung in Anspruch zu nehmen, ist gerade der dem Zugriff der Anordnung oder des Befehls sich entziehende Faktor der Stimmung von handgreiflichem kriegspotentiellen Wert.
Abgesehen von der natürlichen Stimmungs- und Leistungsbeeinträchtigung [...] war die Folge die, daß die Sowjetpropaganda die Angelegen-

heit aufgriff und sorgfältig auswertete, wozu nicht nur die tatsächlichen Verhältnisse und die trotz der anfänglichen Sperre in die Heimat gelangenden Briefe sowie die Erzählungen von Flüchtlingen u. dgl., sondern auch die ungeschickte Veröffentlichung der einschlägigen Rechtsbestimmungen in den deutschen Presseorganen hinreichende Handhabe boten. Bereits im April 1942 nahm der Volkskommissar für Auswärtige Angelegenheiten der UdSSR, Molotow, in seiner Note an die Feindmächte hierauf Bezug, insbesondere in Abschnitt III dieser Note, worin es u. a. heißt:

»Die deutsche Verwaltung tritt die seit langem anerkannten Gesetze und Bräuche der Kriegsführung mit Füßen, indem sie ihren Truppenteilen den Befehl erteilt hat, die männliche Zivilbevölkerung, an vielen Orten auch die Frauen, in Gefangenschaft zu nehmen und ihnen gegenüber dasjenige Regime anzuwenden, das von den Hitleristen für die Kriegsgefangenen eingeführt worden ist. Für die gefangenen friedlichen Einwohner bedeutet das nicht nur Sklavenarbeit, sondern in vielen Fällen auch unentrinnbar den Hungertod oder den Tod durch Krankheiten, Körperstrafen und organisierte Massenmorde.«

»Die Abführung von friedlichen Einwohnern ins Hinterland, die von der deutsch-faschistischen Armee zur Zeit ihres Vordringens weitestgehend praktiziert wurde, gewinnt Massencharakter; sie geschieht auf direkte Anordnung des deutschen OKW und wirkt sich besonders grausam beim Rückzug des deutschen Heeres im nahen Hinterlande aus. In einer Reihe von Dokumenten, die von Truppenverbänden der Roten Armee bei den Stäben der vernichteten deutschen Truppenteile aufgefunden worden sind, befindet sich ein Hinweis auf den Befehl des Oberkommandos unter Nr. 2974/41 vom 6. Dez. 1941, der die Verschickung aller erwachsenen Männer aus den okkupierten bevölkerten Punkten in Kriegsgefangenenlager anordnet. Aus dem Befehl an das 37. Infanterieregiment der 6. Division vom 2. Dez. 1941 unter der Überschrift ›Über die Entführung der Zivilbevölkerung‹ geht hervor, daß für die Zeit vom 4. bis zum 12. Dez. die Gefangennahme und zwangsmäßige Verschickung der gesamten Bevölkerung von 7 Dörfern in das deutsche Hinterland vorgesehen war, wofür ein genau ausgearbeiteter Plan vorgelegt wurde.«

»Manchmal waren alle Einwohner verschleppt worden, manchmal nur die Männer ihren Familien entrissen oder die Frauen von ihren Kindern getrennt worden. Nur den wenigsten Verschleppten ist es gelungen, an den Heimatort zurückzukehren. Diese Rückkehrer berichten über unerhörte Erniedrigungen, schwerste Zwangsarbeit, massenhaftes Aussterben der Einwohner durch Hunger und Folterungen, über die Ermordung aller Entkräfteten, Verwundeten und Kranken durch die Faschisten.«

Ferner finden sich in den sowjetischen Zeitschriften sowie im Rundfunk bis zum heutigen Tage über die Behandlung der Ostarbeiter immer wieder Mitteilungen, die eine Stärkung der moralischen Widerstandskraft der Roten Armee zur Folge haben dürften. Erwähnt sei des weiteren der von der Polizeiverwaltung der Nordwestfront der Roten Armee herausgegebene Aufruf »Ein russisches Mädchen in Köln«, der den Text eines nach Ordshonikidsegrad gelangten Briefes eines russischen Mädchens abdruckt und daran wirksame propagandistische Betrachtungen über die »faschistische Zwangsarbeit« in Deutschland anknüpft.

»Wißt« – heißt es am Schluß des Aufrufes –, »daß jeden, der von uns nach Deutschland kommt, dasselbe Schicksal erreicht wie Olga Sselesnewa! Vergeßt nicht, daß die deutschen Ungeheuer jeden von Euch, der noch nicht zurückgeblieben ist, zu Sklaven auf Eurer eigenen Erde machen werden oder zu ewiger Zwangsarbeit nach Deutschland schleppen werden! Teure Brüder und Schwestern ... Geht zu den Partisanenabteilungen! Schadet den deutschen Okkupanten auf Schritt und Tritt. Schlagt die Hitlerräuber überall und immer! Die russische Erde soll zu ihrem Grabe werden!«

Die Wirkung dieser großangelegten, bis in die von Deutschland zivilverwalteten Gebiete hinüberwirkenden dokumentarisch belegten Funk-, Presse- und Flugblatt-Propaganda muß als einer der tragenden Gründe für die diesjährige Versteifung des sowjetischen Widerstandes sowie für den bedrohlichen Auftrieb des Bandenunwesens bis an die Grenze des Generalgouvernements angesprochen werden. [...]

Gutkelch
(Dr. Gutkelch)

»natürliche Feinde des Bolschewismus«
Der Leiter des Facharbeitersammellagers Charkow über die ungerechte Behandlung der Ukrainer (Herbst 1942)

Da eine ersprießliche wirtschaftliche Zusammenarbeit mit dem 35-Millionen-Volk der Ukraine im Interesse der Zukunft unserer kommenden Generationen liegt und da außerdem die Ukrainer selbst innerlich gesund, sehr entwicklungsfähig und reich an wertvollen und aufbauwilligen Kräften sind, ist es notwendig, rechtzeitig einer in der Wurzel beginnenden Entfremdung vorzubeugen und die Anfänge einer unheilvollen Entwicklung vor der Zeit zu erkennen und wirksame Gegenmaßnahmen zu treffen.

I. Mißstände bei der Werbung.
Die Werbung arbeitete zu Beginn der Aktion mit freiwilligen Meldungen. Später mußte ein gewisser Druck zum Erreichen gewisser Mindestkontingente angewendet werden, der jedoch keinesfalls den Starosten [Gemeindevorstehern] und ihren Milizen, die mit der Hereinholung betraut wurden, den Freibrief zu nachgenannten Gewalttätigkeiten gab.

Die vielfach bestechlichen Starosten bez. Dorfältesten ließen bzw. lassen die von ihnen bestimmten Facharbeiter nicht selten nachts aus den Betten holen und bis zum Abtransport in Kellern einsperren. Da den Arbeitern bezw. Arbeiterinnen oft keine Zeit zum Gepäckpacken etc. ge-

lassen wird, kommen viele Facharbeiter mit völlig ungenügender Ausrüstung (ohne Schuhe, zwei Kleider, Eß- und Trinkgeschirr, Decke etc.) im Facharbeitersammellager an. In besonders krassen Fällen müssen zur Nachholung des Notwendigsten daher eben Angekommene sofort wieder zurückgeschickt werden. Bedrohungen und Schlagen der Facharbeiter durch die obigen Dorfmilizen, wenn die Leute nicht sofort mitgehen, ist an der Tagesordnung und wird von den meisten Gemeinden gemeldet. In mehreren Fällen wurden Frauen bis zur Marschunfähigkeit geprügelt. Einen besonders schlimmen Fall habe ich dem Kommandeur der Ordnungspolizei hier (Herrn Oberst Samek) zur strengen Bestrafung gemeldet (Ort Sozolinkow, Bez. Dergatschi). Die Übergriffe der Starosten und Milizen sind besonders dadurch sehr schwerwiegender Art, daß die Genannten zu ihrer Rechtfertigung meist behaupten, das alles geschehe im Namen der Deutschen Wehrmacht. In Wahrheit hat sich die letztere fast durchwegs hervorragend verständnisvoll gegen Facharbeiter und die ukr. Bevölkerung betragen. Dasselbe kann jedoch nicht von manchen Verwaltungsstellen gesagt werden. Zur Illustrierung des Obengenannten sei erwähnt, daß einmal eine Frau mit nicht viel mehr als einem Hemde bekleidet ankam. [...]
Recht deprimierend auf die Stimmung sowohl der Facharbeiter wie der Bevölkerung wirken vor allem die untauglich gewordenen oder schon nicht arbeitseinsatzfähig gewesenen Rückbeförderten aus Deutschland.

Die allerbeste Propaganda wäre doch, die Ostarbeiter gut zu behandeln; große Ansprüche stellen die Ukrainer ja so nicht. Wenn sie es nur ein klein wenig besser und eine anständige menschenwürdige Behandlung haben, sind die Menschen, die z. T. einen guten Eindruck machen, mehr als zufrieden. Diese Menschen kamen doch, wenigstens zu Beginn des Einsatzes von Ostarbeitern im Reich, freiwillig und voller Hoffnungen ins Großdeutsche Reich. Eine Propaganda ist diese in den Berichten geschilderte abwegige Behandlung wohl kaum und uns nicht förderlich.
Wir führen doch keinen Krieg gegen die ukrainische Bevölkerung, noch weniger gegen die Menschen, die durch ihren freiwilligen Arbeitseinsatz uns helfen, den Krieg zu gewinnen.

Theurer
(Theurer)
Oberleutnant

Brief vom 7.10.1942 an den Reichsminister für die besetzten Ostgebiete.

Mehrmals schon haben sich Facharbeitertransporte nach Deutschland mit solchen Untauglichen-Rücktransporten gekreuzt und haben beide längere Zeit Gleis neben Gleis nebeneinander gelegen. Durch die ungenügende Betreuung dieser Rücktransporte (meist 50–60 in einem Waggon, lauter Kranke oder Verletzte oder Schwache, oft mehrere Tage ohne genügende Verpflegung und Betreuung, da gewöhnlich nur 3 bis 4 Mann Begleitung, durch die oft sehr ungünstigen – wenn auch sicher übertriebenen – Aussagen der Rückkehrer hinsichtlich Behandlung in Deutschland und unterwegs) sowie durch den sich ergebenden Augenschein wurden bei den Facharbeitern bezw. dem ganzen nach Deutschland gehenden Transport Angstpsychosen ausgelöst. Mehrere Transportführer – bes. vom 62. und 63. Transport – meldeten hierüber Einzelheiten. In einem Fall beobachtete der Führer des Facharbeitertransportes mit eigenen Augen, wie ein Verhungerter auf dem Nebengeleis aus dem Rückkehrertransport ausgeladen wurde. (Olt. Hofmann des 63. Trp., Bhf. Darniza). Ein andermal wurde gemeldet, daß 3 Tote unterwegs vom Begleitkommando neben den Geleisen niedergelegt und unbestattet zurückgelassen werden mußten. Bedauerlich ist auch, daß diese Untauglichen ohne jegliche Ausweise hier ankommen. Nach den Berichten der Transportführer gewinnt man den Eindruck, daß diese Arbeitsuntauglichen zusammengefaßt, in Waggons gepfercht, mit ein Paar Begleitmännern versehen und ohne besondere Fürsorge für Verpflegung, ärztliche und sonstige Betreuung losgeschickt werden. Sowohl die Arbeitsbehörde am Ankunftsort wie die Transportführer bestätigen diesen Eindruck.

II. Übelstände auf dem Transport
[...] Die Wehrmachtdienststellen zeigen durchwegs größtes Verständnis bei der Versorgung dieser Transporte, die Vertreter der Arbeitsfront setzen sich meist gut ein, doch haben einige Vertreter der Betreuungsstellen völlig versagt. Die Transportführer werden angewiesen, künftighin immer genaue Namen und Umstände zu melden. Das Rote Kreuz, das ja bisweilen manchmal stark belastet ist, hilft bei der Verpflegung mit, leider ist aber die Einstellung und Haltung vieler Helferinnen gegenüber den Facharbeitern oft ohne Verständnis für die große Ostarbeiteraktion des Führers und behandelt bes. die weiblichen Arbeiter in schimpflicher Weise. Verpflegung wurde auch schon verweigert mit dem Hinweis, das seien »Russenschweine«. Daß es sich um Ukrainer handelt, wird nirgends beachtet, da diesbzgl. zuwenig Aufklärung vorhanden ist. In diesem Zusammenhang sei darauf hingewiesen, daß es mehrmals vorgekommen ist, daß die Leute nach tagelangem Hungern aus den Waggons ausbrachen, in die nächsten Dörfer eilten, ihre Habe verkauften und Lebensmittel dafür erwerben. In solchen Fällen ist natürlich an eine Rückkehr-Vollzähligkeit nicht mehr zu denken. Diese krassen Vorfälle aus Transporten der ersten Monate haben sich unseres Wissens im Sommer nicht mehr wiederholt. Dagegen ist bekannt geworden, daß aus einem von Kiew abgegangenen Transport, der von nur einigen Polizeimannschaften (ohne Ärztepersonal), angeblich 5 Polizisten, begleitet war und der schlecht betreut und verpflegt wurde, auf der Strecke an die 500 Arbeiter ausgebrochen sind.
[...] Auf Grund gemeldeter Vorfälle muß auch darauf hingewiesen werden, daß es unverantwortlich ist, die Arbeiter im Waggon viele Stunden lang eingesperrt zu halten, so daß sie nicht einmal ihre Notdurft verrichten können. Zum Trinkwasserholen, Waschen, Austreten muß dem Transport selbstverständlich von Zeit zu Zeit Gelegenheit gegeben werden. Es sind Waggons gezeigt worden, die von den Leuten durchlöchert wurden, damit sie ihre Notdurft verrichten konnten. Das Austretenlassen muß allerdings bei Annäherung an größere Bahnhöfe möglichst

außerhalb derselben erfolgen. Von Entlausungsanstalten wurden insofern Mißstände bekannt, als dort teils männliche Bedienung oder andere Männer sich unter den Frauen und Mädchen im Duschraum betätigten oder herumtrieben – sogar mit Einseifung Dienst taten! – und [...] in den Frauenduschräumen fotografierten. Da es sich bei der ukr. Landbevölkerung, die in den letzten Monaten hauptsächlich abtransportiert wurde, was den weibl. Bevölkerungsteil betrifft, um sittlich sehr gesunde und an strenge Zucht gewöhnte Frauen handelt, muß eine solche Behandlung als Volksentehrung empfunden werden. Die erstgenannten Mißstände sind inzwischen unseres Wissens durch Eingreifen der Transportführer beseitigt worden. Das Fotografieren wurde uns aus Halle gemeldet, das erstere aus Kiewerce. Ähnliche der Würde und dem Ansehen des Großdeutschen Reiches keinesfalls entsprechende Zustände dürften da und dort noch anzutreffen sein.

III. Übelstände im Reich

Immer wieder wird von Schlagen und Verprügeln nicht bloß gesprochen, sondern auch geschrieben. Es scheinen vor allem die als Ordnungs- und Sicherheitsorgane eingesetzten Männer manchmal die Grenzen des Zulässigen weit zu überschreiten und auch die Ukrainer, die in Wirklichkeit sich jahrzehntelang als natürliche Feinde des Bolschewismus widersetzt haben, mit den Bolschewisten zu identifizieren. Auch die Lagerleiter bringen den Ukrainern meist kein Verständnis entgegen, die Behandlung im Lager wird gewöhnlich als schlecht und sehr grob geschildert.

Bezüglich der Verpflegung im Reich wird im allgemeinen eingesehen, daß in einem Krieg auf Leben und Tod von solcher Härte Einschränkungen, in erster Linie für ausländische und bisher im Feindlager gestandene Menschen selbstverständlich sind. Ohne Zweifel bemühen sich Reich und Betriebe, die hereingezogenen Arbeitskräfte auch arbeitseinsatzfähig und gesund zu erhalten. Wo Übelstände hier herrschen, ist es eine Selbstschädigung und sollte in jedem einzelnen Fall Abhilfe geschaffen werden.

Dagegen ist noch die Tatsache ungünstig, daß große Teile des deutschen Volkes die ukrainischen Arbeitskräfte als schlimmste Feinde und als bolschewistische Russen ansehen und demnach behandeln. Hier tut eine gewisse Aufklärung unter allen Umständen not. Es ist völlig unmöglich, auf der Grundlage dieser Geisteshaltung gegenüber der Ukraine das große wirtschaftliche und politische Problem des Ostens, insbesondere des Südraums, auf Jahrzehnte und Jahrhunderte hinaus einer erfolgreichen und dauerhaften Lösung zuzuführen.

Vor kurzem war noch das Problem der brieflichen Verbindung der Facharbeiter mit ihrer Heimat unvollkommen gelöst und hat Anlaß zu Mißmut und Verstimmung gegeben. Zur Zeit soll sich eine Besserung anbahnen.

Bei Betrachtung dieser obigen Übelstände und des Umstandes, daß hier in der Ukraine Tausende von Plakaten und Werbeschriften zur Mitarbeit unter Zusicherung bester Betreuung zur Meldung ins Reich aufforderten, erscheint es im Interesse des Reiches, zur Sicherung der Zukunft,

unserer kommenden Geschlechter und zur Verhütung eines späteren
Unheils notwendig, einer Entfremdung der Ukraine mit ihrem wertvollen Raum und wertvollen Volk unter allen Umständen durch Beseitigung
vergiftender Übelstände und durch Aufklärung vorzubeugen.

F. d. R. d. A.
O. U. den 15. 10. 42
Unterschrift (unl.)
Angestellter.
(Beim V. O. des RMfdbO.
Vertr. b. H. Geb. B)

»Tagessoll 5000 Kräfte«
Brief Sauckels an Rosenberg

Der Beauftragte für den Vierjahresplan
Der Generalbevollmächtigte für den Arbeitseinsatz
    Nr.... VI a 5780.28/1138 ...
Es wird gebeten, dieses Geschäftszeichen und den
Gegenstand bei weiteren Schreiben anzugeben.

Berlin SW 11, den ... 17. März ... 1943
Saarlandstraße 96 (Reichsarbeitsministerium)
Fernruf des RAM.: 11 00 28
Postscheckkonto des RAM., Zahlstelle: Berlin 100 19

Persönlich!

An
den Reichsminister für die
besetzten Ostgebiete,
z. Hd. von Herrn Reichsminister Rosenberg,

Berlin.

Betrifft: Anwerbung von Ostarbeitern.
Lieber Parteigenosse Rosenberg!
[...] Besonders der Arbeitseinsatz in der deutschen Landwirtschaft und
ebenso allerdringlichste vom Führer befohlene Rüstungsprogramme
machen die schnellste Heranführung von ca. 1 Million Frauen und Männer aus den Ostgebieten innerhalb der nächsten 4 Monate erforderlich.
Vom 15. März ab muß der tägliche Abtransport 5000 Arbeiterinnen bzw.
Arbeiter erreicht haben, während von Anfang April ab diese Zahl auf
10 000 gesteigert werden muß, wenn die dringlichsten Programme und
die Frühjahrsbestellungen und sonstige landwirtschaftliche Arbeiten
nicht zum Schaden der Ernährung und der Wehrmacht Not leiden sollen.

176

Die Aufteilung des Anwerbesolls auf die einzelnen Gebiete habe ich im Einvernehmen mit Ihren Sachbearbeitern für den Arbeitseinsatz wie folgt vorgesehen:

Tagessoll ab 15. 3. 1943

aus Generalkomm. Weißruthenien	500 Kräfte
Wirtschaftsinspektion Mitte	500 Kräfte
Reichskomm. Ukraine	3000 Kräfte
Wirtschaftsinspektion Süd	1000 Kräfte
insgesamt	5000 Kräfte.

Ab 1. April 1943 ist das Tagessoll entsprechend der Verdoppelung des Gesamtaufkommens gleichfalls zu verdoppeln.
Ich hoffe, selbst Ende des Monats nach den Ostgebieten zu kommen, und bitte nochmals um Ihre gütige Unterstützung.

Heil Hitler
Sauckel

». . . in Hundehütten, Pissoirs und alten Backöfen untergebracht«
Die Behandlung von Ostarbeitern und Kriegsgefangenen bei Krupp

Essen, den 15. Oktober 1945

Erklärung des Oberlagerarztes Wilhelm Jäger

Ich, Dr. Wilhelm Jäger, erkläre unter Eid:
[. . .] Am 1. Oktober 1942 wurde ich Oberlagerarzt in den Kruppschen Arbeiterlägern für Ausländer und hatte die medizinische Überwachung von allen Kruppschen Arbeiterlägern in Essen unter mir. Es war eine meiner Aufgaben, über die gesundheitlichen und sanitären Zustände in den Lägern meinen Vorgesetzten in den Kruppwerken zu berichten. [. . .]
Ich begann meine Tätigkeit mit einer vollkommenen Inspektion der Läger. Zu dieser Zeit, im Oktober 1942, fand ich die folgenden Zustände vor: Die Ostarbeiter und Polen – von jetzt ab gebrauche ich den Ausdruck »Ostarbeiter« für Ostarbeiter sowohl als auch für Polen –, welche in den Kruppwerken in Essen arbeiteten, waren in den folgenden Lägern untergebracht: Seumannstraße, Grieperstraße, Spendlestraße, Reegstraße, Germaniastraße, Kapitän-Lehmann-Straße, Dechenschule und Krämerplatz.
Sämtliche Läger waren von Stacheldraht umgeben und waren streng bewacht. Die Zustände in allen diesen Lägern waren äußerst schlecht. Die Läger waren überfüllt. In einigen Lägern waren mehr als 2mal soviel Personen untergebracht, als gesunde Verhältnisse es erlauben. [. . .]

177

Das Essen für die Ostarbeiter war vollkommen unzureichend. Die Ostarbeiter erhielten 1000 Kalorien pro Tag weniger als das Minimum für Deutsche. Während deutsche Arbeiter, die Schwerstarbeit leisteten, 5000 Kalorien pro Tag bekamen, erhielten die Ostarbeiter, die dieselben Arbeiten machten, nur 2000 Kalorien pro Tag. Die Ostarbeiter bekamen nur 2 Mahlzeiten pro Tag und ihre Brotration. Eine der zwei Mahlzeiten bestand nur aus einer dünnen, wäßrigen Suppe. Ich war mir nicht sicher, ob die Ostarbeiter das für sie vorgeschriebene Minimum auch tatsächlich erhielten. Später, 1943, als ich die Nahrung, die von den Küchen zubereitet wurde, prüfte, stellte sich in verschiedenen Fällen heraus, daß den Ostarbeitern Nahrungsmittel vorenthalten worden waren.

Der Versorgungsplan schrieb eine kleine Menge Fleisch pro Woche vor. Dafür durfte nur Freibankfleisch verwendet werden, welches entweder Pferde-, tuberkulöses oder vom Tierarzt verworfenes Fleisch war. Gewöhnlich wurde dieses Fleisch in einer Suppe gekocht.

Die Bekleidung der Ostarbeiter war vollkommen unzureichend. Sie schliefen und arbeiteten in derselben Kleidung, mit der sie aus dem Osten gekommen waren. Fast alle von ihnen hatten keine Mäntel und waren daher gezwungen, ihre Decken als Mäntel in kaltem und regnerischem Wetter zu tragen.

Die Schuhknappheit zwang viele Arbeiter, auch im Winter barfuß zur Arbeit zu gehen. Eine Anzahl von Holzschuhen wurde angeschafft, jedoch waren diese von einer derartigen Beschaffenheit, daß die Träger fußkrank wurden. Viele Arbeiter zogen es vor, lieber barfuß zur Arbeit gehen, als die Schmerzen zu ertragen, die durch das Tragen der Holzschuhe verursacht wurden. Außer diesen Holzschuhen wurde den Arbeitern bis Ende 1943 keinerlei Kleidung gegeben. Dann erhielten einige von ihnen einen blauen Arbeitsanzug. Soviel ich weiß, ist diese einmalige Ausgabe eines blauen Anzuges die einzige Kleidung, die sie von dem Zeitpunkt ihrer Ankunft bis zum Einmarsch der amerikanischen Truppen in Essen erhielten.

Die sanitären Zustände waren besonders schlecht. Am Krämerplatz, wo ungefähr 1200 Ostarbeiter in den Räumen einer alten Schule zusammengepfercht waren, waren die sanitären Zustände einfach unmöglich. Für die 1200 Personen standen nur 10 Kinderklosetts zur Verfügung. In der Dechenschule waren 15 Kinderklosetts für 400 bis 500 Ostarbeiter, die dort untergebracht waren, vorhanden. Exkremente verseuchten den Fußboden dieser Toiletten. Die Waschgelegenheiten waren auch äußerst beschränkt.

Die Versorgung mit medizinischen Instrumenten, Bandagen, Arzneien und anderen sanitären Bedarfsartikeln in diesen Lägern war auch vollkommen unzureichend. Daher konnten nur die allerschlimmsten Fälle behandelt werden. Die Zahl der erkrankten Ostarbeiter war doppelt so groß wie die der deutschen Arbeiter. Tbc war besonders weit verbreitet. Prozentual gab es unter den Ostarbeitern viermal soviel Tbc-Fälle als unter den Deutschen. (Deutsche = 0,5 %, Ostarbeiter = 2[0] %)

In der Dechenschule hatten ungefähr 2½ % der Ostarbeiter offene Tbc. Die Tataren und Kirgisen litten am meisten unter dieser Krankheit. Sobald sie davon betroffen wurden, brachen sie wie die Fliegen zusammen. Die Gründe dafür waren die schlechte Unterbringung, die schlechte Qualität und ungenügende Quantität des Essens, Überarbeitung und nicht genügend Ruhe.

Flecktyphus war auch unter diesen Arbeitern verbreitet. Läuse, die Träger dieser Krankheit, zusammen mit unzähligen Flöhen, Wanzen und anderem Ungeziefer, plagten die Insassen dieser Läger. Als Ergebnis der schmutzigen Zustände in diesen Lägern hatten fast alle Ostarbeiter Hautkrankheiten. Die mangelnde Ernährung verursachte Fälle von Hunger-Ödem, Nephritis [Nierenentzündung] und Shighekruse [Ruhr].

Im Krankheitsfalle mußten die Arbeiter so lange zur Arbeit gehen, bis sie von einem Lagerarzt arbeitsunfähig geschrieben wurden. In den Lägern der Seumannstraße, Grieperstraße, Germaniastraße, Kapitän-Lehmann-Straße und Dechenschule wurde keine tägliche Sprechstunde abgehalten. Diese Läger wurden von den zuständigen Lagerärzten nur jeden 2. oder 3. Tag besucht. Infolgedessen mußten die Arbeiter trotz ihrer Krankheit bis zum Erscheinen eines Arztes zur Arbeit gehen. [...]

Mit dem Beginn der schweren Luftangriffe im März 1943 verschlechterten sich die Zustände in den Lägern immer mehr. Das Problem der Unterbringung, Verpflegung und medizinischen Betreuung wurde akuter als je zuvor. Die Arbeiter lebten in den Ruinen ihrer früheren Baracken. Medikamente und Bandagen, welche aufgebraucht, verloren oder zerstört worden waren, konnten schlecht ersetzt werden. Es kam vor, daß die Wasserversorgung der Läger für 8 bis 14 Tage vollkommen unterbrochen war. Wir brachten dann einige Not-Toiletten in die Läger, jedoch waren es viel zuwenig, um den schlechten Zuständen abhelfen zu können.

Nach den Luftangriffen im März 1943 brachten wir viele Ostarbeiter direkt in den Kruppwerken unter. Eine Ecke des Fabrikgebäudes, in dem sie arbeiteten, wurde durch Bretter abgetrennt. Die Arbeiter der Tagesschicht schliefen dort während der Nacht und die der Nachtschicht während des Tages trotz des großen Lärmes, der dauernd in den Fabrikhallen herrschte. Ich glaube, daß dieser Zustand bis zum Eintreffen der amerikanischen Truppen in Essen fortdauerte.

Je mehr Luftangriffe auf Essen stattfanden, desto schlimmer wurden die Zustände. Am 28. Juli 44 berichtete ich meinen Vorgesetzten:

»Die Revierbaracke Rabenhorst ist in einem derart schlechten Zustand, daß von einer Revierbaracke überhaupt nicht mehr gesprochen werden kann. Es regnet an allen Ecken und Enden durch. Die Unterbringung von Kranken ist daher unmöglich. Der Arbeitseinsatz wird dadurch schwerstens gefährdet, da eine Gesundung der Kranken nicht zu erreichen ist.«

Ende 1943 oder zu Anfang des Jahres 1944 – an das genaue Datum kann ich mich nicht mehr erinnern – erhielt ich zum 1. Mal die Erlaubnis, *Kriegsgefangenenlager* zu besuchen. Meine Inspektion ergab, daß die Zustände in diesen Lagern noch schlechter waren als die, die ich in den Ostarbeiterlagern 1942 vorgefunden hatte. Sanitäre Bedarfsartikel waren kaum vorhanden. Ich versuchte, diese unmöglichen Zustände abzuändern, indem ich mich mit den zuständigen Wehrmachtstellen in Verbindung setzte, deren Pflicht die ärztliche Betreuung der Kriegsgefangenen war. Meine andauernden Bemühungen waren erfolglos. Nachdem ich 2 Wochen lang immer wieder vorstellig wurde, erhielt ich insgesamt 100 Aspirin-Tabletten für über 3000 Kriegsgefangene.

Das französische Kriegsgefangenenlager in der Nöggerathstraße war durch einen Luftangriff zerstört worden, und die Insassen wurden für fast ein halbes Jahr in Hundehütten, Pissoirs und alten Backöfen untergebracht. Die Hundehütten waren 1 m hoch, 3 m lang und 2 m breit. 5 Mann schliefen in einer jeden Hütte. Die Gefangenen mußten auf allen vieren in diese Hundehütten hineinkriechen. In diesem Lager gab es keine Tische, Stühle oder Schränke. Es waren auch nicht genügend Dekken vorhanden. Im ganzen Lager gab es kein Wasser. Die ärztlichen Untersuchungen, die stattfanden, mußten im Freien vorgenommen werden. Viele dieser Zustände wurden mir in einem Bericht von Dr. Stinnesbeck vom 12. Juni 44 mitgeteilt, in welchem er sagt:

»...Im Lager sind noch 315 Gefangene, 170 von ihnen wohnen nicht mehr in Baracken, sondern einem Durchlaß der Eisenbahnstrecke Essen-Mülheim im Zuge der Grunnertstraße. Dieser Durchlaß ist feucht und für die dauernde Unterbringung von Menschen nicht geeignet. Der Rest der Kriegsgefangenen ist in 10 Betrieben der Kruppwerke untergebracht. Ihre ärztliche Betreuung erfolgt durch einen französischen Militärarzt, der sich mit der Versorgung seiner Landsleute große Mühe macht. Zu dem Revierdienst müssen auch die erkrankten Personen aus den Kruppbetrieben herbeigeführt werden. Dieser Dienst wird in der Bedürfnisanstalt einer ausgebrannten Wirtschaft außerhalb des Lagers wahrgenommen. In den früheren Pissoirs sind die Lagerstätten für 4 französische Sanitäter. Für Revierkranke stehen 2 übereinanderstehende Holzbetten zur Verfügung. Im allgemeinen findet die ärztliche Behandlung im Freien statt. Bei Regenwetter muß sie in dem oben genannten engen Raum stattfinden. Das sind unhaltbare Zustände. Es gibt keinen Tisch, keine Stühle, keinen Schrank, kein Wasser. Die Führung eines Krankenbuches ist unmöglich. Die Versorgung mit Arznei- und Verbandsmitteln ist außerordentlich knapp, obwohl häufiger auch schwer im Betrieb verletzte Personen zur 1. ärztlichen Hilfe vorgeführt werden und hier verbunden werden müssen, bevor der Transport in stationäre Behandlung erfolgen kann. Auch über die Verpflegung werden lebhafte Klagen laut, die von der Wachmannschaft als berechtigt bestätigt werden. Unter diesen Umständen muß mit Krankheit und dem Ausfall von Arbeitskräften gerechnet werden...«

In einem Bericht vom 2. Sept. 1944 schrieb ich an meine Vorgesetzten bei Krupp:

»...Das Kriegsgefangenenlager in der Nöggerathstraße befand sich in einem schauderhaften Zustand. Die Leute wohnen in Aschenbehältern, Hundeställen, alten Backöfen und selbstgemachten Hütten. Die Verpflegung war nur gerade ausreichend. Für Unterbringung und Verpflegung zeichnet Krupp verantwortlich. Die Belieferung mit Medikamenten und Verbandsstoffen war so außerordentlich schlecht, daß eine geordnete ärztliche Behandlung in vielen Fällen überhaupt nicht möglich war...«

Das Lager Humboldstraße war von ital. Mil. Internierten bewohnt. Als das Lager durch einen Bombenangriff zerstört wurde, kamen die Italiener weg, und an deren Stelle wurden 600 Jüdinnen aus dem Konzentrationslager Buchenwald hereingebracht, um bei den Kruppwerken zu arbeiten. Bei meinem 1. Besuch in diesem Lager fand ich Personen, die an eiternden offenen Wunden und anderen Krankheiten litten. Ich war der 1. Arzt, welchen sie für 14 Tage gesehen hatten. Es gab dort keinen Lagerarzt. Ferner waren keine Arznei- oder Verbandsmittel vorhanden. Die Frauen hatten keine Schuhe und liefen barfuß herum. Ihre einzigste Bekleidung war ein Sack, in den Löcher für die Arme und für den Kopf geschnitten waren. Ihr Haar war abgeschert. Das Lager war umgeben von Stacheldraht und wurde strengstens von SS-Angehörigen bewacht.

Das Essen in diesem Lager war äußerst knapp und besonders schlecht. Die Behausungen, in denen sie wohnten, waren die Ruinen ehemaliger Baracken, die keinerlei Schutz gegen Regen oder andere Witterungsverhältnisse boten. Ich meldete meinem Vorgesetzten in einem Bericht, daß die SS-Wachmannschaften sich außerhalb der Wohnräume aufhielten und schliefen, da man sich nicht in das Lager wagen konnte, ohne von 10, 20 oder 50 Flöhen direkt angefallen zu werden. Ein von mir angestellter Lagerarzt weigerte sich, das Lager wieder zu betreten, nachdem er total zerstochen worden war. Ich selbst sowie der mich begleitende Herr Gröne haben nach zweimaligem Besuch das Lager sehr zerstochen verlassen und hatten erhebliche Schwierigkeiten, die Flöhe und das Ungeziefer wieder loszuwerden. Als ich das Lager verließ, hatte ich große Beulen an meinen Armen und an meinem ganzen Körper. Ich verlangte von meinen Vorgesetzten bei Krupp, die nötigen Schritte zu unternehmen, um das Lager zu entlausen und somit diesen unerträglichen Zuständen hinsichtlich des Ungeziefers ein Ende zu bereiten. Trotz dieses Berichtes fand ich keine Verbesserung der sanitären Zustände bei meinem 2. Besuch des Lagers 14 Tage später vor. [...]

Meine Kollegen und ich berichteten die oben erwähnten Tatsachen an Herrn Ihn, Direktor der Firma Friedr. Krupp AG., Dr. Wiele, Hausarzt von Dr. Gustav Krupp v. Bohlen und Halbach, Oberlagerführer Kupke und manches Mal an das Gesundheitsamt Essen. Außerdem weiß ich, daß diese Herren die Läger auch selbst besichtigten.

Dr. med. Wilhelm Jäger

Erklärung des polnischen Arztes Apolinary Gotowicki

13. Oktober 1945

Eidesstattliche Erklärung

Ich, der Unterzeichnete Dr. Apolinary Gotowicki, Arzt der polnischen Armee, kam am 3. Januar 1941 in deutsche Gefangenschaft und war dort bis zum Einmarsch der Amerikaner. Ich gab den polnischen, russischen und französischen Kriegsgefangenen medizinische Hilfe, welche an verschiedenen Stellen der Kruppbetriebe zur Arbeit gezwungen waren. Ich besuchte persönlich das russische Kriegsgefangenenlager in der Raumastraße in Essen, welches eine Besatzung hatte von ungefähr

1800 Mann. In diesem Lager waren in einem großen Saal, der normalerweise 200 Mann beherbergen konnte, etwa 300–400 Menschen zusammengewürfelt untergebracht, dazu in einer katastrophalen Art, so daß keine sanitäre Behandlung möglich war. Der Boden bestand aus Zement, die Strohsäcke, die zum Schlafen dienten, waren verwanzt und verlaust. Auch an kalten Tagen waren die Räume nie geheizt, und es erschien mir als Arzt menschenunwürdig, in welcher Lage die Leute sich befanden. Es war auch unmöglich, diese Räume sauber zu halten, weil bei dieser Überfüllung die Menschen kaum Platz fanden, sich in normaler Art zu bewegen. Täglich wurden mir bis zu 10 Personen vorgeführt, die den Körper mit blauen Flecken überdeckt hatten auf Grund des dauernden Schlagens mit Gummischläuchen, Stahlruten oder Stöcken. Die Leute wälzten sich oft vor Schmerzen, ohne daß ich die Möglichkeit hatte, auch nur eine kleine medizinische Hilfe den Leuten zuteil werden zu lassen. Obwohl ich protestierte, Beschwerden einlegte und oft vorstellig wurde, war es mir nicht möglich, die Leute zu schützen oder dafür zu sorgen, daß sie mal einen Tag von der Arbeit befreit wurden. Es war für mich schwer, mit anzusehen, wie man solche schwerleidende Menschen zu den schweren Arbeiten heranziehen konnte. Ich habe persönlich unter Gefahr Herren von der Kruppschen Verwaltung aufgesucht, ebenso Herren vom Kruppschen Direktorium, um Abhilfe zu schaffen. Es war mir strengstens verboten, weil die Lager von der SS und Gestapo verwaltet wurden, und nach den bekannten Richtlinien mußte ich schweigen, weil ich persönlich dadurch in ein Kz.-Lager hätte kommen können. Ich habe unzählige Male mein eigenes Brot mitgebracht, welches auch für mich alleine sehr knapp war, um es den Gefangenen zu geben, soweit es mir eben möglich war. Die Zustände wurden von Beginn, nämlich im Jahre 1941, an nicht besser, sondern verschlechterten sich laufend. Die Kost bestand aus einer Wassersuppe, welche schmutzig und sandig war, und oft mußten die Kriegsgefangenen auch Kohl, welcher faul war und schon stank, zu sich nehmen. Ich konnte täglich Leute bemerken, die infolge Hunger oder Mißhandlungen dahinkrepierten. Oft lagen Tote zwei bis drei Tage auf ihren Strohsäcken, bis ihre Körper derart gestunken haben, daß Mitgefangene sie nach draußen brachten und irgendwo an einer Stelle verscharrten. Die Schüsseln, aus denen die Leute aßen, benutzten sie auch als Toilette, weil sie zu müde waren und vor Hunger zu ermattet, um überhaupt von ihren Pritschen aufstehen zu können und zu laufen. Um 3 Uhr morgens wurden sie geweckt. Die gleiche Schüssel wurde auch zum Waschen gebraucht und später wieder zum Essen. Die Art und Weise war allgemein bekannt. [...]
Ich habe selbst mit meinen eigenen Augen die russischen Kriegsgefangenen von der Arbeit bei Krupp zurückkommen sehen, wie sie zusammenbrachen auf dem Marsch und wie sie teilweise auf Karren gefahren oder von Kameraden getragen wurden. Auf solch eine Art und Weise kamen die Leute dann wieder in ihre Lager zurück. Die Arbeit, die sie leisten mußten, war sehr schwer und gefahrvoll, und viele Fälle ereigneten sich, in denen sich die Leute in die Finger, Hände oder Beine geschnitten hatten. Die Unfälle waren sehr schwer, und die Leute kamen

zu mir und baten um medizinische Hilfe. Aber mir war es nicht einmal möglich, sie einen oder zwei Tage von der Arbeit fernzuhalten, obwohl ich bei dem Vorstand von Krupp oft vorstellig wurde und um eine Bewilligung dazu bat. Ende des Jahres 1941 schieden täglich 2 Mann vom Leben, und im Jahre 1942 erhöhten sich die Todesfälle auf 3 bis 4 Mann. Ich war Herrn Dr. May unterstellt, und manchmal gelang es mir auch, daß er bei schweren Klagen mit ins Lager kam und die furchtbaren Zustände sah, aber auch Herrn Dr. May war es nicht möglich, von der medizinischen Stelle der Wehrmacht oder der der Firma Krupp medizinische Hilfe oder eine Besserung, Behandlung, andere Bedingungen oder Besserung der Kost zu erreichen.

Ich war auch Zeuge bei einer Unterhaltung mit russischen Frauen, welche mir persönlich erzählten, daß sie in den Kruppschen Betrieben arbeiteten und daß sie täglich auf barbarische Art und Weise geschlagen würden. Das Essen bestand auch hier von einer Wassersuppe, die schmutzig und ungenießbar war und deren furchtbaren Geruch man schon von weitem bemerken konnte. Die Kleidung war zerlumpt und zerfetzt, an den Füßen trugen sie Fußlappen und Holzschuhe. Ihre Behandlung war, wie ich feststellen konnte, die gleiche, die man den russischen Kriegsgefangenen zuteil werden ließ. Schlagen war an der Tagesordnung. Die Zustände dauerten jahrelang vom Beginn bis zum Eintreffen der amerikanischen Truppen. [...]

Ap. Gotowicki
Dr. m[ed].

Bericht aus dem Betrieb Kesselbau der Firma Krupp

Kesselbau, den 25. Februar 1942
Herrn Hupe durch Herrn Winters
durch Herrn Schmidt

Mit beigefügtem Schreiben der Deutschen Arbeitsfront vom 18. d. M. (an meine Privatadresse gerichtet) wurde ich für Freitag, den 20. d. Mt., zur Dienststelle der Deutschen Arbeitsfront, Steubenstr. 61, Zimmer 20 gebeten. [...]
Gegen 9.50 Uhr bin ich dann bei der vorgenannten Dienststelle, Zimmer 20, Herrn Prior, vorstellig geworden.
Veranlassung zu dieser Aussprache, die von seiten des Herrn Prior recht lebhaft geführt wurde und etwa ½ Stunde dauerte, gab folgender Vorgang:
Am 16. d. Mts. wurden dem Betrieb Kesselbau 23 russische Kriegsgefangene zugewiesen. Die Leute kamen morgens ohne Brot und Arbeitszeug zur Arbeit. Während der beiden Pausen pirschten sich die Gefangenen an die in der Nähe sitzenden deutschen Arbeiter heran und baten, jämmerlich auf ihren Hunger hinweisend, um Brot. (Am ersten Mittag hatte der Betrieb Gelegenheit, übriggebliebenes Essen der franz. K.G. an die russ. K.G. auszuteilen.) Um diesem Zustand abzuhelfen, bin ich dann auf Veranlassung von Herrn Theile am 17. d. M. zur Küche Weidkamp gefahren und habe mit der Leiterin der Küche, Frl. Block, wegen Hergabe von

Mittagessen verhandelt. Frl. Block sagte mir die Abgabe des Essens sofort zu und gab mir außerdem noch leihweise die erbetenen 22 Eßgeschirre. Ich habe bei der Gelegenheit Frl. Block noch gebeten, wenn Reste von den dort essenden 800 Holländern übrigbleiben sollten, diese doch unseren russ. K.G. bis auf weiteres mittags zur Verfügung zu stellen. Frl. B. sagte mir auch dieses zu und gab am nächsten Mittag einen Bottich Milchsuppe als Beigabe. Am darauffolgenden Mittag war die Zuteilung mengenmäßig knapp. Da einige Russen schon abgesackt waren, versuchte ich, da vom zweiten Tage ab auch die Sonderzuteilung wieder aufhörte, Frl. B. nochmals telefonisch um eine Mehrgabe von Essen zu bitten. Da meine tel. Gespräche nicht den gewünschten Erfolg hatten, suchte ich Frl. B. nochmals persönlich auf. Frl. B. lehnte jetzt in ganz schroffer Form jede weitere Sonderzuteilung ab.

Zu der Verhandlung im einzelnen. Im Zimmer waren anwesend: Herr Prior, 2 weitere Herren der DAF und Frl. Block, Leiterin der Küche Weidkamp. Herr Prior nahm das Wort und warf mir gestikulierend und in beleidigender Form vor, ich hätte mich in auffallender Weise zu sehr für die Bolschewisten eingesetzt. [...] Mit besonderem Nachdruck habe ich Herrn Prior dann klarzumachen versucht, daß uns die russ. K.G. als Arbeitskräfte zugewiesen seien und nicht als Bolschewisten. Die Leute seien ausgehungert und nicht in der Lage, bei uns im Kesselbau schwere Arbeiten, wofür sie gedacht waren, auszuführen. Kranke Leute seien für uns Ballast und keine Hilfe, um zu produzieren. Herr Prior meinte daraufhin, wenn der eine nicht taugt, taugt der andere, die Bolschewisten seien seelenlose Menschen, wenn Hunderttausend eingingen, kämen weitere Hunderttausend dran. Auf meinen Hinweis, daß wir bei einem solchen Hin und Her aber nicht zum Ziele kämen, nämlich zur Ablieferung von Lokomotiven an die Deutsche Reichsbahn, die täglich auf Kürzung der Liefertermine dränge, meinte Herr Prior, »Liefern sei hier Nebensache.«

Meine Bemühungen, Herrn Prior für unsere wirtschaftlichen Belange Verständnis beizubringen, blieben ohne jeden Erfolg. Ich kann abschließend nur sagen, daß ich als Deutscher das Verhältnis zu den russ. Kriegsgefangenen genau kenne und im vorliegenden Fall nur im Auftrage meiner Vorgesetzten und im Sinn der verlangten Leistungssteigerung gehandelt habe.

gez. Söhling
Bürovorsteher der Lokomotivfabrik

» . . . an der Oberfläche des Massengrabes ein lebender Kopf«
Aus einem sowjetischen Untersuchungsbericht von 1944

Panzergraben bei Mogilew, 19. 10. 1941: Männer, Frauen und Kinder werden von Angehörigen des Polizei-Bataillons 322 mit LKW herbeigeschafft. Am rechten Bildrand: Polizeischützen, die in den Panzergraben schießen. (Das Foto wurde vermutlich im Bereich der 1. Kompanie aufgenommen.)

Stadt Mogilew,
am 8. 10. 1944

Die deutsch-faschistischen Aggressoren drangen am 25. 7. in die Stadt Mogilew ein. Sie suchten sich Helfershelfer aus den örtlichen Verrätern und beschäftigten sich vom ersten Tage der Okkupation an mit der allgemeinen Vernichtung sowjetischer Bürger verschiedenen Geschlechts, Alters und Nationalität sowie der Kriegsgefangenen.

Die Vernichtung wurde während der ganzen Okkupation systematisch durchgeführt, d. h. bis zum 26. 6. 1944. [. . .] Auf diese Weise haben die deutsch-faschistischen Aggressoren in Mogilew und Umgebung an die 30 000 Menschen der Zivilbevölkerung und Kinder vernichtet – darunter an die 10 000 Menschen jüdischer Nationalität – und an die 40 000 Kriegsgefangene. Die bei Razzien festgenommenen Jugendlichen wurden zu den Einzugsstellen gebracht, teilweise in Gaskammern vernichtet oder zur Zwangsarbeit nach Deutschland verschickt.

Zur Verschleierung der Spuren ihrer Verbrechen führten die deutsch-faschistischen Aggressoren im Herbst 1943 in den Dörfern Polykowitschi und Nowopaschkowo Massenverbrennungen von Leichen vernichteter Sowjetbürger durch, die aus den Massengräbern herausgeholt wurden. Die Massengräber, aus denen die Leichen nicht mehr ausgegraben werden konnten (Dorf Polykowitschi), wurden von den Okkupanten sorgfältig maskiert: Man führte Fuhrwege über die Gräber, besäte sie mit Getreidekulturen usw. Ähnliche Maskierungen führte man auch an den Stellen des Dorfes Nowopaschkowo durch, wo die Leichen verbrannt wurden. [. . .]

Im Dorfe
Polykowitschi

In einer Entfernung von 6 km von der Stadt Mogilew wurden während der Okkupationszeit an die 10 000 sowjetische Bürger vernichtet, darunter auch Kinder. Die Vernichtung erfolgte bei den Panzerabwehrgräben der Waldparzelle »Beswodiza« durch Erschießen oder im sog. »Vergasungswagen«. [. . .]

Als Augenzeugen der barbarischen Handlungen der deutsch-faschistischen Aggressoren und deren Helfershelfer zur Vernichtung sowjetischer Bürger traten auf:

1. Boldow, Sidor Romanowitsch:
»In der Zeit der deutschen Okkupation lebte ich ständig im Dorfe Polykowitschi. [. . .] Die Vernichtung begann Ende 1941. Die Fahrzeuge mit den zur Vernichtung verurteilten Menschen kamen gewöhnlich während des Tages im Dorfe an. Die Vernichtung wurde vor den Augen der Bevölkerung durchgeführt. Ich sah, wie die Deutschen Männer, Frauen und Kinder erschossen. Vom Herbst des Jahres 1943 an war das Kraftfahrzeug ›Vergasungswagen‹ ständig in Tätigkeit. Die Gesamtzahl der vernichteten sowjetischen Bürger beläuft sich (nach meiner Meinung) auf 6000–7000 Menschen. Die Verbrennung der Leichen begann im Herbst 1943 und dauerte einige Tage. Die Arbeiter, welche die Verbrennung durchführten, wurden nach meiner persönlichen Einsichtnahme von den Deutschen vernichtet und ebenfalls verbrannt.«

Sowjetischer Origi-
naltext zu diesem
Foto: »Ihren Ein-
marsch nach Mogi-
lew haben die deut-
schen Henker mit der
Errichtung eines Gal-
gens auf dem Haupt-
platz der Stadt gefei-
ert. Die Leichen der
erhängten sowjeti-
schen Patrioten hin-
gen wochenlang zur
Abschreckung der
Bevölkerung an den
Galgen.« (Deutsche
Aufnahme).

Sowjetischer Origi-
naltext zu diesem
Foto: »Friedliche Ein-
wohner der Stadt
Mogilew, die von den
faschistischen Hen-
kern erhängt
wurden.« (Deutsche
Aufnahme).

2. Boldow, Aleksej Andrejewitsch:
»Im Dezember 1943 befand ich mich mit anderen Bewohnern des Dorfes
Polykowitschi bei den Panzerabwehrgräben, wo man Grabarbeiten zu
den Massengräbern durchführte. Ich sah, wie zum Massengrab ein großes schwarzes Kraftfahrzeug heranfuhr, bei dem nach der Abstellung
der Motor weiterlief. Die Deutschen gingen nacheinander zum Kasten-
aufbau des Kraftwagens und hörten zu, wie es in dem Kastenwagen
zugeht.
Nach einem kurzen Zeitabschnitt wurde die Tür des Wagenkastens geöffnet. Aus dem Kasten kam der offenkundige Gestank des abgehenden
Gases des Kraftfahrzeuges. Einer der Deutschen, offensichtlich ein Offi-

Gerichtsmediziner einer sowjetischen Untersuchungs-kommission in dem Dorf Polykowitschi, nahe Mogilew. Unter den Ermor-deten befinden sich auch Säuglinge und Kinder. Zum Vergleich ist im Vordergrund die Leiche eines Erwachsenen hingelegt.

zier, befahl mir, in das Kraftfahrzeug zu steigen und die dort befindlichen Leute in die Grube zu werfen. [...] Ich stieg in das Kraftfahrzeug, wo ich etwa 80 Leichen von erstickten Menschen sah. Unter ihnen saß auch eine Frau mit einem Kind in ihren Armen. Das Kind hatte die Lippen an der Brust der Mutter. In diesem Zustand wurde die Mutter mit dem Kinde von den Gasen erstickt.«

3. Loktorow, Daniel Andrejewitsch:
»Da ich wiederholte Male im Dienste stand, Massengräber auszuheben und Leichen der von den Faschisten vernichteten sowjetischen Bürger im Panzerabwehrgraben zu beerdigen, sah ich, wie vor dem Erschießen

die Deutschen die Kleider von den Verurteilten abrissen und an Ort und stelle untereinander verteilten. Besonders erinnere ich mich an einen äußerst grausamen Fall im Winter des Jahres 1942: Infolge des großen Schnees konnten die Kraftfahrzeuge nicht bis zum Panzerabwehrgraben gefahren werden. Deshalb stiegen Gendarmen und Polizisten auf die Kraftfahrzeuge, nahmen den Müttern die Kinder weg und warfen sie als irgendeine tote Last von den Kraftfahrzeugen auf die herangefahrenen Pferdefuhrwerkschlitten. Die Kinder schrien vor Schmerzen. [...] Als die Mütter ein solches Umgehen mit ihren Kindern sahen, fielen sie in Ohnmacht. Die Gendarmen brachten mit Gummiknüppelhieben die Mütter zu Bewußtsein und beruhigten die weinenden Kinder. Nachdem die Kinder in einer Gesamtzahl von 40 bis 50 auf dem Schlitten zum Panzerabwehrgraben gebracht waren, warfen die Gendarmen sie an den Füßen wie Bälle in die vorbereiteten Massengräber. Sie gaben auf die Kinder einige Salven aus den Automaten ab, wobei die Kinder in den unteren Schichten nicht restlos getötet wurden. Die Gendarmen nahmen darauf jedoch keine Rücksicht und befahlen, die Grube mit den lebenden Kindern zuzuschütten.«

In der Stadt Knjashizy   In einer Entfernung von 12 km von der Stadt Mogilew und in den einzelnen Dörfern des Rayons von Knjashizy wurden von den deutschen Aggressoren und deren Helfershelfern 380 Angehörige der örtlichen Bevölkerung erschossen und verbrannt. Infolge der durchgeführten Untersuchung im Städtchen Knjashizy wurde festgestellt, daß im Verlaufe der letzten Tage des Jahres 1943 und zu Beginn des Jahres 1944 von einer Strafabteilung im Städtchen Knjashizy gefoltert und beerdigt wurden:
Der ehemalige Bürgermeister Wajdakow und an die 30 sowjetische Bürger des Städtchens Knjashizy und der umliegenden Dörfer. Darunter wurden grausam gefoltert die Lehrerinnenschwestern Linitsch. Die Angehörigen der Gefolterten und Vernichteten haben unter Ausnützung der zeitweiligen Abwesenheit der Strafabteilung aus dem Orte Knjashizy die Bestattungsstellen ausfindig gemacht und die Leichen allmählich aus dem Massengrabe ausgegraben und die letzteren bei sich in der Heimat umgebettet. Auf diese Weise hat die Kommission am Tage der Durchführung der Exhumierung am 16. September dieses Jahres aus dem besagten Massengrab nur drei unbekannte männliche Leichen ausgegraben.
Über die Methoden des grausamen Umganges der Strafabteilung mit den verhafteten sowjetischen Bürgern, ferner über die von ihnen verübten Folterungen sowie über den Zustand der aus dem Massengrabe durch die nahen Verwandten und Bekannten ausgegrabenen Leichen berichten die Zeugen wie folgt:

1. Linitsch, Anna Andrejewna:
»Im Dezember 1943 wurde durch die Strafabteilung im Städtchen Knjashizy wegen Verbindung zu den Partisanen mein alter Ehemann, der Greis Linitsch sowie die beiden Töchter, die Lehrerinnen Sinaida und Taisa verhaftet, bei denen sich vier Monate alte Kinder befanden, und

die Schwägerin Anastasia Linitsch festgenommen. Zugleich mit der Verhaftung nahm man mir die gesamte Habe und die Kuh weg. Bald nach der Verhaftung wurde mein Ehemann irgendwohin abtransportiert. Ich habe ihn nicht mehr gesehen. [...] Da ich wiederholte Male meine Töchter traf, sah ich sie barfüßig, halbentkleidet, da ihnen die Strafabteilungsleute Schuhe und Kleider abgenommen hatten. In dieser Form wurden sie zu den Verhören geführt. Bei diesem Zusammentreffen berichteten mir die beiden Töchter von ihren Folterungen, ferner von den Prügelungen, Quälereien und vom Hunger, den sie auszustehen hatten. Am 10. Januar dieses Jahres wurden sie auf dem Hofe des ehemaligen Vorstehers Wajdakow erschossen und dort auch in der vorbereiteten Grube beerdigt. Im Februar wurden die Leichen von den Nachbarn aus der Grube wieder ausgegraben und mir übergeben. Infolge des großen Leides war ich nur bei halbem Bewußtsein. [...]«

2. Usowa, Alexandra Sasonowna:
»Als ich im Monat Februar des Jahres 1944 erfuhr, daß verschiedene Bürger der umliegenden Ortschaften auf dem Hofe des Ortsvorstehers von Knjashizy namens Wajdakow die Leichen ihrer von der Strafabteilung gefolterten nahen Verwandten mitnahmen, entschloß ich mich meinerseits, der Nachbarin Linitsch zu helfen, um die Leichen ihrer gefolterten Töchter Taisa und Sinaida aus dem Massengrab herauszuholen. [...]
Das Massengrab war mit Müllabfällen, Schutt, zerbrochenem Glas, verrostetem Blech und anderem Unrat bedeckt. Nach Übergabe der Leichen zu Hause bei Frau Linitsch habe ich diese gewaschen und eingekleidet. Dabei sah ich auf den Leichen Verletzungen, und zwar bei Sinaida im Kopf Schußwundenöffnungen, in der linken Brust Zeichen von Bajonettstichen und im Rücken 6 runde Öffnungen. Bei Taisa war der Kopf derartig zerschmettert, daß wir gezwungen waren, ihn mit einem Tuch zu verbinden, damit er nicht auseinanderfällt. Es war auch das rechte Auge ausgeschlagen, außerdem bemerkte ich bei Sina an der linken Hand zwei ausgedrehte Finger.«

3. Rybakowa, Barbara Martynowna:
»Im Dezember wurde mein Mann Rybakow von der Militärpolizeiabteilung wegen Verbindung zu den Partisanen verhaftet und erschossen. Ich grub die Leiche meines Mannes aus der Grube, die sich im Hofe des ehemaligen Gemeindevorstehers Wajdakow befand, heraus, und da sah ich, daß sich bei ihm unter dem Halse eine Schußwunde hinzog und der Kopf zerschossen war. Die anderen Leichen, welche sich in der Grube befanden, waren stark mit Dreck verschmutzt, weshalb ich keine der Leichen erkennen konnte.«

4. Stankowitsch, Michael Ignatowitsch:
»Zu Beginn des Jahres 1944 hat die deutsche Militärpolizeiabteilung in der Ortschaft Knjashizy aus mir unbekannter Ursache meinen Sohn Jewgenij Stankowitsch getötet. Die Leiche meines Sohnes wurde im Hofe des ehemaligen Vorstehers Wajdakow vergraben. Bei der Ausgra-

bung der Leiche meines Sohnes aus der Grube bemerkte ich, daß dort außer ihm noch viele andere Leichen waren. Die Grube war ausnahmslos mit verschiedenem Unrat, Eisenabfällen und sonstigem Schutt überdeckt. Beim Sohn entdeckte ich eine Kugelöffnung im Kopfe und ebenso auch am Fuße.« [...]

Im Dorfe Salubnitschtsche, des Dorfrates von Knjashizy

Im Monat Januar des Jahres 1944 wurden von einer Militärpolizeiabteilung in einer Nacht 86 Dorfbewohner verschiedenen Geschlechtes und Alters erschossen. Die am Leben gebliebenen Dorfbewohner, welche sich in jener Nacht in den Wäldern versteckt hatten, kehrten nach Abgang der Militärpolizeiabteilung ins Dorf zurück, nahmen die Leichen der Erschossenen und die Knochen ihrer durch Feuer vernichteten Angehörigen zusammen und beerdigten sie in zwei Massengräbern des Dorfes Salubnischtsche. Es war eine charakteristische Besonderheit der Vernichtung sowjetischer Bürger des Dorfes durch die Militärpolizeiabteilung, daß man zusammen mit den Erwachsenen auch die vollkommen unschuldigen Kinder und Greise vernichtete.

Die Zeugen der verschiedenen Taten von grausamer Vernichtung der Bewohner des Dorfes Salubnischtsche durch deutsche Militärpolizeiabteilungen sagen folgendes aus.:

1. Dudarow, Wassilij Semjenowitsch:
»Da ich wußte, daß die deutsch-faschistischen Aggressoren Razzien durchführen und sowjetische Bürger zur Zwangsarbeit nach Deutschland befördern, versteckte ich mich zusammen mit den älteren Kindern in der Nacht zum 15. Januar dieses Jahres im Walde. Zu Hause blieb meine Frau mit drei minderjährigen Kindern im Alter von zwei bis sieben Jahren. Als ich in der Nacht im Dorfe Lärm, Schreie, Schießereien hörte und den Brand sah, schloß ich daraus, daß die Deutschen ins Dorf eingedrungen sind, um mit der Bevölkerung abzurechnen. Am Abend des folgenden Tages, als ich nach Hause zurückgekehrt war, traf ich im Treppenvorbau des Hauses meine getötete Frau mit dem toten 2jährigen Kinde im Arme an. Im Haus lagen der Reihe nach die toten Töchter im Alter von 5 und 7 Jahren. Sie waren alle offensichtlich mit Sprengkugeln erschossen worden, d. h., bei ihnen waren Kopf und Gesicht in stark verstümmeltem Zustand. Insgesamt wurden in jener Nacht in unserem Dorfe von den Faschisten 86 Menschen vernichtet, darunter auch minderjährige Kinder. Da ich die Rückkehr der Deutschen ins Dorf befürchetete, nahm ich schnell die Leichen meiner Angehörigen und beerdigte sie im Walde.« [...]

Dorfrat Nowopaschkowo

[...] In den Panzerabwehrgräben des Dorfes Nowopaschkowo haben die deutsch-faschistischen Aggressoren und ihre Helfershelfer mehr als 10 000 und im Waldgebiet der Sowchose [staatlicher Landwirtschaftsbetrieb] Kasimirowo mehr als 7000 sowjetische Bürger vernichtet. Die Vernichtung der sowjetischen Bürger wurde im Wege von Erschießungen oder durch Anwendung von »Vergasungswagen« durchgeführt, ferner

191

indem man die Verurteilten durch Minen in die Luft sprengte, sie mit Granatfeuer belegte usw. [...] Im Herbst des Jahres 1943 hatten die deutsch-faschistischen Aggressoren die Absicht, sich von den Spuren ihrer Verbrechen in den Panzerabwehrgräben des Dorfes Nowopaschkowo zu befreien. Sie führten Massenausgrabungen und Verbrennungen von Leichen durch, was sich über den Zeitraum eines Monats hinzog. Die Arbeiten führten besonders dazu zusammengestellte Kommandos aus den Reihen der Verhafteten durch. Nach Beendigung der Leichenverbrennungen wurden diese Kommandos ihrerseits der Vernichtung unterworfen. Hierüber zeugen Aussagen einzelner zur Vernichtung verurteilter Personen, die vom Ort der Vernichtung geflüchtet waren. Vor der Durchführung der Leichenverbrennung wurden die Stellen, wo sich die Leichen befanden, in einer Ausdehnung von mehreren Kilometern zur verbotenen Zone erklärt, und jene, die diese Zone überschritten, wurden von den Deutschen auf der Stelle vernichtet. Davon zeugt der Fall der Vernichtung des Greises Prokopenko.

Die Verbrennung wurde in besonders hierzu hergerichteten Öfen durchgeführt, die anschließend von den Faschisten vernichtet wurden, sowie auf Holzbauanlagen großen Ausmaßes und großer Höhe, auf denen schichtweise die Leichen aufgelegt wurden, die alsdann mit Pech oder mit Asphalt begossen und angezündet wurden. Diese Verbrennungsstellen mit den Leichen brannten einige Tage, und nach Aussagen von Bewohnern des Dorfes ging von der Verbrennungsstelle ein widerlicher Geruch aus. Gleichzeitig mit den aufgezeigten Methoden der Vernichtung sowjetischer Bürger und Leichen tritt ein charakteristischer Fall der Vernichtung von 32 Bewohnern von Kasimirowo auf. Als Folge davon, daß eine unbekannte Frau einen auf Posten stehenden Deutschen tötete, nahmen die Faschisten 32 vollkommen unschuldige Männer des Dorfes Kasimirowo fest, stellten sie im Dorf auf und ordneten den bei sich befindlichen Frauen und anderen nahen Verwandten an, daß sie ein Massengrab für die Verurteilten auszuheben haben. Daraufhin wurden sie dort auch erschossen. Aus den Aussagen von Zeugen und Augenzeugen der Vernichtung gehen nachfolgende Umstände hervor:

1. Gilewitsch, Pjotr Stepanowitsch:
»In der Zeit der Okkupation des Rayons Mogilew durch deutsch-faschistische Truppen arbeitete ich als Aufseher der örtlichen Wälder von Kasimirowka. Deshalb hatte ich oft Gelegenheit zu sehen, wie die deutsch-faschistischen Aggressoren ab September 1941 in die Panzerabwehrgräben von Nowopaschkowo und in den Waldabschnitt von Kasimirowka auf Kraftfahrzeugen täglich große Mengen von sowjetischen Bürgern heranbrachten und hier bei den Panzerabwehrgräben erschossen.
Unter den Erschossenen befanden sich Menschen verschiedenen Geschlechts und Alters, darunter auch Kinder. Nach den Erschießungen wurden die Leichen von Deutschen begraben. In der Winterzeit, als die Deutschen keine Massengräber in der gefrorenen Erde ausheben wollten, wandten sie die Methode der Sprengung durch Minen an, wobei auf einem bestimmten Abschnitt einige Minen gelegt wurden. Dort wurden

auch die zur Vernichtung bestimmten Verurteilten aufgestellt, welche nach der Explosion in die sich bildenden Granattrichter fielen.

Es ergaben sich Fälle, daß auf den Massengräbern einzelne Körperteile der vernichteten oder noch lebenden Menschen aus den Massengräbern herausragten. Im Winter 1942, als ich an einem solchen Massengrab vorüberging, hörte ich ein Stöhnen und bemerkte an der Oberfläche des Massengrabes einen lebenden Kopf eines Mannes. Auf die Frage, wer er sei, antwortete der Kopf, daß er ein Pole ist, und bat mich, ihn aus dem Massengrab auszugraben. Meine Bemühungen, ihm eine Hilfe zu leisten und ihn aus dem Massengrab herauszuholen, brachten keinen Erfolg, da der Unbekannte von anderen Leichen und von großen Erdklumpen überdeckt war. Daher lief ich in das Dorf und berichtete den Dorfbewohnern von diesem Vorfall, wodurch etwa 2 Stunden vergingen, bis ich mit anderen Leuten zum Massengrab zurückkehrte. Als wir dort ankamen, war der Kopf bereits tot.«

2. Smoljakow, Maksim Saweljewitsch:
»Ende 1941 wurde im Waldabschnitt von Kasimirowka ein Massenerschießen und Beerdigen von Leichen sowjetischer Bürger durchgeführt. Zum vorgesehenen Zweck, d. h. zum Ausheben der Massengräber und zur Beerdigung der Leichen, wurden Bürger des Dorfes Kasemirowka bestimmt, darunter auch ich. Beim Zuschütten eines Massengrabes mit Leichen lenkte ich die Aufmerksamkeit des dort anwesenden Polizisten Alissimow auf den Umstand, daß sich im Massengrab lebende Menschen befinden, worauf ich den Befehl bekam, das Massengrab sofort zuzuschütten.«

3. Prokopenko, Maria Danilowa:
»Im Oktober des Jahres 1943 fuhr ich mit meinem Vater, dem Greis Prokopenko, Danilow, 68 Jahre alt, auf dem Kastenwagen. Zufälligerweise befanden wir uns in der verbotenen Zone, unweit von den Panzerabwehrgraben des Dorfes Nowopaschkowo. Wir wurden plötzlich durch Schreie deutscher Soldaten angehalten. Diese gaben auf uns Schüsse ab, von denen mein Vater getötet wurde. Die deutschen Soldaten ergriffen die Leiche meines Vaters und brachten sie zu einem Holzgebilde in Form eines Aufbaus. Dort verbrannten sie ihn, während man mich einige Zeit festhielt und alsdann wieder entließ.«

4. Kondratjewa, Daria Danilowna:
»Mir ist aus persönlicher Einsichtnahme bekannt, daß in den Panzerabwehrgräben des Dorfes Nowopaschkowo von den Deutschen mehr als 10 000 Menschen vernichtet wurden, darunter auch Kinder. Nach den Erschießungen und Vergrabungen der Leichen sah ich, wie einzelne Massengräber in Bewegung gerieten. Offensichtlich befanden sich darin noch lebende, von den Faschisten nicht vollständig getötete Menschen, die die Bewegung der Oberfläche der Massengräber verursachten.« [...]

6. Asotina, Sofia Wassiljewna:

»Ich weiß, daß in den Panzerabwehrgräben des Dorfes Nowopasch-kowo von den Deutschen mehr als 10 000 sowjetische Bürger vernichtet wurden. Wiederholte Male befand ich mich unweit der Erschießungs-stellen und sah, wie die Deutschen bei den Erschießungen mit den Frauen und Kindern abrechneten. Dies war im Jahre 1941, in der Zeit der Massenerschießungen von Menschen jüdischer Nationalität. Als eine junge hübsche Jüdin mit einem kleinen Kind von der Erschießungsstelle davonlief, rief sie um Rettung und hat sich die Haare herausgerissen, woraufhin hinter ihr ein Faschist mit schießendem Automaten herlief. Nachdem sie einige hundert Meter gelaufen war, fiel die Frau mit dem Kind hin, da sie von den Schüssen getötet war. Einen zweiten Fall sah ich, als während des Erschießens sich zwei vollkommen nackte sowjeti-sche Bürger beim Massengrab befanden, von denen einer dem Faschi-sten um den Hals fiel, um ihn um Gnade zu bitten. Der Faschist stieß ihn mit groben Worten von sich und versetzte ihm eine Salve aus dem Automaten. Nachher, als die Faschisten die Vernichtung der sowjeti-schen Bürger abgeschlossen hatten und die letzten Leichen begraben waren, gingen sie fort. Ich begab mich zu den frisch zugeschütteten Massengräbern, um irgendwelche Dokumente als Nachweis darüber zu finden, wer erschossen wurde. Da sah ich, daß die frisch zugeschütteten Massengräber in Bewegung gerieten, was dadurch ermöglicht wurde, daß sich darin lebende Menschen befanden. Im Frühjahr des Jah-res 1942 haben die Faschisten meine Verwandte Maria Beljaja erschos-sen, weil sie keine Dokumente bei sich hatte. Maria hinterließ fünf min-derjährige Kinder als Waisen.«

7. Poljakowa, Maria Wassiljewna:

»Im Herbst 1943 nahm mein Mann Poljakow das Amt des Dorfschulzen des Dorfes Nowopaschkowo an und hatte zugleich Verbindung zu den Partisanen. Da man ihn als Dorfschulzen kannte, wandten sich einzelne sowjetische Bürger an ihn um Hilfe. Ich erinnere mich an folgendes: An einem Abend in der Zeit der Verbrennung der Leichen sowjetischer Bür-ger durch Deutsche lief zu uns in die Wohnung ein unbekannter, am Halse verwundeter, vollkommen nackter Mann. Er erzählte, daß ihn die Deutschen zusammen mit anderen Bürgern erschossen hatten. Da er nur verwundet war und unter den Leichen in Erwartung der Verbren-nung lag, lief er mit dem Eintritt der Dunkelheit von der Erschießungs-stelle davon. Der Unbekannte wurde von meinem Mann an die Partisa-nen übergeben. Zwei Wochen nach diesem Vorfall kam zu uns in die Wohnung ein weiterer Unbekannter. Er nannte sich Pilunow, Stepan, und teilte mit, daß er als verhafteter sowjetischer Bürger von den Deut-schen zur Verbrennung der Leichen im Dorfe Polykowitschi und bei uns verwendet werde. In dieser Nacht wurde Pilunow zusammen mit ande-ren Arbeitern erschossen, da er jedoch nur eine Verwundung hatte und unter den anderen Erschossenen zur Verbrennung auf dem Scheiter-haufen gelegt wurde, lief er unter Ausnützung der Dunkelheit und des starken Rauches von der Verbrennungsstelle davon. Pilunow wurde ebenfalls den Partisanen übergeben.«

8. Muraschkewitsch, Feodosij Pawlowitsch:

»Im Sommer des Jahres 1942 befand ich mich unweit der Panzerabwehrgräben des Dorfes Nowopaschkowo, wo die Deutschen Erschießungen von sowjetischen Bürgern durchführten. Ich sah, wie während
der Erschießung einer Mutter von minderjährigen Kindern, die zur Erschießung am Rande des Massengrabes stand, auf Befehl der Deutschen ihre minderjährigen Kinder in die Höhe geworfen wurden und die
deutschen Henker danach schossen. Die auf diese Weise getöteten Kinder fielen in die Grube und nach ihnen auch ihre Mutter, auf die man
nach der Tötung der Kinder eine Salve aus den Automaten abgab. Eines
Tages drangen zu mir in die Wohnung die Faschisten ein und begannen,
meinen Sohn Viktor zu foltern (zu jener Zeit war er bei den Partisanen),
weil er sowjetische Flugblätter herausgäbe. Dabei zwangen sie meinen
Sohn, auf dem Fußboden zu kriechen und wie ein Hund zu bellen. Besonders empörend war, daß die Deutschen in meiner Gegenwart, ohne
auf mein Alter Rücksicht zu nehmen, eine unbekannte Frau vergewaltig-
ten.«

9. Kulaschewa, Wjera Wassiljewna:

»In der Zeit der Vernichtung sowjetischer Bürger durch deutsch-faschistische Okkupanten bei den Panzerabwehrgräben des Dorfes Nowopaschkowo wurden die Massengräber nicht genügend zugeschüttet. Daher haben die Dorfbewohner, darunter auch ich, die Massengräber
gründlich vergraben und Teile von menschlichen Leichen weggenommen, die durch herumstreunende Hunde aus den Massengräbern herausgebracht wurden.« [...]

Aus der Überregionalen Psycho-Heilanstalt in Mogilew

Im Herbst 1941 wurde auf Befehl des Offiziers der Gestapo von Mogilew,
Hauptmann Pripp [?], in einem der Zimmer der Psycho-Heilanstalt im
unteren Stock eine »Vergasungskammer« eingerichtet. [...] Als das
Zimmer als »Vergasungskammer« ausgestattet war, wurden auf Befehl
des Hauptmannes Pripp [?] im genannten Zimmer an die 700 Geisteskranke erstickt. Die Zufuhr von Gas in das Zimmer, in welches jeweils
70–80 Geisteskranke hineingetrieben wurden, wurde über eine Gas-
rohrleitung vom laufenden Motor eines unter dem Fenster im Hofe sich
befindlichen Kraftfahrzeuges durchgeführt. Die Leichen der durch Gas
vernichteten Kranken wurden auf Kraftfahrzeugen abgefahren und in
den Panzerabwehrgräben des Dorfes Nowopaschkowo und im Waldabschnitt von Kasimirowka beerdigt. Bald nach der Anwendung der »Vergasungskammer« wurden auf dem Wege der Belegung mit Granatfeuer
und des Erschießens die nach der »Vergasungskammer« noch am Leben gebliebenen 500 Geisteskranken vernichtet. Auf diese Weise wurden 1200 Geisteskranke vernichtet, worauf die Räumlichkeiten von den
Okkupanten als Militärkrankenhaus belegt wurden.

Auf dem Flugplatz Lupolowo

Das Kriegsgefangenenlager war in den ersten Tagen der Okkupation der Stadt Mogilew mit 70 000 Kriegsgefangenen gefüllt worden. Infolge des grausamen und unmenschlichen Umganges mit ihnen durch die deutsch-faschistischen Aggressoren kamen bis zum Februar 1942 40 000 davon um. Die Leichen der Verstorbenen wurden in Lagernähe beerdigt, wo bei der Besichtigung durch die Kommission am 25. August dieses Jahres auf einem Abschnitt von 200 × 100 m 165 Massengräber untergebracht waren. Davon waren 85 Massengräber vom Ausmaß 6 × 3 m und 80 von Ausmaße 3 × 1,5 m. [...]

Nach den Aussagen von Augenzeugen wird der Umstand der Grausamkeit der Okkupanten gegenüber den Kriegesgefangenen in ausreichendem Maße wie folgt bestätigt:

1. Kolotwin, Pavel Jerimowitsch:
»Im Kriegsgefangenenlager auf dem Flugplatz Lupolowo befanden sich von den ersten Tagen der Okkupation des Gebietes der Stadt Mogilew an die 70 000 Kriegsgefangene. [...] Es gab Fälle des unmittelbaren Tötens einzelner Kriegsgefangener, weil sie versuchten, vom Boden einige verfaulte Kartoffeln aufzuklauben. Wiederholte Male war ich Zeuge der grausamen Prügeleien an Kriegsgefangenen. [...] Die verwundeten Kriegsgefangenen erkrankten und starben vom Genuß von Gras. Täglich starben im Lager an die 300−400 Mann. Es gab Fälle, in denen noch lebende Kriegsgefangene auf einen Haufen geworfen und auf diese Art begraben wurden. Man bemerkte unter den Kriegsgefangenen auch den Kannibalismus, als nämlich hungernde Kriegsgefangene bei den Gestorbenen weiche Körperteile herausschnitten und diese aßen.« [...]

2. Golenko, Pjotr Iwanowitsch:
»Da ich von Beruf Arzt bin und mich im Kriegsgefangenenlager befand, war ich Zeuge der von den deutsch-faschistischen Okkupanten an den Kriegsgefangenen vorgenommenen Grausamkeiten, und zwar fehlte es bei den Kriegsgefangenen an jeglicher medizinischer Hilfe. Die verwundeten Kriegsgefangenen schwammen buchstäblich im Eiter. [...] Vom grausamen Regime, vor Hunger, infolge des Fehlens jeglicher ärztlichen Hilfe, starben täglich an die 250 Kriegsgefangene. Im Frühjahr des Jahres 1942 wurden auf dem Flugplatz an die 22 000 Kriegsgefangene beerdigt.« [...]

»Wenn wir die Kriegsgefangenen umkommen lassen, die Bevölkerung dem Hungertode ausliefern, bleibt die Frage: Wer hier eigentlich produzieren soll?«
Deutsche Besatzungspolitik

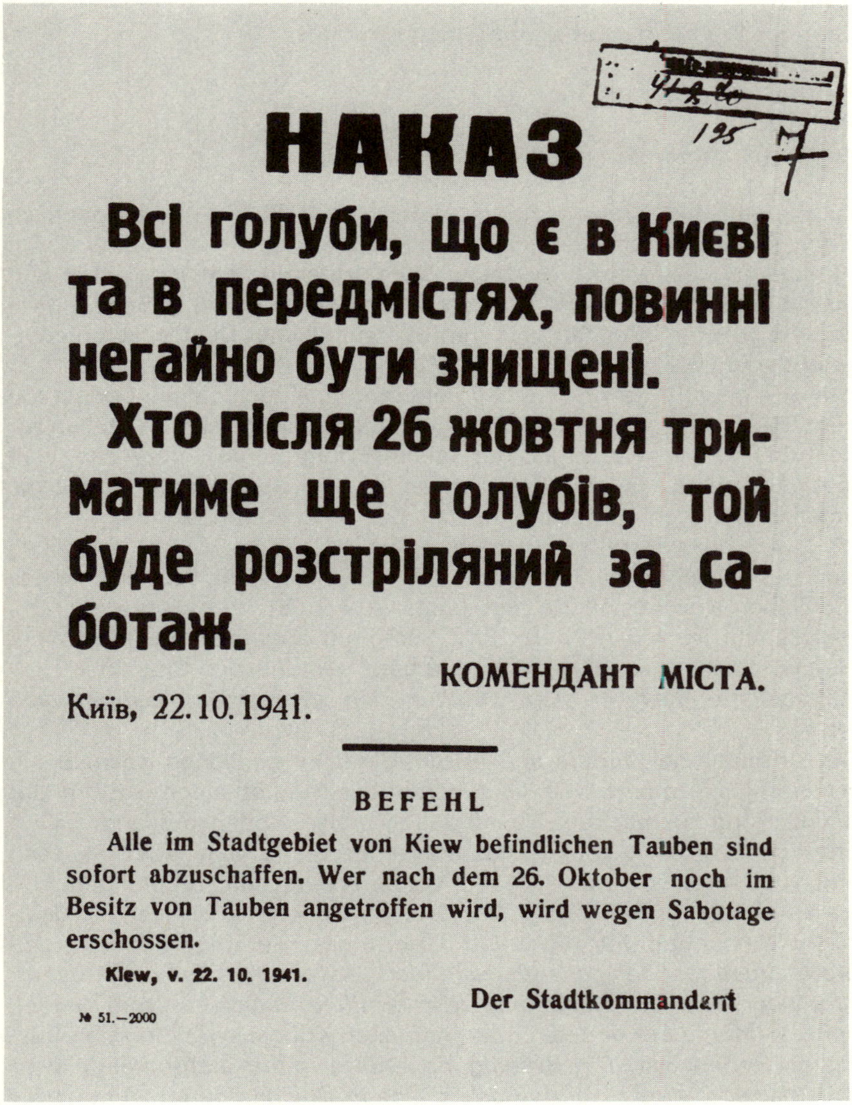

НАКАЗ

Всі голуби, що є в Києві та в передмістях, повинні негайно бути знищені.

Хто після 26 жовтня триматиме ще голубів, той буде розстріляний за саботаж.

КОМЕНДАНТ МІСТА.

Київ, 22.10.1941.

BEFEHL

Alle im Stadtgebiet von Kiew befindlichen Tauben sind sofort abzuschaffen. Wer nach dem 26. Oktober noch im Besitz von Tauben angetroffen wird, wird wegen Sabotage erschossen.

Kiew, v. 22. 10. 1941.

Der Stadtkommandant

№ 51.—2000

»Die Beseitigung mußte tiefgreifende wehrwirtschaftliche Rückwirkungen haben«
Brief des Rüstungsinspekteurs Ukraine, Generalleutnant Hans Leykauf

O.U., den 2. Dezember 1941
Geheim

An den
Chef des Wehrwirtschafts- und Rüstungsamtes
im O.K.W.
Herrn General der Inf. Thomas
Berlin W
Kurfürstenstr. 63—67

Zur persönlichen Unterrichtung des Herrn Chef Wi Rü Amt übergebe ich einen Gesamtbericht über die derzeitige Lage im Reichskommissariat Ukraine, in welchem ich die bisher aufgetretenen Schwierigkeiten und Spannungen sowie die zu ernsten Besorgnissen Anlaß gebenden Fragen mit vollster Offenheit und unmißverständlicher Deutlichkeit niedergelegt sind [sic!].
Ich habe bewußt davon Abstand genommen, einen solchen Bericht auf dem Dienstwege vorzulegen oder ihn anderen interessierten Stellen zur Kenntnis zu bringen, da ich mir keinen Erfolg davon verspreche, vielmehr befürchte, daß die Schwierigkeiten und Spannungen sowie die unterschiedlichen Auffassungen bei der besonderen Art der Verhältnisse sich nur vergrößern würden.
Nur an maßgebender Stelle kann, wenn sie klar sieht, im Rahmen des Möglichen eine Abstellung herbeigeführt werden.
Der Bericht ist von OKV Rat Prof. Seraphim abgefaßt und trägt nicht einen amtlichen, sondern einen durchaus persönlichen Charakter.
Ich schließe mich in allen Punkten den gemachten Ausführungen an. [...]
Die Ordnung der Judenfrage in der Ukraine war schon deshalb ein schwieriges Problem, weil die Juden in den Städten einen Großteil der Bevölkerung ausmachten. Es handelt sich also — ebenso wie im G.G. — um ein bevölkerungspolitisches Massenproblem. Viele Städte wiesen einen Judenteil von über 50 % auf. Vor den deutschen Truppen geflohen waren nur die reichen Juden. Das Gros der Judenheit verblieb der deutschen Verwaltung. Für diese komplizierte sich die Frage dadurch, *daß diese Juden fast das gesamte Handwerk, sogar einen Teil der Arbeiterschaft der Klein- und Mittel-Industrien erfüllten,* abgesehen vom Handel, der z. T. infolge der direkten oder indirekten Kriegseinwirkung überflüssig geworden war. *Die Beseitigung mußte mithin tiefgreifende wirtschaftliche, ja direkt wehrwirtschaftliche Rückwirkungen* (Fertigung für Truppenbedarf) haben.

198

Die Haltung der jüdischen Bevölkerung war von vornherein ängstlich – willig. Sie suchten alles zu vermeiden, um der deutschen Verwaltung zu mißfallen. Daß sie die deutsche Verwaltung und Armee im inneren haßten, ist selbstverständlich und kann nicht Wunder nehmen. Es ist aber nicht beweisbar, daß die Juden geschlossen oder auch nur in größerem Umfang an Sabotageakten u. a. beteiligt waren. Sicher hat es unter ihnen – genauso wie unter den Ukrainern – einige Terroristen oder Saboteure gegeben. Daß die Juden als solche aber irgendeine Gefahr für die deutsche Wehrmacht darstellen, kann nicht behauptet werden. Mit der Arbeitsleistung der Juden, die selbstverständlich durch kein anderes Gefühl als die Angst angetrieben wurden, ist Truppe und deutsche Verwaltung zufrieden gewesen. Die jüdische Bevölkerung ist im unmittelbaren Anschluß an die Kampfhandlungen zunächst unbehelligt geblieben. Erst Wochen, z. T. Monate später wurde eine planmäßige Erschießung der Juden durch dazu eigens abgestellte Formationen der Ordnungspolizei durchgeführt. Diese Aktion ging im wesentlichen von Osten nach Westen. Sie erfolgte durchaus öffentlich unter Hinzuziehung ukrainischer Miliz, vielfach leider auch unter freiwilliger Beteiligung von Wehrmachtsangehörigen. Die Art der Durchführung der Aktionen, die sich auf Männer und Greise, Frauen und Kinder jeden Alters erstreckte, war grauenhaft. Die Aktion ist in der Massenhaftigkeit der Hinrichtungen so gigantisch wie bisher keine in der Sowjetunion vorgenommene gleichartige Maßnahme. Insgesamt dürften bisher etwa 150 000 bis 200 000 Juden in dem zum Reichskommissariat gehörigen Teil der Ukraine exekutiert [worden sein], bisher wurde auf diese wirtschaftlichen Belange keine Rücksicht genommen.

Insgesamt kann gesagt werden, daß die in der Ukraine durchgeführte Art der Lösung der Judenfrage, offenbar von prinzipiell-weltanschaulichen Gedankengängen getragen, nachstehende Folgen gehabt hat:

a) Beseitigung eines Teils z. T. überflüssiger Esser in den Städten
b) Beseitigung eines Bevölkerungsteils, der uns zweifellos haßte
c) Beseitigung dringend notwendiger Handwerker, die auch für Wehrmachtsbelange vielfach unentbehrlich waren,
d) Außenpolitisch-propagandistische Folgen, die auf der Hand liegen
e) Nachteilige Wirkungen auf die jedenfalls mittelbar mit den Exekutionen in Berührung kommende Truppe
f) Verrohende Wirkung auf die die Exekutionen durchführenden Formationen (Ordnungspolizei).

Eine Abschöpfung landwirtschaftlicher Überschüsse aus der Ukraine für Ernährungszwecke des Reiches ist mithin nur denkbar, wenn der ukrainische Binnenverkehr auf ein Minimum gedrückt wird. Es wird versucht das zu erreichen

1. durch Ausmerzung überflüssiger Esser (Juden, Bevölkerung der ukrainischen Großstädte, die, wie Kiew, überhaupt keine Lebensmittelzuteilung erhalten);
2. durch äußerste Reduktion der den Ukrainern der übrigen Städte zur Verfügung gestellten Rationen;
3. durch Verminderung des Verzehrs der bäuerlichen Bevölkerung.

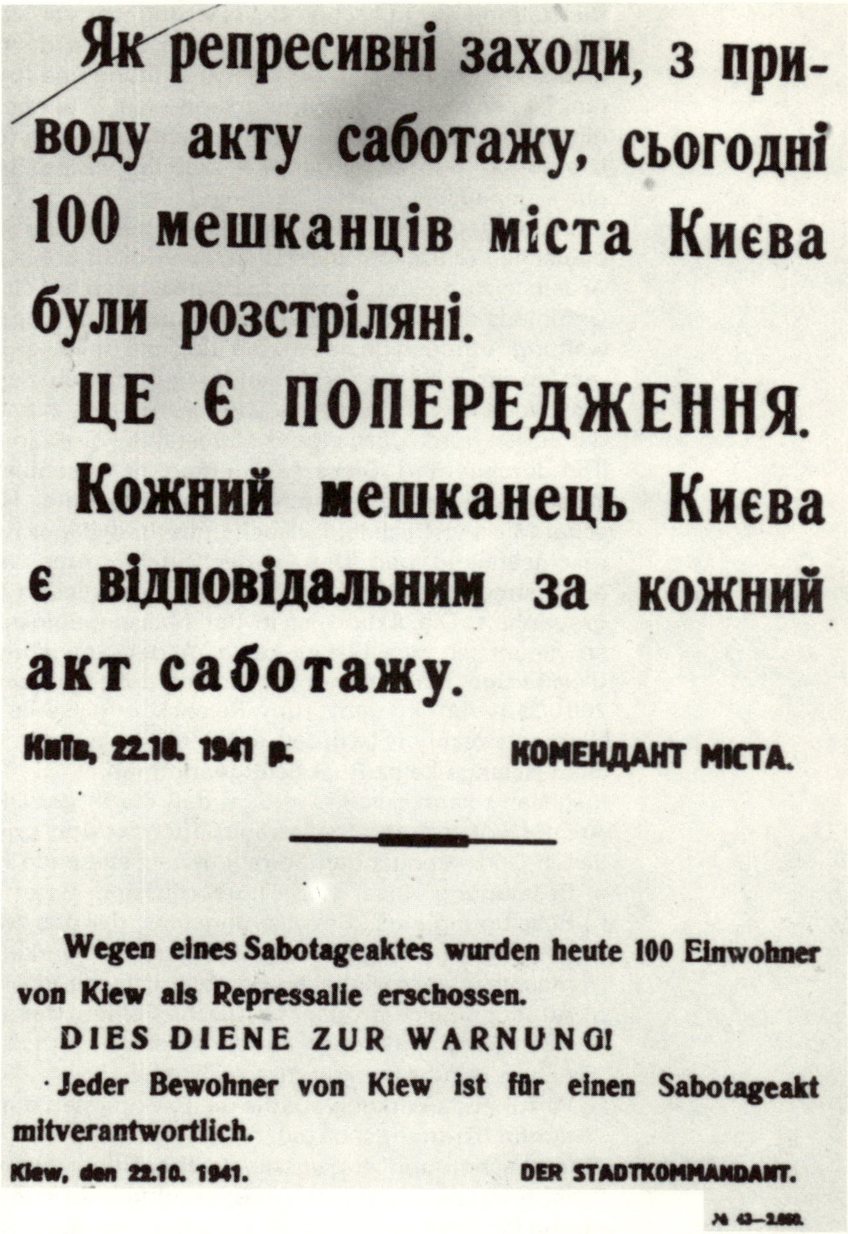

Як репресивні заходи, з приводу акту саботажу, сьогодні 100 мешканців міста Києва були розстріляні.

ЦЕ Є ПОПЕРЕДЖЕННЯ.

Кожний мешканець Києва є відповідальним за кожний акт саботажу.

Київ, 22.10. 1941 р.   КОМЕНДАНТ МІСТА.

———

Wegen eines Sabotageaktes wurden heute 100 Einwohner von Kiew als Repressalie erschossen.

DIES DIENE ZUR WARNUNG!

Jeder Bewohner von Kiew ist für einen Sabotageakt mitverantwortlich.

Kiew, den 22.10. 1941.   DER STADTKOMMANDANT.

Man muß sich darüber klar sein, daß in der Ukraine letzten Endes nur die Ukrainer durch Arbeit Wirtschaftswerte erzeugen können. Wenn wir die Juden totschießen, die Kriegsgefangenen umkommen lassen, die Großstadtbevölkerung zum erheblichen Teile dem Hungertode ausliefern, im kommenden Jahre auch einen Teil der Landbevölkerung durch Hunger verlieren werden, bleibt die Frage unbeantwortet: *Wer denn hier eigentlich Wirtschaftswerte produzieren soll.* Daß bei dem Engpaß Mensch im Deutschen Reich weder jetzt noch in absehbarer Zukunft

Deutsche in erforderlicher Zahl zur Verfügung stehen können, ist unzweifelhaft. Wenn der Ukrainer aber arbeiten soll, muß er physisch erhalten werden, nicht aus einem Sentiment, sondern aus sehr nüchternen wirtschaftlichen Erwägungen. Dazu gehört aber in erster Linie auch die Schaffung eines geordneten Verhältnisses zwischen Geld, Warenpreisen und Arbeitslohn.

Zusammenfassung:

Bevölkerung: Die Haltung der ukrainischen Bevölkerung ist trotz der in den letzten Monaten erfolgten Verschlechterung ihrer materiellen Lage *noch* gutwillig. Bei einer mit Sicherheit vorauszusehenden weiteren Verschlechterung ihrer Ernährungslage ist mit einem Stimmungsumschwung zu rechnen.

Die Volksdeutschen der Ukraine bilden kein Element, auf das sich Verwaltung und Wirtschaft des Landes stützen können.

Ein erheblicher Teil der Juden, die in den Städten des Reichskommissariats teilweise mehr als die Hälfte der Bevölkerung ausmachten, sind hingerichtet worden. Damit ist der größte Teil der Handwerker ausgefallen und dadurch auch Belange der Wehrmacht (Truppenbedarf, Unterkünfte) berührt.

Unterkunft, Verpflegung, Bekleidung und Gesundheitszustand der Kriegsgefangenen ist schlecht, die Sterblichkeit sehr groß. Mit dem Abgang vieler Zehn- ja Hunderttausende in diesem Winter ist zu rechnen. Darunter befinden sich Kräfte, die für die Wirtschaft der Ukraine erfolgreich hätten nutzbar gemacht werden können, auch Facharbeiter und Handwerker.

»Überheblichkeit sondergleichen«
Geheime Aufzeichnung von Bräutigam (Ostministerium) über die Lage in der Sowjetunion /25. 10. 1942

Geheime Reichssache!

Aufzeichnung.

Im Osten wird von Deutschland ein dreifacher Krieg geführt: Ein Krieg zur Vernichtung des Bolschewismus, ein Krieg zur Zertrümmerung des Großrussischen Reiches und endlich ein Krieg zum Erwerb von Kolonialland zu Siedlungszwecken und zur wirtschaftlichen Ausbeutung. Diese dreifache Zielsetzung des Ostfeldzuges hat den ungeheuren Widerstand der Ostvölker zur Folge. Würde der Krieg lediglich zur Zerschlagung des Bolschewismus geführt, so wäre er längst zu unseren Gunsten entschieden, denn, wie auch alle Erfahrungen dieses Krieges selbst bestätigt haben, ist der Bolschewismus den Ostvölkern, vor allem der großen Masse der Bauern, aufs Tiefste verhaßt. Auch die Auflösung des Großrussischen Reiches in seine völkischen Bestandteile hätte nicht den Widerstand hervorgerufen, dem wir jetzt begegnen. [...]

Die Widerstandskraft der Roten Armee ist zum allergrößten Teil auf das dritte Ziel unseres Feldzuges zurückzuführen. Mit dem den Ostvölkern eigenen Instinkt hat auch der primitive Mann bald herausgefühlt, daß für Deutschland die Parole »Befreiung vom Bolschewismus« nur ein Vorwand war, um die slawischen Ostvölker nach seinen Methoden zu versklaven. Damit aber auch gar keine Zweifel an diesem deutschen Kriegsziel bestehen, weist die deutsche Öffentlichkeit in steigendem Maße unverhüllt auf diese Absicht hin. Nicht nur für Deutschland wird öffentlich das eroberte Gebiet als Siedlungsraum beansprucht, ja selbst für Deutschlands erbitterte Feinde, die Holländer, Norweger u. a. Die wirtschaftliche Ausbeutung wird in Wort und Schrift proklamiert und unter fast völliger Ausschaltung der Belange der einheimischen Bevölkerung auch mit größter Rücksichtslosigkeit durchgeführt.

Für alle kriegsnotwendigen Maßnahmen und Abgaben hatte die Bevölkerung ein größeres Verständnis als die besiegten Völker des Westens. Aber der vom Bolschewismus zu stärkstem Selbstbewußtsein erzogene Arbeiter und Bauer empfand sehr bald, daß Deutschland ihn nicht als einen gleichberechtigten Partner ansah, sondern ihn lediglich als Objekt seiner politischen und wirtschaftlichen Ziele betrachtete. Das hat ihn namenlos enttäuscht, zumal er auf Deutschland ungeheure Erwartungen gesetzt hatte. [...]

Die Bevölkerung der besetzten Ostgebiete hat uns mit Jubel als Befreier begrüßt und sich willig und aufgeschlossen uns mit Leib und Leben zur Verfügung gestellt. Wo Ukrainer und Russen, Weißruthenen und Angehörige der baltischen Völker in die deutsche Wehrmacht oder Polizei eingereiht wurden, haben sie fast ausnahmslos sich auf das Beste bewährt und geschlagen. Die Hauptabteilung Politik suchte daher mit allen Mitteln dieses ungeheure Kapital, das uns in den Schoß gefallen war, zu erhalten und für unsere Zwecke zu nutzen. Hierzu war erforderlich, daß der Nationalsozialismus sich mit einer scharfen Trennungslinie vom Bolschewismus absetzte und der Bevölkerung Aussichten auf ein neues, besseres Leben eröffnete. Alle Maßnahmen, die die Hauptabteilung Politik vorschlug, waren auf dieses eine Ziel der Erhaltung dieses Kapitals ausgerichtet. Sie sind vielfach als Ausdruck einer weichen, sentimentalen, humanitären Einstellung, einer Art deutschen Gefühlsduselei, ausgelegt worden und waren in Wirklichkeit doch nur der Ausdruck einer ganz krassen Realpolitik. Denn es ging um nichts anderes, als die Millionenmassen des Ostraums in der angetroffenen Einstellung zu uns zu erhalten, um daraus militärisch, politisch und wirtschaftlich den größtmöglichen Nutzen für Deutschland zu ziehen. [...]

Die Völker der SU haben, wie wir alle wissen, Schwerstes durchgemacht. Daher sind sie von einer für uns unvorstellbaren Anspruchslosigkeit, auch auf politischem Gebiet. Eine Verwaltungsform, die nicht allein auf Ausplündern und Ausbeuten eingestellt war und die bolschewistischen Methoden beseitigte, hätte daher größte Begeisterung entfacht und uns eine Millionenmasse an die Hand gegeben. Und die Begeisterung in den besetzten Ostgebieten hätte ihr Rückwirkung auf die Wider-

Drogobytsch in der Ukraine. Arbeiter der Erdölindustrie in Borislaw werden aufgehängt.

> »Sie sind weiß Gott nicht hingeschickt, um für das Wohl und Wehe der Ihnen anvertrauten Völker zu arbeiten, sondern um das Äußerste herauszuholen. [...] Es ist mir gleichgültig, ob Sie sagen, daß Ihre Leute wegen Hungers umfallen. Mögen Sie das tun, solange nur ein Deutscher nicht wegen Hungers umfällt.«
>
> Göring am 6. 8. 1942 in einer Besprechung mit den Reichskommissaren für die besetzten Gebiete und den Militärbefehlshabern.

standskraft der Roten Armee gehabt. Es wäre leicht zu erreichen gewesen, daß der Rotarmist sich sagte: »Ich kämpfe für ein System, das weitaus schlimmer ist als das, das mich im Fall einer Niederlage erwartet. Unter den Deutschen werde ich es in jeder Hinsicht besser haben als bisher.« Wäre diese Auffassung Allgemeingut der Rotarmisten geworden, wäre der Krieg sehr bald zu Ende gewesen. [...]
Es ist bei Freund und Feind kein Geheimnis mehr, daß Hunderttausende von ihnen in unseren Lagern buchstäblich verhungert und erfroren sind. Angeblich waren für sie nicht genügend Lebensmittel vorhanden. Sonderbar ist allerdings, daß lediglich für die Kriegsgefangenen aus der Sowjet-Union die Lebensmittel fehlten, während Klagen über die Behandlung anderer kriegsgefangener Polen, Serben, Franzosen und Engländer nicht laut geworden sind. Es ist selbstverständlich, daß nichts so geeignet war, die Widerstandskraft der Roten Armee zu stärken wie das Bewußtsein, in deutscher Kriegsgefangenschaft einem langsamen qualvollen Tode entgegenzugehen. Hier ist es allerdings den unablässigen Bemühungen der Hauptabteilung Politik gelungen, eine wesentliche Verbesserung des Loses der Kriegsgefangenen herbeizuführen. Diese Verbesserung ist zwar nicht politischer Einsicht zuzuschreiben, sondern der plötzlichen Erkenntnis, daß unserem Arbeitsmarkt dringend Kräfte zugeführt werden mußten. Wir erlebten nun das groteske Bild, daß nach dem gewaltigen Hungersterben der Kriegsgefangenen Hals über Kopf Millionen von Arbeitskräften aus den besetzten Ostgebieten angeworben werden mußten, um die in Deutschland entstandenen Lücken auszufüllen. Jetzt spielte auf einmal die Ernährungsfrage keine Rolle mehr. In der üblichen grenzenlosen Mißachtung des slawischen Menschen wurden bei der »Werbung« Methoden angewandt, die wohl nur in den schwärzesten Zeiten des Sklavenhandels ihr Vorbild haben.
Es setzte eine regelrechte Menschenjagd ein. Ohne Rücksicht auf Gesundheitszustand und Lebensalter wurden die Menschen nach Deutschland verfrachtet, wo sich alsbald herausstellte, daß weit über 100 000 wegen schwerer Krankheiten und sonstiger Arbeitsunfähigkeit zurückgeschickt werden mußten. Es bedarf keines Hinweises, daß diese Methoden, die natürlich auch nur in der Sowjet-Union, keineswegs etwa in dieser Form auch in den Feindländern wie Holland, Norwegen angewandt wurden, ihre Rückwirkung auf den Widerstand der Roten Armee haben mußten. Wir haben es der Sowjet-Propaganda wirklich überaus leicht gemacht, den Haß gegen Deutschland und das nationalsozialistische System zu schüren. Immer tapferer kämpft der Sowjet-Soldat trotz

Drogobytsch: Öffentlich erhängte Arbeiter. Die deutsche Besatzungspolitik scheitert an ihrem Rassen- und Vernichtungswahn. Am Ende fehlen die Menschen, die ernten und produzieren. Selbst zunächst deutschfreundliche Ukrainer werden zu erbitterten Feinden.

der Bemühungen unserer Politiker, für diese Tapferkeit einen anderen Namen zu finden. Immer mehr wertvolles deutsches Blut muß fließen, um den Widerstand der Roten Armee zu brechen. Selbstverständlich war die Hauptabteilung Politik unablässig bemüht, die Methode des Arbeiterfanges und die Behandlung der Arbeiter in Deutschland auf eine vernünftige Grundlage zu stellen. Ursprünglich hatte man in allem Ernst daran gedacht, von den nach Deutschland verschickten Arbeitern Höchstleistungen bei minimaler Kost zu verlangen. Auch hier wieder hat nicht politische Einsicht, sondern lediglich primitivste biologische Erkenntnis zu einer Besserung geführt. Jetzt sollen 400 000 Hausgehilfinnen aus der Ukraine nach Deutschland kommen, und schon verkündet die deutsche Presse öffentlich, daß diese kein Recht auf Freizeit haben, Theater, Kinos, Restaurants usw. nicht besuchen dürfen und sie höchstens 3 Stunden in der Woche, von dienstlichen Ausnahmen abgesehen, das Haus verlassen dürfen.

Zu all dem tritt noch die Behandlung der Ukrainer im Reichskommissariat selbst. Mit einer Überheblichkeit sondergleichen setzen wir uns über alle politischen Erkenntnisse hinweg und behandeln zum freudigen Erstaunen der gesamten farbigen Welt die Völker der besetzten Ostgebiete als Weiße 2. Klasse, denen die Vorsehung angeblich lediglich die Aufgabe gestellt hat, für Deutschland und Europa Sklavendienste zu tun.

Nur die geringste Schulbildung wird ihnen zugestanden, eine Fürsorge für sie darf nicht erfolgen. Ihre Ernährung interessiert uns nur soweit, als sie noch arbeitsfähig sind, und in jeder Beziehung wird ihnen zu verstehen gegeben, daß wir sie als minderwertig betrachten.

Bei dieser Sachlage kann man folgendes feststellen:
1. Die Widerstandskraft der Roten Armee und die Stärke der Partisanenbewegung ist in dem gleichen Maße gestiegen, als die Bevölkerung unsere wahre Einstellung ihr gegenüber erkannte. Die Waffentaten unserer herrlichen Armee sind also genau wie 1918 durch eine unzulängliche Politik neutralisiert worden. Unsere Politik hat Bolschewiken und nationale Russen in eine Front gegen uns getrieben. Der Russe kämpft heute mit äußerster Tapferkeit und Selbstaufopferung für nichts mehr und nichts weniger als für die Anerkennung seiner Menschenwürde.
2. Unsere Politik, die Ukraine als ein Gegengewicht gegen das mächtige Rußland, gegen Polen und den Balkan und als Brücke zum Kaukasus zu benutzen, hat völligen Schiffbruch erlitten. Die 40 Millionen Ukrainer, die uns als Befreier jubelnd begrüßten, stehen uns heute indifferent gegenüber und beginnen bereits ins feindliche Lager abzuschwenken. Gelingt es uns nicht, diesen Zustand im letzten Augenblick aufzuhalten, so laufen wir Gefahr, von heute auf morgen in der Ukraine eine Partisanenbewegung zu haben, die nicht nur die Ukraine weitgehend als Lieferanten von Lebensmitteln ausschaltet, sondern auch den Nachschub des deutschen Heeres unterbindet, seine Existenz gefährdet und damit die Gefahr einer deutschen Niederlage herbeiführen muß.

Will man diese Gefahr, die das deutsche Volk bedroht, noch im letzten Augenblick bannen, so ist folgendes erforderlich:

ОГОЛОШЕННЯ

В Києві зловмисно пошкоджено засоби зв'язку (телефон, телеграф, кабель). Через те що шкідників надалі не можна було терпіти, **В МІСТІ БУЛО РОЗСТРІЛЯНО 400 МУЖЧИН**, що має бути пересторогою для населення.

Вимагаю ще раз про всякі підозрілі випадки негайно повідомляти німецькі війська або німецьку поліцію для того, щоб злочинці по заслузі були покарані.

ЕБЕРГАРД,
Генерал-майор та Комендант міста.

Київ 29. XI 1941.

ОБЪЯВЛЕНИЕ

В Киеве злонамеренно попорчено средства связи (телефон, телеграф, кабель). Так как вредителей нельзя было дольше терпеть, то **В ГОРОДЕ БЫЛО РАССТРЕЛЯНО 400 МУЖЧИН**, что должно послужить предостережением для населения.

Требую еще раз о всяких подозрительных случаях немедленно сообщать немецким войскам или немецкой полиции, для того чтобы в надлежащей мере были наказаны преступники.

ЭБЕРГАРД,
Генерал-майор и Комендант города.

Киев 29. XI 1941.

BEKANNTMACHUNG

In Kiew wurde eine Nachrichten—Anlage böswillig beschädigt. Da die Täter nicht ermittelt werden konnten, wurden 400 MÄNNER AUS KIEW ERSCHOSSEN.

Ich gebe dies der Bevölkerung zur Warnung bekannt und fordere sie erneut auf, jede verdächtige Wahrnehmung den deutschen Wehrmachtstellen oder der deutschen Polizei unverzüglich anzuzeigen, damit derartige Verbrecher verdientermassen unschädlich gemacht werden können.

EBERHARD,
Generalmajor und Stadtkommandant.

Kiew, den 29. XI 1941.

№ 266—2000.

1. Gegenüber der Ukraine muß eine absolut positive Politik in jeder Hinsicht getrieben werden. Die Ukraine darf für uns nicht lediglich Ausbeutungsobjekt sein, sondern die Bevölkerung muß ernsthaft fühlen, daß Deutschland ihr Freund und Befreier ist. Die deutschen Wirtschaftsstellen müssen dafür verantwortlich sein, daß der Bevölkerung das Existenzminimum gesichert ist. Eine zwangsweise Aushebung von Arbeitskräften in den besetzten Ostgebieten muß sofort unterbunden werden. Die Behandlung der Ukrainer und der übrigen Ostvölker im Reich muß anständig und menschenwürdig sein. In der Öffentlichkeit in Wort und Schrift muß alles vermieden werden, was irgendwie erkennen läßt, daß wir diese Gebiete als Ausbeutungsobjekt betrachten. Dem russischen Volk muß etwas Konkretes über seine Zukunft gesagt werden, dies um so mehr, als Deutschland nicht beabsichtigt und auch nicht die Kraft besitzt, das gesamte russische Territorium zu besetzen.

2. Als Exponent für die oben gekennzeichnete Politik, die weder die Rolle der Ukraine in der Weltpolitik erkannt hat und es fertiggebracht hat, uns die Freundschaft eines 40-Millionen-Volkes zu verscherzen, die dadurch schuldig ist an der Stärkung der Widerstandskraft der Roten Armee und der Verlängerung des Krieges mit allen ihren Konsequenzen, gilt allgemein die Behörde des Reichskommissars für die Ukraine [Koch]. Diese Behörde sieht ihre einzige Aufgabe in der wirtschaftlichen Ausbeutung des Landes. Je länger der Krieg aber dauert, desto mehr müssen politische Kräfte eingesetzt werden. Es wäre deshalb zweckmäßig, an die Spitze des Reichskommissariats eine Persönlichkeit zu stellen, die auch genügend politische Fähigkeiten besitzt.

Vollziehen wir nicht in letzter Minute diesen Kurswechsel, so kann mit Bestimmtheit gesagt werden, daß die Widerstandskraft der Roten Armee und des gesamten russischen Volkes sich noch mehr steigert und Deutschland weiterhin sein bestes Blut opfern muß. Ja, es muß offen ausgesprochen werden, daß sogar die Möglichkeit einer deutschen Niederlage in greifbare Nähe rückt, zumal wenn die Partisanenbewegung, was Stalin mit allen Mitteln anstrebt, auch auf weitere Teile der Ukraine übergreift. [...]

Berlin, den 25. Oktober 1942
gez. Bräutigam

»... und ist ein Herrenvolk«
Warum Ukrainer und Russen für das Winterhilfswerk nicht spenden dürfen

Der Reichsminister   O.U., den 23. Dez. 1942
für die besetzten Ostgebiete
Der Vertreter bei der Heeresgruppe B

An das
Reichsministerium
für die besetzten Ostgebiete
– Hauptabteilung I
Berlin W 8,
Unter den Linden 63.

Abdruck an Abtlg. I/3 – SS-Oberführer Dr. Kinkolin.

Der Lagebericht für den Bereich der Sicherungs-Division 213 (Heeresgebiet B), der mir zur Einsichtnahme zugegangen ist, enthält u. a. auch folgende Stelle:
»Im letzten Lagebericht (Oktober) wurde berichtet, daß bei der Ortskommandantur 824 ein volksdeutscher Rayonleiter (Rayon Blisnitzy) eine freiwillige Spende der Einwohner in Höhe von rd. 26 000 Rubel der Ortskommandantur überreicht habe, und zwar für das Winterhilfswerk. Diese Spende erhöhte sich im Laufe dieses Monats (November) um rd. 13 000 Rubel. Ähnliche Spenden haben gemeldet der Rayonverwalter von Losowaja in Höhe von rd. 115 000 Rubel und von Barawenkowo in Höhe von rd. 75 000 Rubel. Dieser Vorfall eignet sich vorzüglich zu einer propagandistischen Auswirkung und Herausstellung seitens höherer Dienststellen.«
Ich habe sowohl bei der Abteilung VII des Befehlshabers wie bei der Abteilung VII der Heeresgruppe dagegen folgende Bedenken geäußert:
1. Deutschland kommt als Befreier in die Ukraine und ist ein Herrenvolk. Deutschland hat es nicht notwendig, sich von Ukrainern oder Russen Gelder schenken zu lassen.
2. Es muß einen schlechten Eindruck bei den Ostvölkern hervorrufen, wenn wir bei ihnen – also im Auslande – in einer Zeit Gelder als Geschenk entgegennehmen, wo bestimmt die sozialen und. wirtschaftlichen Verhältnisse im Reich bedeutend besser sind als hier im Osten, wo wir nicht einmal in der Lage sind, der Bevölkerung das tägliche Brot ausreichend zu verabfolgen.
3. Der Gradmesser an solche Vorfallenheiten ist sehr vorsichtig anzusetzen, da die Freiwilligkeit der Geber nicht einwandfrei festgestellt werden kann. Ferner aber auch deswegen, weil die Leute um ihr Geld sowieso nichts zu kaufen bekommen und sich deshalb um so leichter des Geldes entledigen.
4. Was Deutschland von den Bewohnern der besetzten Ostgebiete for-

dert, ist Vertrauen und ruhiges Durchhalten bis zur Niederringung des Bolschewismus. Wenn die Männer der Ukraine ihren Beitrag hierzu dadurch leisten, daß sie in die Reihen der »Hiwi« (Hilfswilligen) eintreten, daß aus diesen Hiwis schon so mancher sein Leben geopfert hat, so ist das wohl genug des Opferns.

Die Abteilung VII des Befehlshabers hat mir mitgeteilt, daß nicht nur sie, sondern auch der Herr Befehlshaber *gegen* ein weiteres Sammeln für das deutsche WHW seien.

Herr KVR Raune der Abteilung VII bei der Heeresgruppe gab mit bekannt, daß er schon vor meiner Vorsprache die Absicht gehabt habe, diese Gelder einziehen zu lassen, um sie als Spenden für die Hinterbliebenen gefallener Hiwis verwenden zu lassen. Als Gelder für reichsdeutsche Belange kämen sie nicht in Betracht.

I. V.
gez. Unterschrift
(Dr. Rissinger)
Reg. Insp.

»... positive deutschfreundliche Elemente vernichtet«

Brief des Leiters des Ukrainischen Hauptausschusses an Generalgouverneur Frank

Prof. Dr. Wolodymyr Kubijowytsch,
Leiter des Ukrainischen Hauptausschusses.

An den   Krakau, Februar 1943.
Herrn Generalgouverneur
Reichsminister Dr. Frank.

Exzellenz!
Ihrem Wunsche entsprechend, übersende ich Ihnen diesen Brief, in dem ich kurz die Mißstände und die peinlichen Vorfälle, welche eine besonders schwere Lage der ukrainischen Bevölkerung im GG. [Generalgouvernement] hervorrufen, darlegen möchte. [...]

Den Kern derselben bildet die Frage: sollen die Ukrainer erfolgreich zugunsten des Endsieges arbeiten, so muß ihnen die dafür überaus notwendige Sicherheit, die leider nicht vorhanden ist, gewährleistet werden. Denn in den gegenwärtigen Verhältnissen sind die Ukrainer weder ihres Besitzes noch ihres Lebens sicher. Die Angelegenheit der Reprivatisierung wurde bis jetzt nicht geregelt. Unmenschliche Behandlung, ein wilder Arbeitseinsatz, unbegründete Verhaftungen und zuletzt massenhafte Erschießungen gehören heute zu nicht allzu seltenen Erscheinungen.

I. Reprivatisierungsfrage

Von grundlegender Bedeutung für die weitere Gestaltung der deutsch-ukrainischen Beziehungen ist das Problem der Reprivatisierung. An den deutschen Sieg im Osten hat das ganze ukrainische Volk die Hoffnung geknüpft, daß nunmehr alle Überbleibsel des bolschewistischen Regimes endgültig beseitigt werden.

Das ukrainische Volk ist grundsätzlich privatwirtschaftlich eingestellt. Der ukrainische Bauer ist zu den größten Entbehrungen und Opfern für den Staat bereit, wenn er nur ruhig arbeiten kann; dieses Gefühl der inneren Ruhe kann ihm nur das Bewußtsein geben, daß die Scholle, die er und seine Vorfahren bebaut haben, auch künftighin sein Eigentum bleiben wird. [...]

II. Methoden des Arbeitseinsatzes

[...] Wilde, rücksichtslose Menschenjagd, wie sie überall in Stadt und Land, auf Straßen, Plätzen, Bahnhöfen, ja sogar in Kirchen sowie nachts in Wohnungen durchgeführt wird, hat das Sicherheitsgefühl der Einwohner erschüttert. Jedermann ist der Gefahr ausgesetzt, irgendwo und irgendwann von den Polizeiorganen plötzlich und unerwartet gefaßt und in ein Sammellager geschleppt zu werden. Niemand von seinen Angehörigen weiß, was mit ihm geschehen ist, erst nach Wochen oder Monaten gibt einer oder der andere mit einer Postkarte vom Schicksal, das ihn ereilt hat, Kunde. [...]

III. Frage der persönlichen Sicherheit

Art der Menschenbehandlung: Schon die Art und Weise, wie unsere Landsleute von den unteren Organen der deutschen Behörde behandelt werden, trägt viel zur Erschwerung der allgemeinen Lage bei. Die Ukrainer haben mit Recht erwartet, daß sie, als ein Volk, welches nie irgendwas gegen die Deutschen und deren Interessen unternommen, wesentlich anders behandelt werden als die Angehörigen derjenigen Nationen, welche aktiv gegen Deutschland gekämpft haben. Nun muß aber ein jeder Ukrainer zu der Überzeugung kommen, daß die meisten Deutschen keinen Unterschied machen und alle Völker des Ostens, ob Freund oder Feind, in der Behandlung gleichzustellen gewohnt sind. Der Ukrainer ist im Verkehr mit den unteren Dienststellen zu oft der Gefahr ausgesetzt, persönlich beschimpft, beleidigt, ja sogar mißhandelt zu werden. Zur Veranschaulichung solcher Behandlungsweise könnten unzählige Beispiele angeführt werden. In der Anlage gebe ich nur eine kleine Auslese besonders krasser Fälle an.

Massenhafte Erschießungen: Viel schlimmeren Charakter tragen die massenhaften Erschießungen durchaus unschuldiger Menschen, wie sie in Lubycza Koroliwska und dann in Lemberg und Czortkow vorgekommen sind.

In Lubycza Koroliwska, Kreis Rawa Ruska, wurden 46 Bauern, darunter 31 Ukrainer, ohne Gerichtsverfahren füsiliert (4. Oktober 1942) (Anlage 7).

Anlage 7: Füsilierung von 46 Bauern in Lubycza, Kreis Rawa Ruska.

Am Sonntag, den 4. Oktober 1942, in den frühen Morgenstunden kamen einige Gruppen der bei Belsez stationierten Sonderdienstabteilungen in das Dorf Lubycza Koroliwska bzw. Lubycza Kniazi und riefen alle Männer des Dorfes herbei. Die Leute waren überzeugt, es handle sich um dringende Gemeindearbeit und kamen rasch und willig auf den bestimmten Versammlungsort zusammen. Hier wurden sie in Reih und Glied aufgestellt, und es wurde von ihnen gefordert, in 2 Minuten Saboteure namhaft zu machen, da sonst jeder fünfte Mann erschossen würde. Da aber im Dorfe niemals irgendwelche Sabotagen verübt worden waren, konnten auch keine Saboteure namhaft gemacht werden. Daraufhin wurden aus der Menge 45 Männer und 1 Frau ausgewählt und vor den Augen ihrer Angehörigen in zwei Gruppen, d. i. in Lubycza Koroliwska und Lubycza Kniazi, niedergeschossen.
Unter den 46 erschossenen Personen waren 31 Ukrainer. [...]

In der zweiten Hälfte des Novembers 1943 wurden in Lemberg 28 Ukrainer, in Czortkow 56 Ukrainer ebenfalls ohne Gerichtsverfahren erschossen (Anlage 8). [...]

Anlage 8: Erschießungen in Lemberg und in Czortkow im November 1942.

Als Entgeltung für die Erschießung eines Mitglieds der deutschen Polizei in Lemberg, der von der Hand eines unbekannten Täters in der zweiten Hälfte des Monats November 1942 fiel, wurden in Lemberg 28 und in Czortkow 56 Ukrainer, die zu dieser Zeit sich in Gefängnissen der genannten Städte befanden, erschossen. Niemandem wurde der Grund der Erschießungen angegeben, und die Erschießungen in Czortkow wurden am hellen Tage vor den Augen der erschrockenen Bevölkerung durchgeführt. Unter den Erschossenen waren viele Typhuskranke, die in bewußtlosem Zustande aus dem Krankenhaus geholt und auf Autos und Wagen verladen und an die Hinrichtungsstätte gebracht wurden.
Diese Erschießungen sollten als Vergeltung der sog. Banderagruppe gegenüber betrachtet werden. Unter den Erschossenen befanden sich ältere Bürger, die überhaupt nichts mit der Tätigkeit dieser Gruppe zu tun hatten, wie z. B. Dr. Olexa Kossak, Rechtsanwalt aus Kolomea, Ing. Andrij Pjasekkyj, Oberförster in Janiw bei Lemberg, für die nicht nur ich und Dr. Kost Pankiskyj, sondern sogar Reichsdeutsche die Bürgschaft übernommen hatten.

IV. Anormale Verhältnisse und Bandenunwesen im Distrikt Lublin
[...] Es kamen nicht selten Fälle vor, wo die friedliche ukrainische Bevölkerung nicht nur von den Banditen ausgeraubt wurde, sondern darauf von der deutschen und polnischen Polizei Strafen zu erleiden hatte; das Besitztum der Leute wurde vernichtet und sie selbst erschossen. In einem Dorfe wurde der Schulze von Banditen getötet und daraufhin wurde noch sein Bruder von der deutschen Polizei erschossen.

V. Sammelverantwortung

Allgemeine Bemerkungen: Besonders schmerzlich empfindet das ukrainische Volk die Anwendung von Methoden der Sammelverantwortung. Die breiten Volksmassen haben gewöhnlich für das Prinzip der Sammelverantwortung kein Verständnis, sie sehen eine Rechtlosigkeit darin, daß man für eine Tat bestraft wird, welche man weder begangen noch gutgeheißen hat. [...] Die Sammelverantwortung trifft oft die leitende Schicht in Stadt und Land, welche deutschfreundlich eingestellt, jedoch vollkommen machtlos den polnischen Diversanten [Saboteuren] und auch den eigenen unverantwortlichen Hitzköpfen und Verzweiflern gegenüber ist.

So kommt es, daß die Sammelverantwortung, welche den Zweck verfolgt, deutschfeindliche Elemente auszurotten, im Gegenteil positive deutschfreundliche Elemente vernichtet oder schwächt und unter ihnen Mißstimmung und Erbitterung hervorruft. Auf diese Weise sind im Distrikt Lublin insgesamt etwa 400 solche Ukrainer ums Leben gekommen.

Wir erwähnen hier nur einige der krassesten Beispiele:

Massenerschießungen:

Am 25. Dezember 1942 hat die Gendarmerie das Dorf Przewale, Krs. Zamosc, Distrikt Lublin, umzingelt und eine größere Anzahl von Ukrainern und Polen zusammengetrieben. Auf die Erklärung des Leiters des Liegenschaftsgutes, daß ihm die Polen für den Arbeitseinsatz notwendig seien, wurden die Polen entlassen, die Ukrainer aber, in der Zahl von 16 Personen, niedergeschossen; unter den Erschossenen befand sich auch ein 15jähriges Mädchen, Eugenie Tybyczuk.

Im Dorfe Nedosow (Distrikt Lublin) wurden 8 deutschfreundliche Ukrainer, wegen ihrer patriotischen Gesinnung noch in der Vorkriegszeit von den Polen verfolgt, am 30. Oktober 1942 erschossen.

Am 29. Januar 1943 wurden im Dorfe Sumyn (Sammelgemeinde Tarnowatka, Distrikt Lublin) 45 Ukrainer, darunter 18 Kinder im Alter von 3–15 Jahren, und am 2. Februar 1943 in den Dörfern Pankow und Scharowola (Sammelgemeinde Tarnowatka) 19 Ukrainer, darunter 8 Kinder vom Alter von 1–13 Jahren, füsiliert.

Die größte Erbitterung ruft das Abtöten von unschuldigen Kindern hervor, denn die ukrainische Bevölkerung kann gar nicht begreifen, daß die deutsche Behöde ihre Zustimmung oder eine Anordnung dazu geben könnte. [...]

Es muß betont werden, daß es nicht so leicht fällt, protokollarische Behauptungen zu sammeln und in die Hand zu bekommen. Leute, denen einmal ein Leid zugefügt wurde, haben Furcht, dasselbe protokollarisch zu bekennen, damit es sie nicht zum zweiten Male trifft, solche Fälle sind mir zur Genüge bekannt. Es ist dies ein Zustand, der alle Bemühungen zur Regelung des Lebens noch erschwert. [...] Es ist ein tragischer, paradoxaler Zustand insbesondere jetzt, da die Ordnung und die Ruhe produktive Arbeit zu einer der wichtigen Voraussetzungen des Sieges über den gemeinsamen Feind des ukrainischen und deutschen Volkes, über den moskowitischen Bolschewismus wird.

Um diese Ordnung auf den von den Ukrainern bewohnten Gebieten des

GG. aufrechtzuerhalten, ist heutzutage eine radikale Wendung im Verhalten der Behörden unentbehrlich. Man muß das Privateigentum des Bauern wiederherstellen, Sicherung der Arbeit und persönliche Sicherheit wieder einführen. Die Voraussetzung dafür wird eine planmäßige Mobilmachung – anstatt einer sinnlosen Menschenjagd – der Bevölkerung für die Arbeit im Reich, ein korrektes Benehmen der niederen Organe der Behörden der ukrainischen Bevölkerung gegenüber sein und vor allem – und dies ist das wichtigste –, es müßten die beständigen, wahllosen Verhaftungen und Erschießungen eingestellt werden, vorzugsweise auf Grund eines in unseren Verhältnissen schwer anzuwendenden Sammelverantwortungsprinzips mit seinen abschreckenden Methoden, bis zu den Erschießungen der kleinen Kinder einschließlich.

Eine auf diese Weise begründete Ordnung und Sicherheit des Lebens und der Arbeit wird zur Grundlage einer wirklich frei- und opferwilligen Mitarbeit des ganzen ukrainischen Volkes beim Aufbau des neuen Europas und in dem von Deutschen geführten Kampfe gegen den Feind dieses Europas, gegen den Bolschewismus.

Krakau, den 25. 2. 1943.

»Plünderungen und Schändungen trugen nicht dazu bei, das Verhältnis zwischen Truppe und Bevölkerung zu bessern«
Bericht des Abwehr-Offiziers der 75. Infanterie-Division

Div. Gef. St., den 29. März 1943

Dem Generalkommando VII. A. K.

Als die Division nach Beendigung des Rückmarsches nach Ssumy kam, fand sie ein Verhalten und eine Einstellung der Bevölkerung vor, die grundlegend verschieden war von derjenigen, die sie bei der Einnahme Ssumys im Oktober 1941 angetroffen hatte. Damals waren die deutschen Truppen als Befreier begrüßt worden und überall freundlich aufgenommen und bewirtet. Während des durch die damalige Schlammperiode bedingten längeren Aufenthaltes größerer Teile der Division in Ssumy und Umgebung trat eine engere Berührung mit der Zivilbevölkerung ein. Das tägliche Leben der Einwohner fing wieder an, seinen geregelten Gang zu gehen. – Jetzt war die Stimmung der Bevölkerung niedergedrückt, der Truppe gegenüber teils abwartend, teils sogar ablehnend. In der Umgebung von Ssumy hatten sich Banden gebildet. Teile der in deutschen Diensten stehenden Schutzmannschaft und landeseigenen Hilfskräfte waren zu den Banden übergetreten.

Als Begründung für diese Wandlung ergab sich folgendes:

A. Für die Zeit unter geregelter deutscher Verwaltung bis Ende '42.

a) Bei der Landbevölkerung

1) Die Landbevölkerung hatte große Erwartungen gehegt in bezug auf Wiederherstellung des Eigenbesitzes, Aufteilung der Kolchosen und Sowchosen und Einführung des freien Bauerntums. In dieser Erwartung sah sie sich getäuscht, weil derartige tiefgreifende Maßnahmen in kurzer Zeit und während der Kriegsläufe nicht durchführbar waren und auch nicht beabsichtigt waren.

2) Die im Frühjahr und Sommer '42 begonnene Einführung der neuen Agrarordnung wurde zunächst mit Freude und Hoffnung begrüßt. Die versprochene Landzuteilung ist teilweise durchgeführt, zum Teil hat die Landbevölkerung aber bis jetzt noch nicht das ihr versprochene Eigenland erhalten.

3) Die Ernte des zugeteilten Landes sollte dem privaten Verbrauch des Landbewohners dienen und ihm die Sorgen um seine Ernährung nehmen. Im Zuge der großen Ablieferungen an Naturalien wurden der Landbevölkerung aber auch vielfach diese Vorräte, die für ihren eigensten Bedarf sein sollten, fortgenommen.

4) Die Möglichkeit der eigenen Viehhaltung wurde freudig aufgenommen und auch in großem Maßstabe durchgeführt. Durch die Notwendigkeit, große Mengen an Schlachtvieh bereitzustellen, mußte auch auf das eigene Vieh des Landesbewohners zurückgegriffen werden. Zum Teil sind hierbei Härten erfolgt, und manchem ist die letzte Kuh fortgenommen. [...]

b) In der Stadt Ssumy

1) Die städtische Bevölkerung leidet unter nicht ausreichender Verpflegung. Stimmung ist in Rußland häufig eine reine Magenfrage. Diejenigen, die bei deutschen Dienststellen arbeiten und das ist ein großer Teil der städtischen Bevölkerung, erhalten auskömmliche Verpflegung, während der übrige Teil auf das angewiesen ist, was er auf einem kleinen Stück Gartenland selbst baut oder was er im Handel erwerben kann. Die Preise für Nahrungsmittel und Gebrauchsgegenstände aller Art sind so hoch, daß bei normalem Verdienst so gut wie nichts gekauft werden kann. Tauschobjekte sind vielfach kaum noch vorhanden.

2) Das Wiederaufleben privaten Handels und Handwerks wurde nicht gestattet bzw. unterbunden. Hierauf legt der Russe im Gegensatz zum bolschewistischen System, bei welchem alles verstaatlicht war, großen Wert, und er ist in der Lage, mit primitivsten Mitteln Gebrauchsgegenstände herzustellen. Die Einrichtung privater Handwerksbetriebe und die Einführung von Heimarbeit, in welcher z. B. hölzerne Teller und Löffel, Tonkrüge und ähnliches hergestellt werden könnten, würden dazu beitragen, daß die so dringend benötigten Gebrauchsgegenstände des täglichen Lebens beschafft werden könnten. Ein Großteil der Bevölkerung hätte Arbeit und Verdienst, und der Wert des Geldes würde gehoben, wenn es für das Geld etwas zu kaufen gäbe.

3) Als nach der Besetzung allmählich die deutschen Dienststellen und

Verwaltungsstellen eintrafen, erhoffte die Bevölkerung hierdurch die Erfüllung ihrer Wünsche und Erwartungen. Als es sich jedoch herausstellte, daß die Tätigkeit dieser Stellen hauptsächlich darin bestand, die Erzeugnisse und Vorräte des Landes zu erfassen und fortzuschaffen, war die Enttäuschung groß.

4) Ein hoher Prozentsatz des Erfolges des Bolschewismus bei der Bevölkerung ist darauf zurückzuführen, daß er das allgemeine Bildungsniveau durch Einführung des Schulzwanges und durch die Möglichkeit, kostenlos höhere Schulen zu besuchen, sehr gehoben hat. Das Fehlen der Möglichkeit, unter deutscher Verwaltung sich höhere Schulbildung zu erwerben bzw. das begonnene Studium fortzusetzen, trägt erheblich dazu bei, Mißstimmung hervorzurufen. Darüber hinaus wird hierin die Absicht erblickt, die Bevölkerung der besetzten Gebiete bewußt auf einem niedrigen Bildungsstand zu halten. [...]

c) Allgemein

1) Die Behandlung des russischen Menschen ist häufig falsch. Er wird vielfach geschlagen, eine Strafe, die der zaristische Russe gewohnt war, die aber der Bolschewismus vollkommen abgeschafft hatte und die jetzt jedem gegen die Ehre geht. Der russische Mitarbeiter wird häufig überheblich behandelt, Dank und Anerkennung, für die der Russe mehr empfänglich ist, werden ihm vorenthalten. Ein freundliches Wort würde oft Wunder wirken, ohne daß deswegen der notwendige Abstand darunter zu leiden brauchte.

2) Große Erbitterung hat die Beschaffung der Arbeitskräfte für den Arbeitseinsatz im Reich hervorgerufen. Da freiwillige Meldungen nicht in genügender Menge vorlagen, mußte zur zwangsweisen Beitreibung geschritten werden. Die Berichte der im Reich Beschäftigten klingen nicht überall günstig. Die unter städtischen Verhältnissen Beschäftigten klagen zum Teil über nicht ausreichende Verpflegung und sehr viel Arbeit.
Es werden Stimmen laut, die den Arbeitseinsatz im Reich mit der Verschickung nach Sibirien vergleichen. Manche glauben nicht an eine Rückkehr ihrer Angehörigen oder nehmen an, daß sie diese nur krank, unterernährt oder überarbeitet wiedersehen.

3) Das Auftreten und Verhalten Angehöriger deutscher Behörden und Dienststellen hat häufig keinen günstigen Eindruck gemacht. Es bestand der Eindruck, daß die Deutschen hauptsächlich Wert darauf legten, in den besetzten Gebieten gut zu leben und ihre eigenen Vorteile wahrzunehmen: »Ssumy war Kurort für Deutsche.« Das moralische Verhalten erregte oft Anstoß, Schiebergeschäfte wurden mit Erstaunen bemerkt.

B. Durch die Ereignisse, die im Zusammenhang mit dem Rückmarsch standen, hat sich die Stimmung der Bevölkerung in Stadt und Land ganz erheblich verschlechtert. Zunächst kamen die Ungarn in großen Mengen, die zum Teil ihre Waffen und Ausrüstungsgegenstände verkauften, Privatwohnungen plünderten, Mädchen und Frauen schändeten und den Eindruck einer völlig geschlagenen Armee und vollkommener Auf-

AN DIE BEVÖLKERUNG DER UKRAINE!

Der Führer Adolf Hitler hat mich zum Reichskommissar für die Ukraine ernannt. Ich führe in seinem Auftrage die Verwaltung Eures Gebietes.

Die deutschen Soldaten haben Euch die Freiheit erkämpft und den Bolschewismus vernichtet.

Die Sowjetmacht ist tot und kann niemals wiederkehren.

Eine neue Zeit bricht jetzt für Euer Land an. Tausende deutscher Soldaten haben dafür ihr Blut und Leben hingegeben. Der Gegner war mächtig, doch er wurde in hartem Kampf vernichtet. Noch aber ist der Krieg nicht beendet; er geht weiter gegen England. England ist auch Euer Feind, wie es der Feind aller europäischen Völker ist.

England hat diesen Krieg über Europa gebracht!

Es ist der Verbündete des Bolschewismus! England muß geschlagen werden, denn Frieden und Wohlstand können erst einkehren, wenn der Sieg über England errungen ist.

Euren Dank an Deutschland und Euren Beitrag im Kampf gegen England leistet durch Eure Arbeit ab. Vor allem ist die Arbeit auf dem Lande von größter Bedeutung.

Wer den Acker bestellt und arbeitet, kämpft dadurch für die neue Zeit des Wohlstandes und des Friedens, die nach dem Siege für Euch kommen wird.

Jetzt ist die Zeit noch hart. Die Bevölkerung dieses Landes hat in der Vergangenheit viele Leiden erduldet. Ich weiß, daß Ihr auch diesesmal die Prüfungen der schweren Zeit ertragen werdet.

Ihr werdet durch Arbeit und Leistung Euren Dank für die Befreiung durch die deutschen Soldaten zeigen.

Ihr werdet durch Fleiß und unermüdliches Schaffen mithelfen, Europa stark zu machen und Eure eigene Wohlfahrt zu fördern. So helft Ihr mit, England zu schlagen.

Nicht Geschwätz und Redereien können jetzt helfen, sondern nur die Bereitschaft jedes einzelnen, alle seine Kräfte zur Verfügung zu stellen. Für Müßiggänger und Gerüchtemacher ist jetzt kein Platz. Alle Kräfte des Landes gehören dem Kampf gegen die Feinde der Menschheit, des Wohlstandes und des Glückes.

Ich werde jeden nur danach beurteilen, wie weit er tatkräftig am Aufbau dieses Landes mithilft. Jeder von Euch soll die Möglichkeit haben, nach seinem Glauben und nach seiner Auffassung zu leben und glücklich zu werden.

Nur durch Fleiß und Arbeit, durch höchste Produktion und Leistung, durch beste Bestellung der Felder, durch vorbildliche Aufzucht Eurer Viehbestände beweist Ihr Euren Willen zum Aufbau einer neuen glücklichen Zeit.

Ich fordere Euch alle auf, meinen Anordnungen und denen der deutschen Generalkommissare und Gebietskommissare in jedem Falle Folge zu leisten. Wer sich dem Willen der deutschen Führung entgegenstellt, wer dem Aufbau des Landes Widerstand leistet, den wird die unerbittliche Strenge des Gesetzes treffen. Jeden Faulenzer und Störenfried werden wir bestrafen.

Wer aber seine Pflicht erfüllt, wird des Segens und der Wohlfahrt der neuen Regierung teilhaftig werden.

Keiner stehe zurück, jeder gebe sein Aeußerstes an steter Hilfsbereitschaft und Schaffenskraft. Dann werden wir gemeinsam die harte Zeit überwinden.

ERICH KOCH
Reichskommissar für die Ukraine.

Stadtdruckerei in Luck

lösung hinterließen. Dazu kam das Zurückgehen deutscher Dienststellen und Verbände, das Erscheinen einzelner schlecht gekleideter Versprengter und regelloser kleinerer Gruppen, wodurch der Eindruck entstand, daß sich auch bei der deutschen Armee Auflösungserscheinungen bemerkbar machten. [...]
In Stadt und Land wurde zunächst die Division sehr zurückhaltend aufgenommen. Übergriffe, die vorkamen, wie Plünderungen und Schändungen, trugen nicht dazu bei, das Verhältnis zwischen Bevölkerung und Truppe zu bessern. [...]

»Wir sind das Herrenvolk«
Bericht über eine Rede des Reichskommissars Ukraine, Erich Koch

Oberkommando der Heeresgruppe B   H. Qu., den 1.4.1943
Q. Qu./VII (Mil. Verw.) B. B. Nr. 83/43 geh.

Geheim

An das OKH / Gen St d H / Gen Qu
Abt. Kr. Verw. (Verw.)

Betr.: Behandlung der Zivilbevölkerung in der Ukraine.

Bezug: OKH / GenSt d H / Gen Qu Abt. Kr. Verw. (Qu 4)
Nr. II / 1736 / 43 geh. vom 23. 3. 1943.

An der Versammlung der NSDAP in Kiew am 5. 3. 1943 hat Oberkriegsverwaltungsrat Dr. Claassen teilgenommen und über den Inhalt der Rede des Reichskommissars mündlich berichtet. Sonstige Unterlagen über den Inhalt der Rede sind hier nicht verfügbar.

I. Über die *Behandlung der Bevölkerung* führte der Reichskommissar im Laufe der Rede an verschiedenen Stellen folgendes aus:

1) Wir sind das Herrenvolk und müssen hart, aber gerecht regieren. [...]

2) Ich werde das Letzte aus diesem Land herausholen.
   Ich bin nicht gekommen, um Segen zu spenden, ich bin gekommen, um dem Führer zu helfen. Die Bevölkerung muß arbeiten, arbeiten und nochmals arbeiten. [...] Nun regen sich einige Leute auf, daß die Bevölkerung vielleicht nicht genug zu essen kriegt. Das kann die Bevölkerung nicht verlangen. Man muß nur daran denken, was unsere Helden in Stalingrad entbehren mußten. [...] Wir sind wahrlich nicht hierhergekommen, um Manna zu streuen, wir sind hierhergekommen, um die Voraussetzungen des Sieges zu schaffen.

3) Wir sind ein Herrenvolk, das bedenken muß, daß der geringste deutsche Arbeiter rassisch und biologisch tausendmal wertvoller ist als die hiesige Bevölkerung. [...]

Für das Oberkommando der Heeresgruppe B
Der Oberquartiermeister
Fähndrich

»Alles, was du für Deutschland tust, ist richtig!«
Geheimbericht aus dem Büro des Generalkommissariats in Minsk über die Lage in Weißruthenien

Geheim!

Freitag
Hauptabteilungs-Leiter III   Minsk, den 28. Juni 1943.
b. Generalkomm. in Minsk

Herrn
Ministerialdirektor Riecke
in Berlin

Betr.: Erfahrungsbericht über die politischen und wirtschaftlichen Probleme des Ostens unter besonderer Berücksichtigung des Generalkommissariats Weißruthenien.

Vor nunmehr fast 2 Jahren sind wir in den russischen Raum als Männer der Verwaltung gekommen. Der Auftrag der militärischen Dienststellen und nachher der deutschen Verwaltung lautet: »Die Nutzung des Raumes für die deutsche Kriegswirtschaft« unter der Parole: »Alles was du für Deutschland tust, ist richtig, alles andere ist falsch!«
Mit diesem Auftrag war die Verpflichtung verbunden, zunächst an den vorhandenen Einrichtungen und Wirtschaftsformen der Sowjets nichts zu ändern, denn auch der Krieg im Osten war nach Ansicht aller verantwortlichen Stellen eine Frage von Wochen, höchstens aber von Monaten. Darauf war die politische Linie und auch alle wirtschaftlichen Maßnahmen abgestimmt. [...]
Zweifellos war nach der zunächst berechtigten Annahme über die Entwicklung des Krieges im Jahre 1941 die Haltung in allen grundsätzlichen Fragen auf politischem und wirtschaftlichem Gebiet verständlich und unbedingt bis zur letzten Konsequenz zu vertreten. Ebenso notwendig ist es aber, daß zumindest heute in letzter Minute grundsätzliche Änderungen in der gesamten Einstellung den früheren Ansichten gegenüber getroffen werden. Denn mit militärischen Mitteln allein sind m. E. die Probleme im Osten nicht zu lösen. Es kommt darauf an, daß auch durch eine klare politische und wirtschaftliche Zielsetzung erreicht wird, daß die Bevölkerung nicht mit den Banditen, sondern mit uns marschiert. Der Wille dazu war und ist auch heute noch bei dem überwiegenden Teil der Bevölkerung vorhanden. Sie hat Verständis für die durch den Krieg bedingten Lasten auf dem landwirtschaftlichen, forstlichen und gewerblichen Sektor gezeigt, wenn die notwendigen Voraussetzungen gegeben waren (Schutz, harte, aber gerechte Behandlung).
Mit Willkürmaßnahmen erreichen wir aber geracezu das Gegenteil. So hatte die Erfassung von Arbeitskräften für das Reich, die an und für sich notwendig ist, katastrophale Auswirkungen. Denn bei den Erfassungs-

maßnahmen der letzten Wochen und Monate handelt es sich um ausgesprochene Menschenjagden, die eine nicht wiedergutzumachende politische und wirtschaftliche Auswirkung haben. Deshalb zieht die Bevölkerung heute Vergleiche mit der früheren Verschickung nach Sibirien und leistet bedingt durch das Vorgehen der Arbeitseinsatzkommissionen diesen großen Widerstand. Aus dem Generalkommissariat Weißruthenien wurden bisher rd. 50 000 Menschen dem Reich zur Verfügung gestellt. Weitere 130 000 sollen erfaßt werden. Bei einer Gesamteinwohnerzahl des Generalkommissariats von 2,4 Mill. ist an eine Erfüllung dieser Kontingente bei den Zuständen im Lande gar nicht zu denken. Sowohl die kriegswichtigen Betriebe als auch die Wirtschaft des Landes, insbesondere die Land-, Holz-, Torf- und Bauwirtschaft, Eisenbahn und Straßenbau können selbst mit Unterstützung der Arbeitsämter ihren eigenen Bedarf nicht decken.

»Der Stützpunkt Machnowka ist vollkommen ausgeräubert, das Vieh abgeschlachtet, die Saatgutspeicher ausgeplündert. Der Stroh- und Heupunkt in Machnowka ist von der deutschen Truppe abgebrannt worden. Bei den Plünderungen in M. stellt man ein gewisses planmäßiges Vorgehen fest. Ja, man ist so weit gegangen, daß man die Starosten ausgeplündert und ihnen insbesondere Bekleidungsstücke und Stiefel weggenommen hat. Ferner sind von der Truppe in M. mehrere Mädchen vergewaltigt worden.« [. . .]

Bericht des Referenten Winkler von der Hauptabteilung Ernährung vom 20. 11. 1943.

Trotz der oben geschilderten Lage im Lande wurden aus dem Erntejahr 1942 durch den rücksichtslosen Einsatz aller Landwirtschaftsführer von den wichtigsten landwirtschaftlichen Erzeugnissen aufgebracht:

Getreide	81,5 %
Stroh	80 %
Heu	83,9 %
Kartoffeln	62,2 %
Fleisch	40,5 %
Fett	38,5 %
Leinsaat	82,5 %

Durch die Aktivität der Banditen wurden von den erfaßten Mengen vernichtet:

Getreide	20 %
Stroh	50 %
Heu	41 %
Kartoffeln	5,4 %
Fleisch	11,2 %
Fett	10 %

Bei der Erfüllung dieser Aufgaben sind bis heute 32 Landwirtschaftsführer der Abteilung Ernährung und Landwirtschaft gefallen, das sind 13 % aller Mitarbeiter.

WEGEN SABOTAGE WURDEN ZUM TODE VERURTEILT:

Stephan MATULIN
Wassil KISLING
Stephan SAWICKI

aus Wischgorod (Rayon Kiew-West)

Sie sabotierten die Anordnungen der deutschen Verwaltung, hinderten Arbeitswillige an der Ausübung ihrer Tätigkeit und entfernten auf Anordnung der deutschen Verwaltung angebrachte Plakate.

DIE TÄTER WURDEN HEUTE STANDRECHTLICH ERSCHOSSEN!

Kiew, den 5. März 1942   DER GEBIETSKOMMISSAR

ЗА САБОТАЖ ЗАСУДЖЕНО ДО СМЕРТНОЇ КАРИ:

Степана МАТУЛІНА
Василя КІСЛІНГА
Степана САВІЦЬКОГО

з Вишгорода (район Київ-Захід).

Вони саботували розпорядження німецької влади, перешкоджали робітникам-добровільцям виконувати їх роботу і зривали плакати, що їх було вивішено з наказу німецької влади.

ЗЛОЧИНЦІВ СЬОГОДНІ РОЗСТРІЛЯНО ЗА ВИРОКОМ ВОЄННО-ПОЛЬОВОГО СУДУ!

Київ, 5 березня 1942 р.   ГЕБІТСКОМІСАР

Von den im Mai 1942 in der Bewirtschaftung der LO [Landbewirtschaftungsgesellschaft Ostland m.b.H.] befindlichen 965 Staatsgütern werden heute noch bewirtschaftet bzw. kontrolliert 312. Davon sind fest in unserer Hand 107.

Alle be- und verarbeitenden Betriebe, die sich nicht in den stark gesicherten Städten bzw. Stützpunkten befinden, sind zerstört. Durch die im November 1942 durchgeführten Großaktionen der SS und Polizei fallen nach den bisherigen Feststellungen rd. 115 000 ha Ackerland aus, da die Bevölkerung nicht mehr vorhanden ist und die Dörfer dem Erdboden gleichgemacht sind. [...]

»Menschentiere«
Heinrich Himmler bei einer
SS-Gruppenführertagung am 4. Oktober 1943
über Russen und Slawen

Bei ihm [dem Russen!] macht es nur die Masse, und diese Masse muß eben zertreten und abgestochen, abgeschlachtet werden. Es ist, um einmal ein ganz brutales Beispiel zu gebrauchen, wie bei einem Schwein, das abgestochen wird und allmählich ausbluten muß.

[...] Was Sie sich auch über einen Russen erzählen lassen mögen, es ist alles wahr. Es ist wahr, daß ein Teil dieser Russen inbrünstig fromm ist und inbrünstig an die Mutter Gottes von Khasan oder von sonst irgendwo glaubt, absolut wahr. Es ist wahr, daß die Wolgaschiffer herrlich singen, es ist wahr, daß der Russe heute in der modernen Zeit ein guter Improvisator und guter Techniker ist. Es ist wahr, daß er zum großen Teil sogar kinderlieb ist. Es ist wahr, daß er sehr fleißig arbeiten kann. Es ist genauso wahr, daß er stinkend faul ist. Es ist genauso wahr, daß er eine hemmungslose Bestie ist, die andere Menschen foltern und quälen kann, wie es ein Teufel sich nicht auszudenken vermag. Es ist genauso wahr, daß der Russe, hoch oder niedrig, zu den perversesten Dingen neigt, bis zum Auffressen seines Kameraden und bis zum Aufbewahren der Leber seines Nachbarn in seinem Brotbeutel. Das ist in der Gefühls- und Wertskala dieser slawischen Menschen alles enthalten. Es ist oft eine reine Glückssache, welches Los er gerade zieht, und für den, der diese Bestie nicht genau kennt, ist es ein sehr großes Rätsel: was hat der Kerl jetzt gerade vor.

Die Russen selber kennen sich ja sehr genau und haben ein sehr praktisches System erfunden, ob es die Zaren waren mit der Uchrana oder Herr Lenin und Herr Stalin mit der GPU oder der NKWD. Wenn vier Russen beisammen sind mit Väterchen, Mütterchen und Kinderchen, so weiß von den vieren oder fünfen keiner, wer verrät nun gerade wen, wer

---

»Das bolschewistische Rußland ist ein Judenkonzern des armen geknechteten russischen Volkes. Sklaverei und Barbarei, dein Name heißt Bolschewismus!

So sind wir denn in unserer Zeit Zeugen eines gigantischen Ringens von Gut und Böse, von Aufbau und Zerstörung, dort brennende Kirchen, Scheiterhaufen, Mord und Lebensvernichtung – hier Lebensfreude, Lebenskraft, Gemeinschaft und Aufbau, ausgedrückt in den weltanschaulichen Begriffen:

Bolschewismus ist die Lehre jüdischer Satanei. *Nationalsozialismus* ist die Lehre nordischer Einsicht und Vernunft.

Rußland hat das Lachen verloren. Und in Deutschland herrscht ›Kraft durch Freude‹.«

Aus einer Rede von Robert Ley auf dem Parteitag 1936 in Nürnberg ist nun der Spitzel, der den Vater angibt, ist es die Mutter oder ist es die Tochter? Und wer gibt nun umgekehrt diese an? Im Zweifelsfalle sind es zwei, manchmal sogar drei Spitzel in dieser Familie. Ich sage damit nicht zuviel. Für die Stadt trifft diese Feststellung bedingungslos zu. Für das Land werden ihnen unsere Kameraden, die drüben im Osten sind, erzählen können, daß in jedem Dorf, auch nach dem Abzug der Bolschewiken, immer noch 20 bis 30 NKWD-Spitzel und -Agenten sind. Damit ist eine absolute Sicherheit dafür gegeben, daß keine Konspiration entstehen kann, weil durch diesen Spitzelapparat immer alles nach oben gemeldet wird. Dann kommt die Pistole oder die Verschickung, und damit ist dieses Volk zu regieren.

Ein Grundsatz muß für den SS-Mann absolut gelten: ehrlich, anständig, treu und kameradschaftlich haben wir zu Angehörigen unseres eigenen Blutes zu sein und zu sonst niemandem. Wie es den Russen geht, wie es den Tschechen geht, ist mir total gleichgültig. Das, was in den Völkern an gutem Blut unserer Art vorhanden ist, werden wir uns holen, indem wir ihnen, wenn notwendig, die Kinder rauben und sie bei uns großziehen. Ob die anderen Völker in Wohlstand leben oder ob sie verrecken vor Hunger, das interessiert mich nur soweit, als wir sie als Sklaven für unsere Kultur brauchen, anders interessiert mich das nicht. Ob bei dem Bau eines Panzergrabens 10 000 russische Weiber an Entkräftung umfallen oder nicht, interessiert mich nur insoweit, als der Panzergraben für Deutschland fertig wird. Wir werden niemals roh und herzlos sein, wo es nicht sein muß; das ist klar. Wir Deutsche, die wir als einzige auf der Welt eine anständige Einstellung zum Tier haben, werden ja auch zu diesen Menschentieren eine anständige Einstellung einnehmen, aber es ist ein Verbrechen gegen unser eigenes Blut, uns um sie Sorge zu machen [...]

»Die Knochen mittels einer Mühle zu Mehl vermahlen«
Zwei Überlebende der Lemberger »Todesbrigade« berichten

Heinrich Chamaides, David Manuschewitz und Moische Korn (v.l.n.r.) auf der Plattform der Knochenmühle im Janowska-Lager in Lemberg. Sie gehören einem der vielen »Enterdungs-Kommandos« an, die 1943/1944 die Massengräber beseitigen müssen.

»Ungefähr 45 000 oder 50 000 Menschen exhumiert«
Aussage von Heinrich Chamaides
vom 21. 9. 1944

Im Juli 1941 bekam ich als Mechaniker eine Stelle in einer Fabrik in der Janower Straße. In dieser Fabrik arbeiteten 800 Polen, Juden und Ukrainer. Leiter der Fabrik war der Oberst Gibauer [Gebauer], sein Vertreter für die Produktionsabteilung war der Volksdeutsche Chmilezki. Während der ersten Tage durften wir nach der Arbeit nach Hause gehen, im November 1941 wurden dann jedoch die jüdischen Arbeiter im Janowska-Lager untergebracht. Im ganzen waren wir damals 580 Personen. Leiter des Janowska-Lagers war Sturmführer Wil[l]haus, sein Vertreter Sturmführer Rokita. Im Lager befanden sich etwa 9000 Juden, Polen und Ukrainer, und zwar Männer, Frauen und Kinder.
Ich habe als Augenzeuge miterlebt, wie in diesem Lager Menschen getötet worden sind. Die Lagerbewohner mußten in der Fabrik arbeiten, zu essen gab man ihnen faulende Kartoffeln und 100 Gramm Brot für zwei bis drei Tage. Die Folge dieser Lebensbedingungen war das Aufkommen von Typhus im Lager. Man forderte uns auf, uns zum Zwecke der Entseuchung auszuziehen, und dann ließ man uns drei Tage lang in der Sonne und ohne Kleidung und ohne Nahrung warten. Schließlich gab man uns zerrissene Kleidungsstücke, unsere Wäsche hingegen behielt man ein. In diesen Tagen verhungerten täglich bis zu 200 oder 300 Menschen. In der kalten Jahreszeit wurde ein Kessel mit kaltem Wasser gefüllt, und in diesem Kessel mußten die Arbeiter, die schmutzig von der Arbeit in der Fabrik zurückkamen, baden. Man schlug sie mit Gummiknüppeln und photographierte sie anschließend. Seife bekamen die Arbeiter nicht.
Es kam auch vor, daß Lagerinsassen einen Traktor ziehen mußten und dabei mit Gummiknüppeln geschlagen wurden. Wer hinfiel, der wurde erschossen. Es kam auch vor, daß alle antreten und über eine große Wiese laufen mußten. Fiel hierbei jemand hin, so hat man ihn gleich an Ort und Stelle erschossen. Schließlich kam es vor, daß die Häftlinge antreten und an einer Reihe von Polizisten vorbeilaufen mußten. Die Polizisten stellten ihnen Beine und hieben mit Gewehrkolben auf sie ein. Diejenigen, die dabei hinfielen, wurden in eine Stacheldrahteinzäunung gebracht und später zur Erschießung fortgeschafft. [...]

Im Janowska-Lager befanden sich auch meine Frau, meine beiden Kinder und mein Bruder. Im Juni 1943 beschloß ich im Einvernehmen mit meinem Bruder zu fliehen. Ich erinnere mich nicht mehr, an welchem Tage ich das Brett aus dem Zaun herausgebrochen hatte und geflohen war, jedenfalls griff mich die Polizei bereits drei Tage später wieder auf und brachte mich nach Lemberg ins Gefängnis in der Loneskistraße. Hier mißhandelten mich ukrainische Polizisten. Drei Tage später wurde ich ins Lager gebracht, wo man mich abermals schlug. Wieder später führte man uns, insgesamt zwölf Personen, zur Erschießung. Unterwegs begegnete uns der SD-Leiter Untersturmführer Scherlak, der sechs von uns in die Sandgruben bringen ließ, wo immer die Erschießungen stattfanden, die übrigen sechs wurden erschossen. Als ich in die Sandgrube kam, die sich ungefähr 1,5 bis 2 Kilometer vom Lager entfernt befand, wurde ich der aus 126 Personen bestehenden Todesbrigade zugeteilt.

Wir mußten Gräber öffnen, Leichen exhumieren und die exhumierten Leichen verbrennen. In den Gräbern lagen jeweils 1000 oder 2000 Leichen. Außerdem fanden wir im »Tal des Todes« die Leichen von etwa sechzig- oder siebzigtausend Menschen, die erst vor relativ kurzer Zeit erschossen worden waren. Zum Teil waren die Leichen bekleidet, zum Teil waren sie unbekleidet. An den Kleidungsstücken konnte man erkennen, daß es sich um Kriegsgefangene und um Zivilisten handelte. [...]

Im September 1943 wurde unsere Brigade nach Abschluß der Leichenverbrennung in den Wald von Ligakovsk [?] verlegt. Auch in diesem Wald mußten wir Gräber öffnen. Es gab hier insgesamt 45 Gräber, in denen wir bekleidete und unbekleidete Leichen vorfanden. Aus den Kleidungsstücken konnte ich schließen, daß es sich bei den Erschossenen um russische und italienische Gefangene und um Zivilisten handelte. Ich erinnere mich gut, daß in einem der Massengräber ausschließlich Kriegsgefangene, und zwar etwa 2500, lagen. Insgesamt haben wir aus diesen Gräbern ungefähr fünfundvierzig- oder fünfzigtausend Menschen exhumiert. Alle Leichen haben wir auch verbrannt, indem wir Holz und Leichen zu 4–5 Meter hohen Haufen aufschichteten und mit Benzin übergossen. Nach der Verbrennung wurden Goldgegenstände ausgesondert, die Knochen wurden mittels einer besonderen Mühle zu Mehl vermahlen, und die gesamte anfallende Asche wurde zuletzt im Wald ausgestreut. Außerdem erschoß die Polizei zwischen zwei- und fünfhundert Menschen täglich, einmal waren es, wie ich mich erinnere, 2500 Menschen.

Die Gräber mußten wir, nachdem wir die Leichen exhumiert hatten, mit Erde auffüllen und mit jungen Bäumen bepflanzen. In einige der Gräber warfen wir Asche verbrannter Leichen, damit es Beweise für die Verbrechen der Deutschen gäbe für den Fall, daß jemand von uns am Leben bliebe. In diesem Lager sind überwiegend Juden erschossen worden, und zwar Männer, Frauen und Kinder. Die Menschen wurden mit Kraftfahrzeugen abtransportiert, völlig entkleidet und dann erschossen. Als Augenzeuge habe ich miterlebt, wie ein deutscher Gewaltverbrecher, dessen Namen ich nicht kenne, einen achtjährigen Jungen zerschmetterte und ins Feuer warf. Einige ein- und zweijährige Kinder warf man lebend ins Feuer. Die Verbrecher gaben ihren Opfern mit Wasser gefüllte Gläser zum Halten und übten sich dann im Schießen: Trafen sie das Glas, so blieb der Betreffende am Leben, trafen sie aber die Hand oder den Arm, so gingen sie zum Betreffenden hin, sagten ihm, er sei arbeitsuntauglich und müsse deswegen erschossen werden, und erschossen ihn dann gleich an Ort und Stelle. Kleine Kinder warf man in die Luft und erschoß sie im Fallen.

Die Leiter des Lagers in Ligakovsk [?] waren die Gewaltverbrecher: Scherlak, Jelitko [Lelittko] und Rauch. Es ist mir ferner bekannt, daß aus Warschau, Lublin und Krakau Offiziere ins Lager kamen, um in der Leichenverbrennung unterwiesen zu werden. Die Gewaltverbrecher gaben diesen Offizieren Berichte darüber, wie die Gräber zugeschüttet und bepflanzt, wie die Leichen verbrannt und die Knochen mittels einer besonderen Mühle gemahlen und wie die Überreste ausgestreut werden müssen. Unsere Brigade wohnte in einem Zelt, das von Stacheldraht umgeben war. Zu essen bekamen wir Suppe mit verdorbenen Kartoffeln und 150 Gramm Brot pro Tag.

Nach Abschluß der Leichenverbrennung in diesem Lager erfuhren wir, daß man uns am folgenden Tage erschießen werde, und so verabredeten wir zu fliehen. Am 19. November 1943 töteten wir zwei Wachposten, ein dritter aber, den wir nur verletzt hatten, begann zu schreien. Wir liefen nach allen Richtungen davon. Die Polizei, die das Lager bewachte, schaltete Scheinwerfer ein, und von Flugzeugen aus eröffnete man auf uns das Feuer. Von uns 126 überlebten nur zwölf, alle übrigen kamen um.

Im Janowska-Lager kamen meine Frau, meine beiden Kinder, zwei Brüder, drei Schwestern und meine Mutter ums Leben.

»Dann zwang er mich, die Leiche meiner Frau ins Feuer zu werfen«
Aussage von Moische Korn vom 13. 9. 1944

Nach der Öffnung der Gräber bereiteten wir neben den Gräbern einen besonderen Platz vor, auf dem schichtweise Holz und Leichen in 10 × 10 × 10 Meter großen Stapeln aufgetürmt wurden. Auf diesen Stapeln lagen jeweils zwischen 1200 und 1600 Leichen. Es gab auch Stapel mit 2000 Leichen. War so ein Stapel fertig, so haben wir ihn mit Teer übergossen, außerdem haben wir einen Eimer Benzin über den Stapel geschüttet. Dann haben wir einen Stock in Benzin getaucht, ihn angezündet und aus einer gewissen Entfernung auf den Stapel geworfen. So ein Leichenstapel brannte, je nach Größte, drei bis fünf Tage lang. War das Feuer schließlich erloschen, so sammelten wir die Asche und siebten sie. Die dabei anfallenden Wertgegenstände nahmen sich die SS-Männer, während wir die Knochen in einer Mühle zu Knochenmehl verarbeiteten. Asche und Knochenmehl schütteten wir in die Gräber oder streuten sie in den Wind. Die Maschine zum Zermahlen der Knochen war folgendermaßen aufgebaut: Auf einer Plattform mit den Abmessungen 4 × 2 Meter befand sich rechts vorn ein Dieselmotor, der über einen Riemen eine Scheibe antrieb, welche auf der Achse einer Trommel angeordnet war, in der gußeiserne Kugeln abgewälzt wurden. Derselbe Motor bewegte über einen Kurbeltrieb ein Transportband mit aufgeschraubten Bechern. Unterhalb der Trommel befand sich ein Aufnahmebunker für das Knochenmehl. Beim Betrieb der Knochenmühle wurden die halbverbrannten Knochen von den Bechern des Förderbandes in die Trommel eingebracht und dann gemahlen. Das Knochenmehl sammelte sich im Aufnahmebunker, wurde von diesem in bestimmten Zeitabständen ausgestoßen und konnte nun vergraben oder in den Wind gestreut werden.

Einmal brachte die SS, wie das ja oft vorkam, mit Lastkraftwagen Lagerbewohner zu uns heraus zur Erschießung. Die Exekution fand in unmittelbarer Nähe des Platzes statt, an dem wir die (exhumierten) Leichen in Brand setzten. Man befahl uns, die Exekutierten zum Feuer zu tragen und zu verbrennen. Ich ging zu den Leichen und sah anstelle von Gesichtern lauter blutige Masken. Es war unmöglich, hier jemanden nach dem Gesicht zu erkennen. Die Leichen waren überdies nackt. Dann erkannte ich in einer der Frauen meine eigene Frau. Ich erkannte sie an einem Malzeichen. Ich bat den Untersturmführer Scherlak, auch mich zu töten, war doch das Leben nun sinnlos geworden, nachdem man mir die Frau und die Kinder umgebracht hatte. Scherlak erwiderte, ich würde so lange am Leben bleiben, solange man mich brauche und solange ich arbeitsfähig sei. Dann zwang er mich, die Leiche meiner Frau ins Feuer zu werfen. Ich muß noch sagen, daß die Todesbrigaden, die die Exhumierung und die Verbrennung der Leichen vornahmen, dem Befehl von folgenden Angehörigen des »Kommandos 1005« unterstanden: Untersturmführer Scherlak, klein, schwarzes Haar, etwa 40 Jahre alt; dessen Stellvertreter Oberscharführer Rauch, groß, hager, schwarzes Haar, Deutscher, 32 Jahre alt; Oberscharführer Ulman [Ulmer], der als Kraftfahrer die exhumierten Leichen zur Verbrennung brachte. Dem Kommando haben insgesamt 120 Personen angehört. Von den genannten Kommandeuren abgesehen, bei denen es sich um SS-Männer handelte, waren die übrigen Angehörigen des Kommandos Gestapomänner, die die Verbrennungsorte bewachten.

Ich floh aus dem Todeskommando im Oktober 1943. Ich war am 17. Oktober mit Unterscharführer Ulman [Ulmer] mit dem Wagen in der Stadt gewesen, weil Brennholz beschafft werden mußte. Wir kamen in die Polčinskistraße, und dort sagte mir ein auf dem Hof arbeitender Pole, den man aus dem Gefängnis in der Loneskistraße hierher gebracht hatte, an diesem Tage und am nächsten Tage werde das gesamte Janowska-Lager liquidiert werden. Nach meiner Rückkehr zur Todesbrigade berichtete ich dem Brigadeleiter David Gerhest, wir müßten uns sofort aus dem Staube machen, anderenfalls würde man uns alle umbringen. Gerhest war damit nicht einverstanden. Darauf beschlossen wir, allein zu fliehen. Am nächsten Tage ist die erste Hälfte der Lagerinsassen erschossen worden, am 19. Oktober die zweite Hälfte. In der Nacht des 19. Oktober hat ein Angehöriger unseres Kommandos einem Posten brennende Kohlen ins Gesicht und in die Augen geworfen, und ich habe dann den Posten mit den Stiefelabsätzen umgebracht. Dasselbe machten wir mit zwei anderen Posten, dann flohen wir. Man eröffnete jedoch auf uns das Feuer, und von uns 120 konnten sich nur zwölf in Sicherheit bringen.

Anhang

Abkürzungen

a.a.O.	am angegebenen Ort
Abt.	Abteilung
Abw.	Abwehr
a.D.	außer Dienst
AHQ(u)	Armeehauptquartier
Akt.	Akte(n)
AO	Abwehroffizier
A.K	Armeekorps
AOK	Armeeoberkommando
Ausg.	Ausgabe
Auss.	Aussage
AWA	Allgemeines Wehrmachtsamt im OKW
Az.	Aktenzeichen
b.	beim
Batl.	Bataillon
Bd.	Band
B.d.E.	Befehlshaber des Ersatzheeres
BdS	Befehlshaber der Sicherheitspolizei und des SD
Bfh.	Befehlshaber
Bez.	Bezirk
BGH	Bundesgerichtshof
Bl.	Blatt
d.	der
D.	Dotor der Theologie
DAF	Deutsche Arbeitsfront
d.M.	des Monats
Div.	Division
Dok.	Dokument
Dulag	(Kriegsgefangenen-)Durchgangslager
Ebd.	Ebenda
EGr	Einsatzgruppe
EK	Einsatzkommando (der Sicherheitspolizei und des SD)
EM	Ereignismeldung UdSSR
ev.	evangelisch
f.	folgende
f.d.R.d.A.	für die Richtigkeit der Abschrift
ff.	fortfolgende
g.	geheim
Geb.	Gebiet(s)
Gef.	Gefangene(r)
Gef.St.	Gefechtsstand
geh.	geheim
Gen.	General
Gen.Gouv.	Generalgouvernement
GenQu	Generalquartiermeister
GenStdH	Generalstab des Heeres
Gestapo	Geheime Staatspolizei
gez.	gezeichnet

GFP	Geheime Feldpolizei
GG	Generalgouvernement
g.Kdos.	geheime Kommandosache
	(zweithöchster militärischer Geheimhaltungsgrad)
GPU	Gosudarstwennoje Politscheskoje Uprawlenie = Staatliche
	Politische Verwaltung, politische Staatspolizei in der UdSSR
GStA	Generalstaatsanwaltschaft
H.	Heeres-
H.Dv.	Heeresdienstvorschrift
HNW	Heeresnachrichtenwesen
Hptm.	Hauptmann
H.Qu.	Hauptquartier
Ia	1. Generalstabsoffizier (Leiter der Führungsabt.)
Ib	2. Generalstabsoffizier (Leiter der Quartiermeisterabt.)
Ic	3. Generalstabsoffizier (Feindnachrichten und Abwehr)
Ic/A. O.	Abwehroffizier in der Abt. Ic
I.D.	Infanteriedivision
i.G.	im Generalstab
Inf.Div.	Infanteriedivision
IMT	Internatinonales Militär Tribunal, amtlicher deutscher Text,
	Bd. I–XLII, Nürnberg 1947–1949.
K.	Kriegs-
Kdeur	Kommandeur
Kdos.	Kommandosache
KdR.	Kommandeur
KdS	Kommandeur der Sicherheitspolizei und des SD, dem BdS
	untergeordnet
Kgf., K.G.	Kriegsgefangene(r)
KL	Konzentrationslager
komm.	kommunistisch(e)
Komm.	Kommissar
Komp.	Kompanie
KP(dSU)	Kommunistische Partei (der Sowjetunion)
Kr.	Kriegs...
Kr.Gef.	Kriegsgefangene(r)
Krim.	Kriminal-
Kripo	Kriminalpolizei
KVR	Kriegsverwaltungsrat
KZ, KL	Konzentrationslager
lei.	leichte
LG	Landgericht
lit.	litauisch
Lkw	Lastkraftwagen
l. M. G./LMG	leichtes Maschinengewehr
LO	Leitzordner
Lt./Ltn.	Leutnant
MG	Maschinengewehr
Mil.	Militär(-)
Min.Dir.	Ministerialdirektor
Min.Rat	Ministerialrat
MP(i)	Maschinenpistole
MStGB	Militärstrafgesetzbuch

Nbg.Dok.	Nürnberger Dokument
NKWD	Narodny kommissariat wnutrennich des = Volkskommissariat des Innern
NSKK	Nationalsozialistisches Kraftfahrkorps
O.	Ober...
OB	Oberbefehlshaber
ObdH	Oberbefehlshaber des Heeres
Oberstlt.	Oberstleutnant
Oblt./Olt.	Oberleutnant
O1	1. Ordonnanzoffizier
Offz.	Offizier
O.K.	Ortskommandantur
O.Kdo	Oberkommando
OKH	Oberkommando des Heeres
OKVRat	Oberkriegsverwaltungsrat
OKW	Oberkommando der Wehrmacht
OLG	Oberlandesgericht
OT	Organisation Todt (nach ihrem Leiter Todt benannte uniformierte Sonderorganisation für kriegswichtige Bauvorhaben, beschäftigte u. a. Kriegsgefangene und KZ-Häftlinge).
O.U.	Ortsunterkunft
Pol.	Polizei
Politruk	politischer Offizier einer sowjetischen Truppeneinheit
Prop.-Komp.(PK)	Propagandakompanie
Qu.	Quartier
R.	Reichs...
Ref.	Referat
REM	Reichsernährungsministerium
Res.	Reserve
RFSS	Reichsführer SS
Rgt.	Regiment
RM	Reichsmark
RMdI	Reichsministerium des Innern
RMfdbO	Reichsministerium für die besetzten Ostgebiete
Rs.	Reichssache
RSHA	Reichssicherheitshauptamt
RStGB	Reichstrafgesetzbuch
Rev.	Revier
Rü.	Rüstungs-
rückw.	rückwärtig(es)
russ.	russisch(e)
RWM	Reichswirtschaftsministerium
s.	siehe
SA	»Sturmabteilung« der NSDAP
San.	Sanität
SchP.	Schutzpolizei
SD	Sicherheitsdienst RFSS
Sipo	Sicherheitspolizei
SK	Sonderkommando
s.M.G./SMG	schweres Maschinengewehr
SP	Sicherheitspolizei
SS-Brif.	SS-Brigadeführer (= Generalmajor)

SS-Gruf.	SS-Gruppenführer (= Generalleutnant)
SS-Hstuf.	SS-Hauptsturmführer (= Hauptmann)
SS-Oberf.	SS-Oberführer ($\approx$ Generalmajor)
SS-OGruf.	SS-Obergruppenführer (= General)
SS-Oscha.	SS-Oberscharführer (= Feldwebel)
SS-OStubaf.	SS-Obersturmbannführer (= Oberstleutnant)
SS-OStuf.	SS-Obersturmführer (= Oberleutnant)
SSPF	SS- und Polizeiführer
SSR	Sozialistische Sowjetrepublik
SS-Staf.	SS-Standartenführer (=Oberst)
SS-Stubaf.	SS-Sturmbannführer (= Major)
SS-Uscha.	SS-Unterscharführer (= Unteroffizier)
SS-Ustuf.	SS-Untersturmführer (= Leutnant)
St.	Stab(s)-
StA	Staatsanwaltschaft
Stalag	(Mannschafts-)Stammlager für Kriegsgefangene
Stapo	Staatspolizei
SU	Sowjet-Union
Tgb.	Tagebuch
Tscheka	Tschreswytschajanaja Kommissija = Außerordentliche Kommission (für den Kampf gegen Konterrevolution und Sabotage. Sowjetische Staatssicherheitsorganisation)
Uffz.	Unteroffizier
ukr.	ukrainisch
v.	von
Verf.	Verfahren
V.P.	Vierjahresplan
Wachtm./Wm.	Wachtmeister
WFSt	Wehrmachtsführungsstab
Wi.	Wirtschafts-
WiRüAmt	Wehrwirtschafts- und Rüstungsamt
z.b.V.	zur besonderen Verfügung
z.D.	zur Disposition
ZO	Zentralstelle für Angehörige der Ostvölker (Berlin)
ZSt.	Zentrale Stelle der Landesjustizverwaltungen zur Aufklärung nationalsozialistischer Verbrechen in Ludwigsburg

Nachweis der Dokumente

Hinweis: Sämtliche Aktenzeichen und Angaben beziehen sich, sofern nichts anderes angegeben, auf die Zentrale Stelle der Landesjustizverwaltungen in Ludwigsburg. Die »Ereignismeldungen UdSSR des Chefs der Sicherheitspolizei und des SD« sind nach den in Ludwigsburg vorliegenden Kopien zitiert. Gleiches gilt für die »Nürnberger Dokumente« (Nbg. Dok.), d. h. jene Dokumente, die in den Nürnberger Prozessen der Alliierten als Beweismaterial vorgelegt wurden. Die Abkürzung IMT bedeutet, daß die Dokumente in der vielbändigen Reihe »Der Prozeß gegen die Hauptkriegsverbrecher vor dem Internationalen Militärgerichtshof. Nürnberg, 14. November 1945 – 1. Oktober 1946, Amtlicher Text, Deutsche Ausgabe« abgedruckt sind.

Einführung

1 Als Anlaß des Überfalls wird v. a. der Einsatz des SS-Sturmbannführer Alfred Naujocks hochgespielt: Naujocks besetzt mit einem als Polen verkleideten Kommando den oberschlesischen Rundfunksender Gleiwitz und läßt vorgeblich polnische Drohungen verlesen.

2 Über die Haltung der Wehrmacht klagt ein Erlaß des Oberbefehlshabers des Heeres, Generaloberst von Brauchitsch, an die Offiziere des Heeres vom 25. 10. 1939:

»Leistungen und Erfolge des polnischen Feldzuges dürfen nicht darüber hinwegsehen lassen, daß einem Teil unserer Offiziere die feste innere Haltung fehlt. Eine bedenkliche Anzahl von Fällen, wie unrechtmäßige Beitreibung, unerlaubte Beschlagnahme, persönliche Bereicherung, Unterschlagung und Diebstahl, Mißhandlung oder Bedrohung von Untergebenen teils in der Erregung, teils in sinnloser Betrunkenheit, Ungehorsam mit schwersten Folgen für die unterstellte Truppe, Notzuchtsverbrechen an einer verheirateten Frau usw., geben ein Bild von Landsknechtsmanieren, die nicht scharf genug verurteilt werden können.«

Zit. n. Helmuth Groscurth, Tagebücher eines Abwehroffiziers 1938–1940, mit weiteren Dokumenten zur Militäropposition gegen Hitler. Hrsg. von Helmut Krausnick und Harold C. Deutsch, unter Mitarbeit von Hildegard von Kotze, Stuttgart 1970, S. 386.

3 Schon vor dem Überfall wird geregelt, daß militärische Verbrechen nicht verfolgt werden müssen. Gegen ganze Ortschaften sind »kollektive Gewaltmaßnahmen« erlaubt. In dem »Erlaß über die Ausübung der Kriegsgerichtsbarkeit im Gebiet ›Barbarossa‹ und über besondere Maßnahmen der Truppe« vom 13. 5. 1941 (Nbg. Dok. 050-C, IMT, Bd. XXXIV) heißt es:

I. Behandlung von Straftaten feindlicher Zivilpersonen:
[...] Gegen Ortschaften, aus denen die Wehrmacht hinterhältig oder heimtückisch angegriffen wurde, werden unverzüglich auf Anordnung eines Offiziers in der Dienststellung mindestens eines Bataillons- usw. Kommandeurs kollektive Gewaltmaßnahmen durchgeführt, wenn die Umstände eine rasche Feststellung einzelner Täter nicht gestatten [...]

II. Behandlung der Straftaten von Angehörigen der Wehrmacht und des Gefolges gegen Landeseinwohner:

1. Für Handlungen, die Angehörige der Wehrmacht und des Gefolges gegen feindliche Zivilpersonen begehen, besteht kein Verfolgungszwang, auch dann nicht, wenn die Tat zugleich ein militärisches Verbrechen oder Vergehen ist.

2. Bei der Beurteilung solcher Taten ist in jeder Verfahrenslage zu berücksichtigen, daß der Zusammenbruch im Jahre 1918, die spätere Leidenszeit des deutschen Volkes und der Kampf gegen den Nationalsozialismus mit den zahllosen Blutopfern der Bewegung entscheidend auf bolschewistischen Einfluß zurückzuführen war und daß kein Deutscher dies vergessen hat.

3. Der Gerichtsherr prüft daher, ob in solchen Fällen eine disziplinare Ahndung angezeigt oder ob ein gerichtliches Einschreiten notwendig ist. Der Gerichtsherr ordnet die Verfolgung von Taten gegen Landeseinwohner im kriegsgerichtlichen Verfahren nur dann an, wenn es die Aufrechterhaltung der Manneszucht oder die Sicherung der Truppe erfordert. Das gilt z. B. für schwere Taten, die auf geschlechtlicher Hemmungslosigkeit beruhen, einer verbrecherischen Veranlagung entspringen oder ein Anzeichen dafür sind, daß die Truppe zu verwildern droht. Nicht milder sind in der Regel zu beurteilen Straftaten, durch die sinnlos Unterkünfte sowie Vorräte oder anderes Beutegut zum Nachteil der eigenen Truppe vernichtet werden. [...]

Im Auftrage
Der Chef des Oberkommandos der Wehrmacht
gez. Keitel

Ebenfalls vor dem Überfall ergehen Richtlinien, wonach völkerrechtswidrig politische Funktionäre (»Kommissare«) »unauffällig« zu erschießen sind. Die »Richtlinien für die Behandlung politischer Kommissare«, kurz »Kommissarbefehl« genannt, werden am 6.6.1941 vom Oberkommando der Wehrmacht an die Oberbefehlshaber der drei Wehrmachtsteile übersandt.

4 Zit. n. Gerd R. Ueberschär/Wolfram Wette (Hrsg.): »Unternehmen Barbarossa«, Der deutsche Überfall auf die Sowjetunion 1941. Paderborn 1984, S. 305.

5 Erklärung in der »Deutschen diplomatisch-politischen Information« vom 27.6.1941, Nachdruck im Völkischen Beobachter am 28.6., Nr. 179, Berliner Ausgabe, zit. n. Ueberschär/Wette, a.a.O., S. 323.

6 Befehl vom 16.12.1942, vollständig abgedruckt im Kapitel »Während des Streichorchesters [...]«. Selbst Generalgouverneur Frank schreibt am 19.6.1943 an Hitler in einem Geheimbericht über die »Erschießungen von Männern, Frauen, ja Kindern und Greisen«: »Daß diese Strafmaßnahmen die wahren Schuldigen meistens nicht treffen, braucht nicht hervorgehoben zu werden.« (Nbg. Dok. 437-PS, IMT, Bd. XXVI.)

7 Eintragung vom 20.8.1941. Siehe den Abschnitt »Die deutschen Unholde verschonten niemanden«, vor allem die letzte – ausführliche – Anmerkung.

8 Zwei für die Behandlung und »Aussonderung« (= Ermordung) charakteristische Dokumente sind die Anordnung des Oberkommandos der

Wehrmacht vom 8.9.1941 sowie der im Einvernehmen mit dem Oberkommando des Heeres erlassene Einsatzbefehl Nr. 14 vom 29.10.1941:

Oberkommando der Wehrmacht
Az. 2 f 24.11 AWA/Kriesgef.(I)

Nr. 3058/41 geh.   Berlin-Schöneberg, den 8.9.1941.
– 2 Anlagen –   Badensche Str. 51.

Geheim!

Betr.: Anordnungen für die Behandlung sowjetischer Kriegsgefangener.
Bezug: 1. OKW/Kriegsgef. 26/41 g. K. v. 16.6.1941 (nur an Kdeur. d. Kgf. im Wehrkreis I und den Gen.Gouv.)
       2. OKW/Kriegsgef. 2144/41 geh. v. 26.6.1941.
       3. OKW/Kriegsgef. 2401/41 geh. v. 17.7.1941.
       4. OKW/Kriegsgef. I Nr. 5015/41 v. 2.8.1941.

In der Anlage wird eine Zusammenfassung bzw. Ergänzung der bisher mit verschiedenen Befehlen gegebenen Richtlinien über die Behandlung von sowjet. Kriegsgefangenen übersandt. Die vom OKH/Gen.Qu für das Operationsgebiet schon gegebenen Richtlinien sind berücksichtigt. Durch diesen Befehl sind die im Bezug aufgeführten Befehle, soweit in der Anlage nicht ausdrücklich auf sie Bezug genommen ist, aufgehoben.

Der Chef des Oberkommandos der Wehrmacht
Im Auftrage:
Reinecke

Geheim!   Anlage zu Tagebuch-Nr. 3058/4lg.
                                                  vom 8.9.41.

Anordnungen für die Behandlung sowjetischer Kr.Gef. in allen Kriegsgefangenenlagern.

I. Behandlung der sowjet. Kr.Gef. im allgemeinen.

Der Bolschewismus ist der Todfeind des nationalsozialistischen Deutschland. Zum ersten Male steht dem deutschen Soldaten ein nicht nur soldatisch, sondern auch politisch im Sinne des Völker zerstörenden Bolschewismus geschulter Gegner gegenüber. Der Kampf gegen den Nationalsozialismus ist ihm in Fleisch und Blut übergegangen. Er führt ihn mit jedem ihm zu Gebote stehenden Mittel: Sabotage, Zersetzungspropaganda, Brandstiftung, Mord. Dadurch hat der bolschewistische Soldat jeden Anspruch auf Behandlung als ehrenhafter Soldat und nach dem Genfer Abkommen verloren.

Es entspricht daher dem Ansehen und der Würde der deutschen Wehrmacht, daß jeder deutsche Soldat dem sowjetischen Kriegsgefangenen gegenüber schärfsten Abstand hält. Behandlung muß kühl, doch korrekt sein. Jede Nachsicht und sogar Anbiederung ist strengstens zu ahnden. Das Gefühl des Stolzes und der Überlegenheit des deutschen Soldaten, der zur Bewachung sowjet. Kr.Gef. befohlen ist, muß jederzeit auch für die Öffentlichkeit erkennbar sein.

Rücksichtsloses und energisches Durchgreifen bei den geringsten Anzeichen von Widersetzlichkeit, insbesondere gegenüber bolschewistischen Hetzern, ist daher zu befehlen. Widersetzlichkeit, aktiver oder passiver Widerstand muß sofort mit der Waffe (Bajonett, Kolben und Schußwaffe) restlos beseitigt werden. [...]

III. Aussonderung von Zivilpersonen und politisch unerwünschten Kr.Gef. des Ostfeldzuges.

1. Absicht.

Die Wehrmacht muß sich umgehend von allen denjenigen Elementen unter den Kr.Gef. befreien, die als bolschewistische Triebkräfte anzusehen sind. Die besondere Lage des Ostfeldzuges verlangt daher besondere Maßnahmen, die frei von bürokratischen und verwaltungsmäßigen Einflüssen verantwortungsfreudig durchgeführt werden müssen.

2. Weg zur Erreichung des gesteckten Zieles.

A. Außer der in den Kr.Gef.-Lagern erfolgten Gliederung nach Nationalitäten, s. Ziff. II, sind die Kr.Gef. (auch Volkstumsangehörige) sowie die in den Lagern vorhandenen Zivilpersonen wie folgt auszusondern:

a) politisch Unerwünschte
b) politisch Ungefährliche
c) politisch besonders Vertrauenswürdige (die für den Einsatz zum Wiederaufbau der besetzen Gebiete verwendungsfähig sind).

B. Während die Trennung nach Nationalitäten, Führerpersonal usw. durch die Lagerorgane selbst vorgenommen wird, stellt zur Aussonderung der Kr.Gef. hinsichtlich ihrer politischen Einstellung der Reichsführer SS

Einsatzkommandos der Sicherheitspolizei und des Sicherheitsdienstes

zur Verfügung. Sie sind dem Chef der Sicherheitspolizei und des SD unmittelbar unterstellt, für ihren Sonderauftrag besonders geschult und treffen ihre Maßnahmen und Ermittlungen im Rahmen der Lagerordnung nach Richtlinien, die sie von diesen erhalten haben.

Den Kommandanten, besonders deren Abwehroffizieren wird engste Zusammenarbeit mit den Einsatzkommandos zur Pflicht gemacht.

[...] Dem Ersuchen des Einsatzkommandos auf Herausgabe von weiteren Personen ist stattzugeben. Offiziere werden vielfach als »politisch Unerwünschte« der Aussonderung unterliegen. Zu den Militärpersonen rechnen auch solche Soldaten, die in Zivilkleidung gefangen wurden. [...]

(Nbg. Dok. 1519-PS, IMT, Bd. XXVII.)

Der Chef der Sipo und des SD   Berlin, den 29. Oktober 1941
B. Nr. 21 B/41 g Rs – IV A 1 c

Schnellbrief!
Einsatzbefehl Nr. 14.

Betr.: Richtlinien für die in die Stalags und Dulags abzustellenden Kommandos des Chefs der Sipo und des SD.

Vorg.: Erlasse vom 17.7., 12.9.1941. B. Nr. 21 B/41 g Rs vom 26.9.41 B. Nr. 539/B/41 g und vom 10.10.41 B. Nr. 815 B/41 g – IV A 1 c

Anlg.: Anlage 1 und 2.

In der Anlage übersende ich die Richtlinien für die Säuberung der mit sowjetischen Kriegs- und Zivilgefangenen belegten Kriegsgefangenen- und Durchgangslager im rückwärtigen Heeresgebiet zur gefl. Kenntnisnahme und Beachtung (s. Anlage 1)

Diese Richtlinien sind im Einvernehmen mit dem OKH ausgearbeitet worden. Das OKH hat die Befehlshaber des rückwärtigen Heeresgebietes sowie die Bezirkskommandanten der Kriegsgefangenen und die Kommandanten der Dulags verständigt (s. Anlage 2).

Die Einsatzgruppen stellen sofort, je nach Größe der in ihrem Einsatzbereich befindlichen Lager Sonderkommandos in ausreichender Stärke unter Leitung eines SS-Führers ab. Die Kommandos haben ihre Tätigkeit in den Lagern sofort aufzunehmen. Enge Zusammenarbeit mit den Lagerkommandanten und Abwehroffizieren wird zur Pflicht gemacht. Auftretende Schwierigkeiten sind durch persönliche Verhandlungen mit den in Frage kommenden Stellen der Wehrmacht zu bereinigen.

Die in der Anlage 2 zum Einsatzbefehl Nr. 8 gegebenen Richtlinien sowie die hierzu ergangenen Ergänzungen und Nachtragserlasse sind sinngemäß anzuwenden.

Insbesondere mache ich zur Pflicht, daß die Einsatzbefehle Nr. 8 und 14 sowie die hierzu ergangenen Nachtragserlasse bei Gefahr im Verzuge sofort zu vernichten sind. Hierüber ist mir gegebenenfalls Bericht zu erstatten.

gez.: Heydrich.
Beglaubigt: (Unterschrift:) Wolfert
Kanzleiangestellte.

Richtlinien für die Aussonderung verdächtiger sowjetrussischer Kriegs- und Zivilgefangenen des Ostfeldzuges in den Kriegsgefangenen- und Durchgangslagern im rückwärtigen Heeresgebiet.

Die Abstellung der Sonderkommandos der Sicherheitspolizei und des SD erfolgt nach Vereinbarung zwischen dem Chef der Sicherheitspolizei und des SD mit dem OKH v. 7.10.41 (s. Anhang 2).
Die Kommandos arbeiten auf Grund besonderer Ermächtigung und gemäß den ihnen erteilten allgemeinen Richtlinien im Rahmen der Lagerordnung in eigener Verantwortlichkeit selbständig. Es ist selbstverständlich, daß die Kommandos mit den Lagerkommandanten und Abwehroffizieren engste Fühlung halten.
Der Bolschewismus ist der Todfeind des nationalsozialistischen Deutschland. Dieser Gegner ist nicht nur soldatisch, sondern auch politisch im Sinne des Völker zerstörenden Bolschewismus geschult. Er führt den Kampf mit jedem ihm zu Gebote stehenden Mittel: Sabotage, Zersetzungspropaganda, Brandstiftung, Mord usw. Dadurch hat der bolschewistische Soldat jeden Anspruch auf Behandlung als ehrenhafter Soldat und nach dem Genfer Abkommen verloren.
Die besondere Lage des Ostfeldzugs erfordert rücksichtsloses und energisches Durchgreifen bei den geringsten Anzeichen von Widersetzlichkeit, insbesondere gegenüber bolschewistischen Hetzern, Funktionären, Politruks usw.
Die Kommandos haben daher möglichst unauffällig alle diejenigen Elemente unter den Kriegsgefangenen, die als bolschewistische Triebkräfte anzusehen sind, auszusondern.
Besondere Maßnahmen sind frei von bürokratischen und verwaltungsmäßigen Einflüssen verantwortungsfreudig und pflichtbewußt durchzuführen. [...]
Vor allem sind ausfindig zu machen:
1) Alle bedeutenden Funktionäre des Staates und der Partei, insbesondere Berufsrevolutionäre,
2) Funktionäre der Komintern,
3) alle maßgebenden Parteifunktionäre der KPdSU und ihrer Nebenorganisationen in den Zentralkomitees, den Gau- und Gebietskomitees,
4) alle Volkskommissare und ihre Stellvertreter,
5) alle ehem. Polit.-Kommissare der Roten Armee,
6) die leitenden Persönlichkeiten der Zentral- und Mittelinstanzen bei den staatl. Behörden,
7) die führenden Persönlichkeiten des Wirtschaftslebens,
8) die sowjetrussischen Intelligenzler und Juden, soweit es sich um Berufsrevolutionäre oder Politiker, Schriftsteller, Redakteure, Komintern-Angestellte usw. handelt,
9) alle Personen, die als Aufwiegler oder fanatische Kommunisten festgestellt werden.
Wegen des bestehenden Mangels an Ärzten und Sanitätspersonal in den Lagern, sind diese, auch wenn es sich um Juden handelt, außer in ganz besonders begründeten Fällen, von der Aussonderung auszunehmen und in den Gefangenenlagern zu belassen. [...]
(Nbg. Dok. NO-3422.)

9 Exakte Angaben über die Zahl der gefangenen und gestorbenen Kriegsgefangenen sind schwierig. Wer sich näher dafür interessiert, sei auf zwei Veröffentlichungen verwiesen: Alfred Streim: Die Behandlung sowjetischer Kriegsgefangener im »Fall Barbarossa«, Heidelberg–Karlsruhe 1981. Christian Streit: Die Behandlung der sowjetischen Kriegsgefangenen und völkerrechtliche Probleme des Krieges gegen die Sowjetunion, in: Ueberschär/Wette, a.a.O.

10 Anlage zu »Besondere Anordnungen Nr. 1 zur Weisung Nr. 21 (Fall ›Barbarossa‹)« vom 19. 5. 1941, Nbg. Dok. NOKW-1692.

11 Bereits am 28. 4. 1941 hatte das Oberkommando des Heeres über die Zusammenarbeit mit den Einzelgruppen festgehalten:

Oberkommando des Heeres   I. Qu. OKH., den 28. 4. 1941
Gen. St. d. H./Gen. Qu.
Az. Abt. Kriegsverwaltung
Nr. II/2101/41 geh.

Geheim!

Betr.: Regelung des Einsatzes der Sicherheitspolizei und des SD im Verbande des Heeres.

Die Durchführung besonderer sicherheitspolizeilicher Aufgaben außerhalb der Truppe macht den Einsatz von Sonderkommandos der Sicherheitspolizei (SD) im Operationsgebiet erforderlich.

Mit Zustimmung des Chefs der Sicherheitspolizei und des SD wird der Einsatz der Sicherheitspolizei und des SD im Operationsgebiet wie folgt geregelt:

1. Aufgaben:

a) im rückwärtigen Armeegebiet:

Sicherstellung vor Beginn von Operationen festgelegter Objekte (Material, Archive, Karteien von reichs- und staatsfeindlichen Organisationen, Verbänden, Gruppen usw.) sowie besonders wichtiger Einzelpersonen (führende Emigranten, Saboteure, Terroristen usw.). Der Oberbefehlshaber der Armee kann den Einsatz der Sonderkommandos in Teilen des Armeegebiets ausschließen, in denen durch den Einsatz Störungen der Organisationen eintreten können.

b) Im rückwärtigen Heeresgebiet:

Erforschung und Bekämpfung der staats- und reichsfeindlichen Bestrebungen, soweit sie nicht der feindlichen Wehrmacht eingegliedert sind, sowie allgemeine Unterrichtung der Befehlshaber der rückwärtigen Heeresgebiete über die politische Lage.

Für die Zusammenarbeit mit den Abwehroffizieren bzw. Abwehrstellen gelten sinngemäß die mit der Abwehrabteilung RWM am 1. 1. 1937 gemeinsam aufgestellten »Grundsätze für die Zusammenarbeit zwischen der Geheimen Staatspolizei und den Abwehrstellen der Wehrmacht«.

2. Zusammenarbeit zwischen den Sonderkommandos und den militärischen Kommandobehörden im rückwärtigen Armeegebiet (zu 1. a):

Die Sonderkommandos der Sicherheitspolizei und des SD führen ihre Aufgaben in eigener Verantwortlichkeit durch. Sie sind den Armeen hinsichtlich Marsch, Versorgung und Unterbringung unterstellt. Disziplinäre und gerichtliche Unterstellung unter den Chef der Sicherheitspolizei und des SD werden hierdurch nicht berührt. Sie erhalten ihre fachlichen Weisungen vom Chef der Sicherheitspolizei und des SD und sind hinsichtlich ihrer Tätigkeit gegebenenfalls einschränkenden Anordnungen der Armee (s. Ziffer 1. a) unterworfen.

Für die zentrale Steuerung dieser Kommandos wird im Bereich jeder Armee ein Beauftragter des Chefs der Sicherheitspolizei und des SD eingesetzt. Dieser ist verpflichtet, die ihm vom Chef der Sicherheitspolizei und des SD zugegangenen Weisungen dem Oberbefehlshaber der Armee rechtzeitig zur Kenntnis zu bringen. Der militärische Befehlshaber ist berechtigt, an den Beauftragten Weisungen zu geben, die zur Vermeidung von Störungen der Operationen erforderlich sind; sie gehen allen übrigen Weisungen vor.

Die Beauftragten sind auf ständige enge Zusammenarbeit mit dem Ic angewiesen. Abstellung eines Verbindungsbeamten des Beauftragten zum Ic kann von den Kommandobehörden gefordert werden. Der Ic hat die Aufgaben der Sonderkommandos mit der militärischen Abwehr, der Tätigkeit der Geheimen Feldpolizei und den Notwendigkeiten der Operationen in Einklang zu bringen. Die Sonderkommandos sind berechtigt, im Rahmen ihres Auftrages in enger Verantwortung gegenüber der Zivilbevölkerung Exekutivmaßnahmen zu treffen. Sie sind hierbei zu engster Zusammenarbeit mit der Abwehr verpflichtet. Maßnahmen, die sich auf die Operationen auswirken können, bedürfen der Genehmigung des Oberbefehlshabers der Armee.

3. Zusammenarbeit zwischen den Einsatzgruppen bzw. -kommandos der Sicherheitspolizei und des SD und dem Befehlshaber im rückwärtigen Heeresgebiet (zu 1. b):

Im rückw. Heeresgebiet werden Einsatzgruppen und Einsatzkommandos der SP (SD) eingesetzt. Sie unterstehen dem Beauftragten des Chefs der SP und des SD beim Befehlshaber des rückw. Heeresgebietes und sind letzterem hinsichtlich Marsch, Unterkunft und Versorgung unterstellt. Sie erhalten ihre fachlichen Weisungen vom Chef der SP und SD.

Zur Befehlsübermittlung bedienen sie sich, falls keine anderen Nachrichtenmittel verfügbar sind, des Funkweges mit eigenen Geräten und besonderen Schlüsselmitteln. Die Frequenzenzuteilung regelt Chef HNW.

Der Beauftragte und gegebenenfalls die Kommandoführer der Einsatzkommandos bei den Sicherheitsdivisionen sind verpflichtet, die ihnen zugegangenen Weisungen den militärischen Befehlshabern rechtzeitig zur Kenntnis zu bringen. Bei Gefahr im Verzuge ist der Befehlshaber im rückw. Heeresgebiet berechtigt, einschränkende Weisungen zu erteilen, die allen übrigen Weisungen vorgehen.

Die Einsatzgruppen bzw. -Kommandos sind berechtigt, im Rahmen ihres Auftrages in eigener Verantwortung Exekutivmaßnahmen gegenüber der Zivilbevölkerung zu treffen.

Sie sind zu engster Zusammenarbeit mit der Abwehr verpflichtet.

4. Abgrenzung der Befugnisse zwischen Sonderkommandos, Einsatzkdos. und Einsatzgruppen und GFP.

Die abwehrpolizeilichen Aufgaben innerhalb der Truppe und der unmittelbare Schutz der Truppe bleiben alleinige Aufgaben der GFP. Alle Angelegenheiten dieser Art sind von den Sonderkommandos bzw. Einsatzgruppen und -Kommandos sofort an die Geheime Feldpolizei abzugeben, wie umgekehrt diese alle Vorgänge aus dem Aufgabenbereich der Sonderkommandos ungesäumt an die Sonderkommandos bzw. Einsatzgruppen und Einsatzkommandos abzugeben hat. Im übrigen gilt auch hierfür das Abkommen vom 1. 1. 1937 (s. Ziff. 1).

von Brauchitsch

(Nbg. Dok. NOKW-2080.)

12 Die vier Einsatzgruppen des Chefs der Sicherheitspolizei und des Sicherheitsdienstes waren den Heeresgruppen Nord, Mitte, Süd und der 11. Armee zugeteilt. Ihre Stärke schwankte zwischen 500 bis 1000 Mann. Den Einsatzgruppen unterstanden einzelne Kommandos mit etwa 120 bis 160 Mann. Diese Einsatzkommandos wurden wiederum durch Einheiten der Schutzpolizei und der Waffen-SS sowie lettische, litauische oder ukrainische Kräfte verstärkt. Man schätzt die Zahl der durch die Einsatzkommandos Ermordeten auf mindestens 900 000. Wenn man die geringe Stärke der Kommandos mit der Zahl der Opfer vergleicht, wird klar, daß sie ohne Unterstützung der Wehrmacht nicht hätten operieren können. Das Operationsgebiet gliederte sich in das Gefechtsgebiet, dahinter das rückwärtige Armeegebiet und dahinter das rückwärtige Heeresgebiet.

13 Ereignismeldung UdSSR Nr. 12 des Chefs der Sicherheitspolizei und des SD vom 4. 7. 1941 über die Einsatzgruppe A.

Wenige Tage nach Kriegsbeginn, am 1. 7. 1941, notiert der Abwehroffizier des 6. Armeeoberkommandos im Kriegstagebuch: »Greuelmorde in Sowjet-Gefängnissen vor Abzug der Roten: In Luck 2800 Personen, in

Dubno 500 Personen (Ukrainer und einige Volksdeutsche). SS-Sonder-kommando und Prop.Komp. sind angesetzt.« (sog. Freiburger Akten, Bd. III, des Verfahrens Js 4/65 GStA Ffm.)
Im Tätigkeits- und Lagebericht des Chefs der Sicherheitspolizei und des SD vom 31. 7. 1941 heißt es:

»Die Verbindung zu den einzelnen Heeresgruppen unterhält der jeweilige Höhere SS- und Polizeiführer, der sich beim Befehlshaber des rückwärtigen Heeresgebietes befin-det und laufend über alle sicherheitspolizeilichen Maßnahmen der Einsatzgruppen im Bereich der betreffenden Heeresgruppe unterrichtet wird. Wie die Einsatzgruppen berichten, ist die Zusammenarbeit mit der Wehrmacht ausgezeichnet. (...) In Shitomir wurden 178 Sowjetrussen und Juden, die z. T. als Zivilgefangene von der Wehrmacht überstellt wurden, erschossen.«

Am 7. 8. 1941 wird in der ukrainischen Stadt Shitomir ein Judenmassa-ker – in Anwesenheit zahlreicher Offiziere des Stabes der 6. Armee – wie ein Volksfest gefeiert. Die dem Armeeoberkommando 6 zugeteilte Pro-pagandakompanie 637 stellt dazu einen Lautsprecherwagen, der zum Judenmord lustige Weisen und Märsche abspielt. (Urteil des LG Darm-stadt gegen Mitglieder des SK 4a vom 29. 11. 1968, Ks 1/67).
Sechs Wochen später besprechen der Stadtkommandant von Kiew, Ge-neralmajor Kurt Eberhardt, und Offiziere des 29. Armeekorps mit dem Einsatzgruppenchef Dr. Dr. Otto Rasch und Offizieren des SK 4a die »Beseitigung« der Juden der Stadt. Die bereits genannte Propaganda-kompanie 637 liefert am 27. September 1941 zweitausend Maueran-schläge, mit denen die Juden der Stadt zu einem Sammelpunkt und damit in den Tod gelockt werden. Ergebnis dieser Zusammenarbeit zwi-schen Wehrmacht und Einsatzgruppen: 33771 Juden, die am 29./ 30. September 1941 in Anwesenheit von Wehrmachts-Offizieren er-schossen werden. Nachdem man sich das Massaker angesehen hat, übernimmt eine Pioniereinheit der Wehrmacht auch noch die Vertu-schung des Massenmords: die Pioniere sprengen die Felswände ab, um das Massengrab zu bedecken. (Ebd.)
In der Ereignismeldung UdSSR Nr. 128 vom 3. November 1941 heißt es:

»Es ist der Einsatzgruppe gelungen, zu sämtlicher Wehrmachtsdienststellen vom ersten Tag an ein ganz ausgezeichnetes Einvernehmen herzustellen.«

In der Ereignismeldung UdSSR Nr. 135 vom 19. 11. 1941 heißt es über das SK 4a:

»Im Zuge der systematischen Überholung und der restlosen Erfassung aller Juden und Kommunisten in den umliegenden Ortschaften von Kiew entsandte das Sonder-kommando 4a laufend Teilkommandos, die ihre Aufgaben in Zusammenarbeit mit den jeweils zuständigen Ortskommandanten der deutschen Wehrmacht reibungslos erledigen konnten.«

Über das SK 4b, zu dieser Zeit in Poltawa stationiert, wird gemeldet: »Die Zusammenarbeit mit der Wehrmacht... gestaltete sich reibungs-los.«

14 Urteil des LG Darmstadt vom 29. 11. 1968 gegen Mitglieder des SK 4a (Ks 1/67). Die Behauptung mehrerer Angehöriger des SK 4a, die Erschießung sei als Vergeltung von Generalfeldmarschall von Reiche-nau angeordnet worden, mochte das Gericht nicht glauben.

15 Nbg. Dok. NOKW-2537.

»Es kommt nicht auf das Recht an...«

Mitschrift der (zweiten) Rede Hitlers am 22.8.1939 auf dem Obersalzberg (Hitler hatte den Oberbefehlshabern am Vormittag schon eine Rede gehalten): Nbg. Dok. 1014-PS, IMT, Bd. XXVI.
Wehrkreiskommando XXI: Nbg. Dok. 419-D, IMT, Bd. XXXV. – »Nach dem Willen des Führers...«: Der undatierte Text des SS-Sturmbannführer (Unterschrift unleserlich) hat die Kopfleiste: »Betr.: Notwendigkeit der propagandistischen Bearbeitung der Polen in Westpreußen.« ZSt. Verschiedenes, Ord.Nr. III, Bild 82. Bericht Wehrmachtsangehörige: aus den »Vortragsnotizen für einen Vortrag beim Oberbefehlshaber des Heeres am 6.2. (1940) in Spala« von Oberbefehlshaber Ost, Johannes Blaskowitz. ZSt. USA Film 7, Bild 550 ff. – Bei den Wehrmachtsangehörigen handelt es sich um einen Unterfeldwebel, einen Unteroffizier und einen Gefreiten, deren Namen nicht genannt werden. Der im Bericht genannte Zivilist wurde von der 2. Komp./Pol.-Batl. 91 abends erschossen. Er war so mißhandelt worden, daß er zur Erschießungsstelle geschleift werden mußte. Die Zivilistin kam frei, weil sie Opfer einer Personenverwechslung geworden war.
Aktenvermerk Bormanns: Nbg. Dok. 172-USSR, IMT, Bd. XXXIX.

»Viele 10 Millionen werden sterben«

Aktenvermerk Bormanns vom 16.7.41: Nbg. Dok. 221-L.
Aufzeichnung Halder: Generaloberst Halder: Kriegstagebuch. Tägliche Aufzeichnungen des Chefs des Generalstabes des Heeres 1939–1942, Bd. II., s. S. 335 ff. – Bericht Wirtschaftsstab Ost, Gruppe Landwirtschaft vom 23.5.1941: Nbg. Dok. 126-EC, IMT, Bd. XXXVI.
Bericht Konotop: Verfahren Js 4/65 GStA Ffm., russ. Akten, Bd. I. – Die Zahlenangaben der sowjetischen Berichte beruhen auf Schätzungen und entsprechen nicht immer den tatsächlichen Zahlen.
Besondere Anordnung Nr. 7 der 99. leichten Infanterie-Division: Anlagenband Nr. 8 zum Kriegstagebuch der 99. le. I. D., Tätigkeitsbericht Abt. Ic mit Anlagen vom 10.12.1940 bis 1.10.1941, Verfahren Js 4/65 GStA Ffm, sog. Freiburger Akten, Bd. III.
Armeeoberkommando 17 (Ic/AO) am 30.7.1941, gez. von Stülpnagel: Nbg. Dok. NOKW-1693.
Bericht der Shitomirer Gebietsunterstützungskommission vom 5.–16.2.1944: Verfahren Js 4/65 GStA Ffm., russ. Akten, Bd. I. – Befehl Müller vom 25.7.41 an die Befehlshaber der rückw. Heeresgebiete Nord, Mitte, Süd (»Betr.: Behandlung feindlicher Zivilpersonen und russischer Kriegsgefangener im rückwärtigen Heeresgebiet«): Nbg. Dok. NOKW-182.
Romanenko: Nbg. Dok. NOKW-604.

Befehl Reichenau: Nbg. Dok. 411-D, IMT, Bd. XXXV. – Handbuch der religiösen Gegenwartsfragen, hrsg. von Erzbischof Dr. Conrad Gröber, Mit Empfehlung des deutschen Gesamtepiskopates, Artikel Bolschewismus. Freiburg im Breisgau 1937, S. 85 ff. – Denkschrift des dt. Episkopats an die Reichsregierung vom 10. 12. 1941: Akten deutscher Bischöfe über die Lage der Kirche 1933–1945, Bd. V, Bearbeitet von Ludwig Volk, Mainz 1983, S. 651.

Befehl von Manstein: Nbg. Dok. 4064-PS, IMT, Bd. XXXIV. – 12 Gebote: Nbg. Dok. 089-USSR. – Telegramm des Geistlichen Vertrauensrats: Gesetzblatt der Dt. Ev. Kirche, Ausgabe A (Reich), Nr. 7/1941, Titelseite. – Aussage Bischof Landershauser vom 16. 3. 1967 im Verfahren gegen die »Euthanasie«-Ärzte Ullrich, Bunke, Endruweit, Verfahren Ks 1/66 GStA Frankfurt. Anlage 2 zum Protokoll vom 20. 3. 1967.

»Es gab keine einzige Straße«/Charkow: Verfahren Js 4/65 GStA Ffm., russ. Akten, Bd. I. – Befehl Keitels vom 16. 9. 1941: Nbg. Dok. 389-PS.

»Täglich Plünderungen«, aus dem Tagebuch des II b (Minzenmay) in Charkow: Verfahren Js 4/65 GStA Ffm., Bd. XX, Bl. 4331 ff.

»... auch Kinder«/Charkow: Verfahren Js 4/65 GStA Ffm., russ. Akten, Bd. I. – Befehl Roques: Anlagen zum Tätigkeitsbericht d. Führungs-Abtl. Januar 1942, Heft 1, Verfahren Js 4/65 GStA Ffm., sog. Freiburger Bände, Bd. III.

»... während des Streichorchesters«

Panzergruppe 3: Nbg. Dok. NOKW-688.

Wehrmachtsbefehlshaber Ostland (Abt. I a Nr. 1439/41 geh.): Anlage zu einem Schreiben vom 19. 11. 1941 an den Herrn Reichskommissar für das Ostland in Riga, ZSt. UdSSR 405, Bl. 72 f.

»Bei Frauen...«: Nbg. Dok. NOWK-1163 – Richtlinien für die verstärkte Bekämpfung des Bandenwesens im Osten: Nbg. Dok. NOKW-1635

»... baumelnder Zivilist«: ZSt. UdSSR 402, Bild 575 ff.

Heeresfeldpolizeichef: Nbg. Dok. NOKW-2535.

Oberkommando des Heeres vom 11. 11. 1942: Nbg. Dok. NOKW-067.

Befehl Keitels vom 16. 12. 1942: Verfahren Js 4/65 GStA Ffm., Freiburger Bände, Bd. III (In einem Urteil des LG München I vom 19. 12. 1980 gegen Christmann – Ks 314 Js 15264/78 – heißt es zu diesem Befehl, er entspringe »einer gefühllosen, rohen und unbarmherzigen Gesinnung gegenüber den Opfern«).

Auszug aus den Meldungen aus den besetzten Ostgebieten Nr. 53 (1943): ZSt. UdSSR, Ord.Nr. 399, Bild 107.

Brief Herf.: Dokumentensammlung Verfahren Js 4/65 GStA Ffm.

»Dörfer in Friedhöfe verwandelt«

Aussage des Bauern Poka: Zeugenvernehmungsprotokoll des NKWD von Iwenec, Gebiet Baranowitschi, von März 1945, ZSt. Ordn. UdSSR 422, Blatt 629 f.

Kostjukowitschi: Aussage Kutjko vom 29. 12. 1964 vor dem Ermittlungsrichter der für den Raum Gomel zuständigen Verwaltungsstelle des Staatssicherheitskomitees beim Ministerrat der Weißruthenischen SSR: ZSt. 213 AR 1898/66, Bl. 10/25 f.
Aussage Lobanowa vom 6. 1. 1965, ebd., Bl. 13/37 und 38.
Aussage Sidorenko vom 29. 9. 1964 vor dem für den Raum Krasnodar zuständigen Ober-Untersuchungsrichter der Verwaltung des Staatssicherheitskomitees beim Ministerrat der UdSSR, a.a.O., Bl. 31/167 ff.
Stadt Mosyrj: Bericht der Rayonkommission für die Zusammenarbeit mit der Außerordentlichen Staatlichen Kommission bei der Aufklärung und Feststellung der von den deutsch-faschistischen Eindringlingen begangenen Verbrechen vom 15. 1. 1945: a.a.O., Bl. 27/84 ff.

»Die deutschen Unholde schonten niemanden«

Makarjewo: Nbg. Dok. NOKW-2268.
Krasnodar: Aussage Mochno vom 17. 6. 1943 vor einem Vertreter des Vorstands des Abwehrdienstes »Smersch«, 213 AR 1898/66, Bl. 55/83 ff. – Einsatzgruppe A, Gesamtbericht bis zum 15. 10. 1941, von Franz Walter Stahlecker, Führer der Einsatzgruppe A. Nbg. Dok. 180-L. – Aussage Kotow vom 17. 6. 1943, a.a.O., Bl. 83 ff.
Jejsk (Jeissk): Meldung Gruppe Geh. Feldpolizei 709 (Tgb. Nr. 172/42 geh.) von Juni 1942, Nbg. Dok. NOKW-1565. – Aussage Kotschubinskaja vom 29. 9. 1964 vor dem Ober-Untersuchungsrichter der Verwaltung des Staatssicherheitsausschusses beim Ministerrat der UdSSR für das Krasnodar-Gebiet, 213 AR 1898/66, Bl. 76/170 ff. – Aussage Schkarubina vom 13. 10. 1964 vor dem Untersuchungsrichter der Verwaltung des Staatssicherheitsdienstes beim Ministerrat der Union der Sowjet-Sozialistischen Republiken für das Stawropol-Gebiet, a.a.O., Bl. 73/161 ff. – Aussage Getmantschuk vom 20. 10. 1964 vor dem Ober-Untersuchungsrichter für das Krasnodar-Gebiet, a.a.O., Bl. 78/176 ff. – Aussage Dwornikow vom 26. 9. 1964, ebd., Bl. 77/173 ff. – Aussage Bulanow vom 3. 12. 1943 vor dem Stellv. Leiter der Untersuchungsabt., Hauptverwaltung des Abwehrdienstes »Smersch«, Js 4/65 GStA Ffm., russische Akten, Bd. I.
Winnitza: Bekanntmachung der Außerordentlichen Staatlichen Kommission... begangen in der Stadt Winnitza und im Winnitzer Gebiet, ebd. – Kriegstagebuch 29. Armee-Korps: ebd., sog. Freiburger Akten, Bd. III. – Aussage Harteneck vom 17. 10. 1966: ebd., Aussagenband.
Die 60–70 ins Gefangenenlager Wassilkow abtransportierten Frauen wurden durch einen dem SK 4a zugeteilten Zug Waffen-SS im August oder September 1941 auf Wunsch des Ortskommandanten erschossen (Urteil des LG Darmstadt vom 29. 11. 1968 gegen Callsen u. a., S. 405 ff., Ks 1/67 GStA Ffm.) Im Tagebuch des 29. Armee-Korps (6. Armee) steht mit Datum vom 24. 8. 1941: »Kommandierender General wünscht die Übergabe der Irrenkranken... an den SD«. Abwehr-Offizier (Ic) Gerhard Schirmer, Verfahren Js 4/65, a.a.O., Aussagenband:

»Ich erinnere mich, daß [...] diese Leute nicht ordnungsgemäß versorgt wurden. Auch irrten sie in der Gegend umher, so daß die Gefahr bestand, sie als Zivilisten, die sich mit Spionage (!) befaßten, anzusehen. Der Kommandierende General äußerte daher den Wunsch, diese Irren dem SD zu übergeben.«

Die irrsinnige Begründung zur Ermordung der Frauen im Kriegstagebuch des 29. AK unter dem 20. 8. 1941 lautet vollständig:

»Kampf um Chotoff, 6 km südl. Kiew; in einem Gefangenenlager, Typen, Juden u. a. Insassen einer Irrenanstalt, deren Ärzte geflohen sind und vorher die Irren auf das Durchschneiden von Kabeln und Fernsprechleitungen dressiert haben.«

August Häfner, Teilkommandoführer des SK 4a dazu in einer Aussage vom 20. 10. 1966 (Verfahren Js 4/65, a.a.O., Bl. 7642):

»Die sogenannte ›Dressur‹ der Irren [...] erschien mir damals sehr unwahrscheinlich. Die Unterbringung und Versorgung der Geisteskranken, die ja in den Tätigkeitsbereich der Wehrmachtsinstanzen, Ortskommandantur oder Feldkommandantur fiel, war diesen offensichtlich unangenehm, und haben sie dieserhalb den Befehl gegeben, daß diese Geisteskranken durch das SK 4a zu erschießen sind.«

»Juden, die Hauptträger des Bolschewismus«

Befehl des XXX. Korps der 11. Armee: Kriegstagebuch AOK 11 vom 2. 8. 1941, Nbg. Dok. 2963.
Kriegstagebuch AOK 11 vom 2. 8. 1941: Nbg. Dok. NOKW-1465.
Oberquartiermeister des AOK 6: Kriegstagebuch des AOK 6/O.Qu. vom 4. 8.–3. 11. 1941, Anlage 1 zu einem Bericht vom 10. 8. 1941 (»Besondere Anordnungen für die Versorgung und für die Versorgungstruppen Nr. 50«).
Ereignismeldung Nr. 58: a.a.O.
Befehl des Befehlshaber des rückw. Heeresgebiets Süd vom 1. 9. 1941: Nbg. Dok. NOKW-2594.
Polizeibeamter Kölz: Aussage vom 26. 1. 1962, 202 AR-Z 96760, IV, Bl. 1062.
Aus dem Kriegstagebuch des Abwehr-Offiziers des AOK 6 (Tätigkeitsbericht der Gruppe Ic/AO, 1. 9.–30. 9. 1941) vom 2. 9. 1941: Verfahren Js 4/65 GStA Ffm., sog. Freiburger Akten, Bd. III.
Befehl des Chefs des Oberkommandos der Wehrmacht vom 12. 9. 1941: Anlagenband Nr. 8 zum Kriegstagebuch der 99. lei. I.D., Tätigkeitsbericht, Js 4/65 GStA Ffm., sog. Freiburger Akten, Bd. III.
Ereignismeldung Nr. 106: a.a.O.
Ereignismeldung Nr. 108: a.a.O.
Brief Turner: Nbg. Dok. 5810.
Tagebuch Schütte: 202 AR-Z 9/66 Bl. 43.
Ereignismeldung Nr. 119: a.a.O.
Oberleutnant Walther: NOKW-905. Der Bericht Walthers wurde am 4. 11. 1941 vom Infanterie-Regiment 734 als Anlage der 704. Infanterie-Division geschickt. Die Erschießungen fanden demzufolge am 27. und 30. 10. 1941 statt.
Tätigkeitsbericht 3. Feldgend.-Abt. (mot.) 683 am 2. 11. 1941 an die Feldkommandantur 810: ZSt. USA Film 8, Bild 758.

Kriegstagebuch Abwehr-Offizier: Ic/AO/AOK 6 am 6. 11. 1941 an Qu.2 zu Hdn. Herrn Hauptmann i. G. von Bila: Kriegstagebuch AOK 6 vom 1. 12.–31. 12. 1941, Verfahren Js 4/65 GStA Ffm., sog. Freiburger Akten, Bd. III.

Wehrmachtbefehlshaber Ostland: ZSt. UdSSR 405, Bl. 74.

Ereignismeldung Nr. 132 vom 12. 11. 1941: Nbg. Dok. NO-2830.

Aussage Erich Bock vom 17. 4. 1962: II 213 AR 1898/66, Bl. 1156.

Ereignismeldung Nr. 135: a.a.O.

Ereignismeldung Nr. 143: a.a.O.

Ortskommandanturen (in der Reihenfolge der Wiedergabe): ZSt. USA Film 8, Bild 747 f., Bild 754 f., Bild 759 f., Bild 770, Bild 775 f., Bild 782, Bild 798.

Tätigkeitsbericht Major Teichmann vom 1. 1. 1942: Nbg. Dok. NOKW-1866.

Kriegstagebuch und Anlagen zum K.T.B. Sich.-Division 444 I a, Angefangen: 1. 1. 1942, Beendet: 31. 3. 42. Unterstellt: Befh. rückw. H.Geb.Süd.

Ereignismeldung Nr. 156: a.a.O. in Charkow sind im Januar 1942 mindestens 10 000 Juden ermordet worden.

Bericht der Einsatzgruppe A vom Winter 1941/42: Nbg. Dok. PS-2273.

Warnung betr. ungarische Juden: AOK 2, Abt. Ic/A.O. Nr. 2146/42 geh. vom 11. 5. 1942: Anlagen zum KTB AOK 2 – Ic/AO vom 1. 5. – (unleserlich) 5. 42, Verfahren Js 4/65 GStA Ffm., sog. Freiburger Akten, Bd. III.

Vortrag Turner: Nbg. Dok. NOKW-1486.

Tätigkeitsbericht Ic AOK 2, Eintragung vom 3. 4. 1943: Tätigkeitsbericht vom 1. 4. –30. 6. 1943, Verfahren Js 4/65 GStA Ffm., sog. Freiburger Bände, Bd. III.

Tätigkeitsbericht Nr. 8 des Panzer-Armeeoberkommando 3: Nbg. Dok. NOKW-760.

»Wehrmacht erbittet radikales Vorgehen«

Ereignismeldung Nr. 97: a.a.O.

Zeitschrift »Junost«: Nr. 8/1966 (August). Die Übersetzung befindet sich in Bd. XXXVII, Bl. 7683 ff. des Verfahrens Js 4/65 GStA Ffm. – Schulte: Aussage vom 31. 5. 1967, ebd., Aussagenband. – Schirmer: Aussage vom 29. 6. 1966, ebd.

Bericht Pronitschewa: Zeitschrift »Junost«, a.a.O., Bl. 7689 ff. Eine Zeugenaussage von Dina Pronitschewa vom 9. 2. 1967 vor einem Staatsanwalt der Abteilung zur Untersuchungsüberwachung bei den Organen der Staatssicherheit der Staatsanwaltschaft der UdSSR bestätigt den Bericht der Zeitschrift »Junost« eindrucksvoll (Verfahren Js 4/65, a.a.O., russische Akten II). – Aussage Hennicke vom 15. 6. 1965, a.a.O., Aussagenband. Aussage Häfner vom 6. 7. 1965, ebd.

Aussage Kapjer vom 13. 2. 1967 vor einem Staatsanwalt der Abteilung zur Untersuchungsüberwachung bei den Organen der Staatssicherheit der Staatsanwaltschaft der UdSSR, a.a.O., russische Akten II. In den Akten befindet sich eine ähnliche Aussage des Überlebenden Sjama Abramowitsch Trubankow.

»... tödliche Angst, in deutsche Kriegsgefangenenschaft zu geraten«

Bericht Dorsch: Nbg. Dok. 022-PS, IMT, Bd. XXV.
Rowno: Untersuchungskommission der Stadt Rowno vom 11.3.1944, Verfahren Js 4/65 GStA Ffm., russ. Akten, Bd. I. – Kriegstagebuch von Hanns H. Pilz, 204 AR-Z 48/58. – Inspektionsbericht Lahousen: NOKW-3147. – Untersuchungskommission der Stadt Nowo-Ukrainka vom 17.5.1944: Verfahren Js 4/65 GStA Ffm., russ. Akten, Bd. I.
Rosenberg am 28.2.1942 an Keitel: Nbg. Dok. 091-PS. – Notizen Chefbesprechung am 13.11.1941 in Orscha: Nbg. Dok. NOKW-1535.
Riga/Salaspils: ZSt. UdSSR-428, B. 784 ff. Die Kommission wurde geleitet von dem Abgeordneten des Obersten Sowjets der UdSSR, Ja. Kaliberzin. – »Russenbrot«: Nbg. Dok. 177-UdSSR, IMT, Bd. XXXIX.
»Sonderbehandlung« der Schwerkriegsbeschädigten: Nbg. Dok. 311-UdSSR, IMT, Bd. XXXIX. – Urteil Kriegstagebuch AOK 6: Verfahren Js 4/65, GStA Ffm., Freiburger Bände, Bd. III.
Charkow: Ebd., russ. Akten, Bd. I.
Eines der abstoßendsten Verbrechen an sowjetischen Gefangenen ist zweifellos die Erprobung sowjetischer Sprengmunition durch Oberstabsarzt Dr. Gerhart Panning.
Panning, Dozent und Leiter des Gerichtlich-Medizinischen Instituts der Militärärztlichen Akademie Berlin, wurde im Juli 1941 mit der Untersuchung sowjetischer Infanterie-Sprengmunition beauftragt. Da er seine Forschung an lebenden Versuchspersonen betreiben wollte, begab er sich zum Stab der 6. Armee. Hier verhandelte er mit dem Abwehroffizier Paltzo und dem Oberkriegsgerichtsrat Dr. Neumann. Durch Vermittlung des Armeeoberkommandos kommt Panning im August 1941 zum Sonderkommando 4a nach Shitomir. Einheitsführer Blobel stellt ihm mehrere Kriegsgefangene und Schützen zur Verfügung. Panning gibt Weisung, auf welche Körperstelle – Arme, Beine, Rumpf, später auch auf den Kopf – jeweils zu schießen ist. Da den Kriegsgefangenen zunächst tiefe Wunden beigebracht wurden, leiden sie unermeßliche Qualen, bis sie getötet werden. Panning seziert die Leichen noch am Tatort. Das Ergebnis seines Menschen-Versuchs veröffentlichte Panning – ohne die wahren Hintergründe zu nennen – in der Zeitschrift »Der Deutsche Militärarzt. Zeitschrift für die gesamte Wehrmedizin«, Heft 1/1942. Der Artikel ist mit abscheulichen Fotos illustriert. (Urteil des LG Darmstadt vom 29.11.1968 gegen Callsen u. a. S. 245 ff., Ks 1/67 GStA Ffm.).
Helmuth James Graf von Moltke, Sachverständiger für Kriegs- und Völkerrecht beim OKW schrieb über Panning am 12. September 1941 seiner Frau (Verfahren Js 4/65, GStA Ffm., Bd. XXV, Bl. 5220):

»[...] ein Offizier meldet, es sei völkerrechtswidrig hergestellte Munition bei den Russen gefunden worden = Dum-Dum-Geschosse. Daß es sich wirklich um solche handelt, lasse sich durch das Zeugnis des Oberstabsarztes Planning (sic) beweisen; dieser habe in einem Großversuch diese Munition bei Judenexekutionen verwandt. Dabei habe sich folgendes herausgestellt: Bei Kopfschüssen reagiere das Geschoß so und so, bei Brustschüssen so u. so, bei Bauchschüssen so u. so. Diese Ergebnisse lägen wissenschaftlich aufgearbeitet vor, so daß die Völkerrechtswidrigkeit einwandfrei nachzuweisen sei. Das ist doch ein Höhepunkt der Vertiertheit und Verkommenheit. [...]«

Klooga: ZSt. 408 Ar-Z 233/59, Bl. 55 ff.
Der estnische Untersuchungsbericht deckt sich mit dem Abschlußbericht der ZSt. vom 10. August 1961 (Bl. 1273 ff. d. A.) und der Anklageschrift 130 (24) Js 11/67 (Z) der Zentralstelle im Lande Nordrhein-Westfalen für die Bearbeitung von nationalsozialistischen Massenverbrechen in Konzentrationslagern bei der Staatsanwaltschaft Köln.
Im Untersuchungsbericht des Stellvertretenden Staatsanwalts der Estnischen Sozialistischen Sowjetrepublik, Udras, vom 12. Oktober 1944 heißt es im Vorspann:

»Unter Berücksichtigung, daß Sowjetestland flächenmäßig und nach der Bevölkerungszahl die kleinste Republik unter den anderen brüderlichen Baltischen Sowjetrepubliken ist (11 Kreise), wird klar, daß die deutsch-faschistischen Eroberer Estland faktisch in ein geschlossenes Konzentrationslager (im Durchschnitt 2 Lager auf einen Kreis) verwandelten, wo Zehntausende völlig unschuldiger Sowjetmenschen gehalten wurden.«

August oder September 1943 war in Estland das Konzentrationslager Vaivara errichtet worden. Es nahm Bewohner der liquidierten Gettos von Wilna und Kowno auf. Vaivara diente als Aufnahme- und Durchgangslager: die arbeitsunfähigen Häftlinge wurden ermordet, die Arbeitsfähigen kamen in Arbeitslager, die nördlich des Peipussees im Ölschiefergebiet bis in die Umgebung von Reval lagen: u. a. Narva, Auwere, Jöhvi (Jöve), Ereda, Saka, Kiviöli und das 44 km von Reval gelegene Klooga. Die Häftlinge arbeiteten in Steinbrüchen, beim Straßenbau oder bei Firmen, die für die Organisation Todt (OT) tätig waren. In Klooga wurden hauptsächlich Betonminen für ein Marine-Sonderkommando gefertigt.
Die Leitung und Verwaltung aller Lager unterstand dem »Kommandanturstab KL Vaivara«. Die Kommandantur bestand aus drei SS-Führern und etwa 50 bis 60 SS-Unterführern und Mannschaften. Die Wachmannschaften stellte die estnische SS. Kommandant und Leiter der Abteilung Arbeitseinsatz war der SS-Hauptsturmführer Hans Aumeier (zuvor Schutzhaftlagerführer in Auschwitz). Sein Stellvertreter und Leiter der Verwaltung war SS-Hauptsturmführer Otto Brenneis.

»So einen Arbeitseinsatz wie in Deutschland...«

Auslandsbriefprüfstelle: Anlage zu einem Brief Rosenbergs an Sauckel vom 21. 12. 1942, Nbg. Dok. 018-PS, IMT, Bd. XXX. – Rede Sauckels vom 6. 1. 1943 (der ersten Tagung der Arbeitseinsatzstäbe in Weimar): Nbg. Dok. Sauckel-82, IMT, Bd. XLI.
Denkschrift Zentralstelle für Angehörige der Ostvölker: Nbg. Dok. 084-PS, IMT, Bd. XXV.
Leiter Facharbeitersammellager Charkow: Nbg. Dok. 054-PS, IMT, Bd. XXV. Der undatierte Bericht lag als Abschrift von Abschrift dem Schreiben Oberleutnant Theurers vom 7. 10. 1942 bei. Briefkopf Theurers: »Der Reichsminister für die besetzten Ostgebiete/Der Vertreter b. H. Gebiet B.«,
Brief Sauckels vom 17. 3. 1943: Nbg. Dok. 019-PS, IMT, Bd. XXV.

Behandlung von Ostarbeitern und Kriegsgefangenen bei Krupp: Erklärung des Oberlagerarztes der Kruppschen Lager in Essen, Dr. Wilhelm Jäger: Nbg. Dok. 288-D – Erklärung des polnischen Arztes Dr. Apolinary Gotowicki: Nbg. Dok. 313-D – Bericht aus dem Betrieb Kesselbau: Nbg. Dok. 361-D, alle IMT, Bd. XXXV. Alfred Krupp wurde in Nbg. zu 42 Jahren Haft verurteilt, aber 1951 amnestiert. Die Firma zahlte nach dem Krieg eine Entschädigung zugunsten der ehemaligen Zwangsarbeiter.

».. . an der Oberfläche des Massengrabes ein lebendiger Kopf«

Untersuchungsbericht Mogilew (unter Vorsitz von Generalmajor Korolew): ZSt. UdSSR Nr. 425, Bild 124–136.
Der sehr verschachtelte Text mußte an einigen Stellen behutsam bearbeitet werden. Dabei wurden überlange Sätze in mehrere Sätze aufgelöst.

»Wenn wir die Kriegsgefangenen umkommen lassen...«

Rüstungsinspekteur Ukraine: Nbg. Dok. 3257-PS, IMT, Bd. XXXII.
Bräutigam: Nbg. Dok. 294-PS, IMT, Bd. XXV. – Göring vor den Reichskommissaren: Stenographischer Bericht über die Besprechung im Reichsluftfahrtministerium, Nbg. Dok. 170-UdSSR, IMT, Bd. XXIX.
Winterhilfswerk: ZSt. UdSSR 404, Bild 552 f.
Brief des Leiters des Ukrainischen Hauptausschusses: Nbg. Dok. 1526-PS, IMT, Bd. XXVII.
Plünderungen: Kriegstagebuch 75. Inf.-Div. (1 c) für die Zeit vom 23. 2.–31. 3. 1943, Verfahren Js 4/65 GStA Ffm., sog. Freiburger Akten, Bd. III.
Rede Koch: Nbg. Dok. 1130-PS, IMT, Bd. XXVII.
»Alles, was Du für Deutschland tust«: Nbg. Dok. 3000-PS, IMT, Bd. XXXI.
– Bericht Winkler vom 20. 11. 1943: Auszüge aus Berichten an Reichskommissar für die Ukraine und Generalkommissar Shitomir, Nbg. Dok. 288 PS, IMT, Bd. XXV.
Rede Himmlers bei der SS-Obergruppenführertagung in Posen am 4. 10. 1943: Nbg. Dok. 1919-PS, IMT, Bd. XXIX. – Rede Leys vom 13. 9. 1939 auf dem Parteitag in Nürnberg: Nbg. Dok. 2283-PS, IMT, Bd. XXX.

»Die Knochen mittels einer Mühle zu Mehl vermahlen«

Aussage Chaimedes vom 21. 9. 1944 vor dem Stellvertreter des Bezirksstaatsanwalts des Bezirks Lemberg: ZSt. II 208 AR-Z 294/59, Bl. 5459 ff.
Aussage Korn vom 13. 9. 1944 vor dem Stellvertreter des Staatsanwalts der Stadt Lemberg: Ebd., Bl. 5511.
Die Beseitigung der Spuren des Massenmordes wurde nach den Erkenntnissen des Landgerichts Hamburg (Verfahren 147 Ks 2/67) späte-

stens Anfang 1942 im Rahmen der »Wannsee-Konferenz« geplant. Hieraus entwickelte sich die Aktion »1005«, nach dem Aktenzeichen im Reichssicherheitshauptamt. Mit der Leitung wurde SS-Standartenführer Paul Blobel beauftragt, der die Durchführung der Aktion Ende März 1942 in Warschau mit Heydrich besprach. Erprobt wurde die sog. »Enterdung« zunächst im Vernichtungslager Chelmno (Kulmhof). Als 1943 die Rote Armee die deutschen Truppen überall zurückdrängte, begann Blobel mit der Beseitigung der Massengräber, in denen die Opfer der Einsatzkommandos verscharrt waren. Die Meldungen der Sonderkommandos an das Reichssicherheitshauptamt wurden zur Tarnung als Wetterberichte ausgegeben: unter »Wolkenhöhe« wurde die Zahl der »enterdeten« Leichen und unter »Regenmenge« die Zahl der verwendeten und getöteten Arbeitssklaven gemeldet.

Biographische Angaben

Backe, Herbert. Staatssekretär im Reichsministerium für Ernährung und Landwirtschaft, 1942 Reichsernährungsminister. Selbsttötung 1947 in Haft.

Bandera, Stephan. Mitglied der Ukrainischen Nationalisten.

Blaskowitz, Johannes. Führte im Krieg gegen Polen die 8. Armee und wurde im Oktober 1939 Oberbefehlshaber Ost. 1948 Selbsttötung im Gefängnis in Nürnberg.

Bodmann, Franz Freiherr von. Dr. med., SS-Obersturmführer, u. a. Leiter der Abteilung Sanitätswesen (Selektionen) im KL Vaivara. Freitod im Mai 1945.

Bormann, Martin. 1933 Stabsleiter des Stellvertreters des »Führers« Heß und Reichsleiter. 1940 SS-Obergruppenführer. Mai 1941 Leiter der Parteikanzlei mit den Befugnissen eines Ministers. April 1943 Sekretär des »Führers« (»Niemand kommt zum Führer denn durch mich!«). Vom Nürnberger Militärtribunal in Abwesenheit zum Tode verurteilt. Galt lange als verschollen, starb wahrscheinlich am 1. Mai 1945 bei der mißglückten Flucht aus Berlin (Selbsttötung mittels Zyankali).

Bräutigam, Otto. Berufsdiplomat. Verbindungsbeamter des Ostministeriums zum Oberkommando der Wehrmacht. Leiter der Abt. »Allgemeine Politik« im Ostministerium. Nach dem Krieg im Auswärtigen Dienst, u. a. Generalkonsul in Hongkong.

Brauchitsch, Walter von. Generalfeldmarschall. 1939 bis Ende 1941 Oberbefehlshaber des Heeres (aufgrund der militärischen Rückschläge in Ungnade gefallen), 1948 in britischer Haft gestorben.

Brenneis, Otto. SS-Hauptsturmführer. Chef der Hauptverwaltung Kommandantur KL Vaivara. Für tot erklärt.

Christmann, Kurt. Dr. jur. Am 9. 11. 1923 als Meldegänger am Marsch auf die Feldherrnhalle in München beteiligt. Am 1. 11. 1938 zum SS-Hauptsturmführer, am 9. 11. 1938 zum SS-Sturmbannführer und am 1. 9. 1942 zum SS-Obersturmbannführer befördert. Wintersportreferent der SS. Von August 1942 bis Februar 1943 Führer des SK 10 a (Standort Krasnodar). Wegen seines Strebens nach militärischen Auszeichnungen texteten Angehörige des SK 10 a: »Christus trug ein Kreuz aus Holz/ Christmann eins aus Eisen/Christus trug es unverdient/wie der Christmann seines«. Lebte nach Kriegsende unter falschem Namen, erhielt 1948 einen Rot-Kreuz-Paß des Vatikan. Flucht nach Argentinien. Rückkehr in die Bundesrepublik 1956, Inhaber einer Immobilienfirma. Am 19. 12. 1980 vom LG München I zu zehn Jahren Haft verurteilt.

Dahlmann, Max. SS-Hauptscharführer, im Büro der Lagerverwaltung des KL Klooga. Für tot erklärt.

Dorsch, Xaver. Ministerialrat, Diplom-Ingenieur. Organisation Todt. 1939 Chef der Frontführung bei Bau des Westwalles. 1941 Chef der O. T.-Zentrale in Berlin. 1944 Chef des Amtes Bau O. T. im Reichsministerium für Rüstung. Nach 1945 Inhaber eines Ingenieur-Büros.

Eberhardt, Kurt. Generalmajor, Stadtkommandant von Kiew. 1947 gestorben.

Frank, Hans. Generalgouverneur in Polen. Im Nürnberger Prozeß zum Tode verurteilt und hingerichtet.

Freitag, Wilhelm. Landwirt, SS-Hauptsturmführer, von Dezember 1941 bis Sommer 1944 beim Generalkommissar Minsk, Leiter der Landwirtschaftsabteilung und »Rüstungskommando«.

Frühwirt, Karl. Handelsvertreter, SS-Scharführer im KL Sachsenhausen bis Herbst 1941, SS-Oberscharführer im Stab des KL Vaivara und SS-Aufseher im KL Klooga.

Gebauer, Gotthard Fritz. SS-Hauptsturmführer, ab August 1941 beim SSPF Lemberg. Leiter der »Deutschen Ausrüstungswerke« (DAW) in Lemberg von Juni 1941 bis Mai 1944. Im Zivilberuf Mechanikermeister. Nach dem Krieg Arbeit bei sowjetischen Besatzungsbehörden und einer sowjetischen Filmvertriebsgesellschaft. SED-Mitglied, 1960 als Stadtsekretär von Dessau vorgeschlagen; im selben Jahr Flucht in die BRD; vom Schwurgericht Saarbrücken wegen Mordes von Häftlingen bei der DAW am 29. 6. 1971 zu einer lebenslänglichen Freiheitsstrafe verurteilt. Er ist 1979 verstorben.

Genth, Wilhelm. SS-Unterscharführer, 1941–1943 Wachmannschaft KZ Hinzert, Lagerführer in estnischen Konzentrationslagern (Spitzname »Antek«), ab Januar 1944 in KL Klooga, Ende 1944 in Neuengamme. Aus der US-Zone an Polen ausgeliefert und 1946 zu fünf Jahren Haft verurteilt. Das Schwurgericht Hannover verurteilte ihn 1963 zu 6 Jahren, 6 Monaten Haft wegen Erschießung von Häftlingen auf dem Evakuierungsmarsch vom KL Hannover-Stöcken nach Bergen-Belsen.

Göring, Hermann. 1933 preußischer Ministerpräsident und Reichsminister für Luftfahrt, 1934 Oberbefehlshaber der Luftwaffe, 1936 Beauftragter für den Vierjahresplan, 1938 zum Feldmarschall und 1940 zum Reichsmarschall ernannt. 1946 zum Tode verurteilt, Selbsttötung mittels Gift kurz vor der Hinrichtung.

Görz, Heinrich. Dr. med., SS-Untersturmführer. Mitglied des SK 10 a. Nach 1945 zunächst Gastarzt an der Universitätsfrauenklinik Marburg, ab 1950 wissenschaftlicher Mitarbeiter einer Firma. 1972 in München zu vier Jahren Haft verurteilt.

Gutkelch, Walter. Dr. phil., Leiter der Zentralstelle für Angehörige der Völker des Ostens im Reichsministerium des Ostens.

Häfner, August. SS-Obersturmführer und Teilkommandoführer SK 4 a. 1973 vom LG Darmstadt zu einer Haftstrafe von acht Jahren verurteilt.

Halder, Franz. Generaloberst, Generalstabschef des Heeres. Plante und leitete u. a. Feldzüge gegen Polen und Rußland, geriet später in Gegensatz zu Hitler, der ihn am 24. 9. 1942 entließ. Lehnte Teilnahme am Widerstand ab, wurde aber wegen Verbindung zu Widerstandskreisen 1944 verhaftet. Aus KZ-Haft von Amerikanern befreit, 1972 gestorben.

Hasse, Wilhelm. Oberst im Generalstab, letzter Rang General.

Helbig, Oskar. SS-Oberscharführer, u. a. stellvertr. Lagerführer im KL Kiviöli, zuletzt in KL Klooga. 1947 von einem US-Gericht zu zehn Jahren Haft verurteilt.

Heydrich, Reinhard. SS-Gruppenführer, Chef des RSHA. Nach einem Attentat in Prag im Juni 1942 gestorben.

Herf, Eberhard. SS-Brigadeführer. Generalmajor der Polizei. Von

1941–1943 Kommandeur der Ordnungspolizei Charkow. Nach dem Krieg an die UdSSR ausgeliefert und in einem Prozeß in Minsk zum Tode verurteilt und hingerichtet.

Himmler, Heinrich. Diplomlandwirt, Reichsführer SS und Chef der deutschen Polizei, Befehlshaber des Ersatzheeres. Selbsttötung am 24. 5. 1945 in englischer Haft.

Hoepner, Erich. Generaloberst, Befehlshaber der Panzergruppe 4. Robert Wistrich (»Wer war wer im Dritten Reich?«, Fischer Taschenbuch Nr. 4373): »Zur 4. Panzerarmee ausgebaut, kam die Truppe (vor Moskau) jedoch beim Gegenangriff in Bedrängnis, und H. nahm die Front zur Schonung der ihm unterstellten Truppen gegen ausdrücklichen Befehl Hitlers zurück.« 1942 aus dem Heer ausgestoßen, als Widerstandskämpfer vom Volksgerichtshof zum Tode verurteilt und im August 1944 in Berlin-Plötzensee erhängt.

Hoth, Hermann. Generaloberst, Befehlshaber der 3. Panzer-Gruppe der 4. Panzer-Armee, AOK 17. In Nürnberg zu 15 Jahren Haft verurteilt und 1954 entlassen.

Hubig, Hermann. Dr., Wirtschaftsjurist, SS-Hauptsturm- und SS-Sturmbannführer. Von Oktober 1941 bis Mai 1942 Leiter eines Teilkommandos der Sipo und des SD, Stab EGr. A. Einsatz in Tossno (Geisteskranke/Makarjewo). Lebte nach dem Krieg unter dem Namen »Helmut Haller«.

Hymmen, Friedrich. Vizepräsident des Evangelischen Oberkirchenrats in Berlin.

Keitel, Wilhelm. Generalfeldmarschall, Chef OKW (Spottname »Lakaitel«), 1946 in Nürnberg zum Tode verurteilt und hingerichtet.

Klare, Herbert Gustav Siegfried. Regierungsrat beim Landwirtschaftsamt Dresden, 1941–1945 Oberregierungsrat und Regierungsdirektor beim Landwirtschaftsamt Salzburg, SS-Hauptsturmführer.

Koch, Erich. Gauleiter, Reichskommissar Ukraine. 1945 untergetaucht, Mai 1949 von britischer Militärpolizei festgenommen, 1950 an Polen ausgeliefert. 1959 wegen Beihilfe zum Mord an 400 000 Polen zum Tode verurteilt (seine Tätigkeit in der Ukraine war nicht Bestandteil des Urteils). Urteil wurde wegen Krankheit nicht vollstreckt. Koch starb 1986 in polnischer Haft.

Kubijowytsch, Wolodymyr (Wladimir). Prof. Dr., Vorsitzender des ukrainischen Hauptausschusses.

Lahousen, Erich, Edler von Vivremont. Oberst, Leiter der Abt. II des Amtes Ausland/Abwehr des OKW, 1944 Regimentskommandeur an der Ostfront. Am 1. Januar 1945 zum General befördert. 1955 gestorben.

Lammers, Hans-Heinrich. Dr. jur., Reichsminister und Chef der Reichskanzlei. 1949 zu 20 Jahren Haft verurteilt und 1954 entlassen.

Lelittko, Friedrich. SS-Oberscharführer beim Sonderkommando 1005 des KdS Lemberg, im Herbst 1944 Einsatz in der Ostslowakei. Von Beruf Chemiefacharbeiter.

Ley, Robert. Von 1933–1945 Leiter der Deutschen Arbeitsfront. Selbsttötung am 25. 10. 1945 im Gefängnis.

Leykauf, Hans. Generalleutnant, 1933–1937 Abteilungsleiter im Heereswaffenamt, 1937–1939 Rüstungsinspekteur VIII Breslau.

Mahrarens, August. Ev. Landesbischof von Hannover.

Mansfeld, Werner. Ministerialdirektor, Leiter der Hauptabt. V im Reichsarbeitsministerium, Arbeitseinsatz im Vierteljahresplan.

Manstein, Erich von (ursprünglich von Lewinski). Generalfeldmarschall. 1944 wegen strategischer Differenzen mit Hitler abgelöst. 1949 von einem britischen Militärgericht in Hamburg zunächst zu 18, dann zu 12 Jahren Haft verurteilt und 1953 krankheitshalber entlassen. Berater der Bundesregierung bei der Wiederaufrüstung.

Minzenmay, Albert. Dr., Hauptmann der Reserve, Leiter der Abt. II b (2. Adjutant/Unteroffiziere und Mannschaften) des Generalkommandos in Charkow (AK LV). Minzenmay oblagen u. a. die Disziplinarfälle der Truppe.

Moritz, Alfons. Dr., Ministerialdirektor im Reichsernährungsministerium.

Müller, Eugen. General z.b.V. beim Oberbefehlshaber des Heeres, 1942 General der Artillerie. 1951 gestorben.

Müller, Ludwig. Oberst, Oktober 1939 Chef Generalstab XXXVII. A. K., April 1940 Chef Gen.Stab XXIX. A. K., Oktober 1941 in gleicher Funktion bei XXIII. A. K., August 1942 198. Infanterie-Divison (Oktober 1942 Generalmajor), Juni 1943 97. Infanterie-Division (Juli 1943 Generalleutnant), Februar 1944 XXXIV. A. K. (Mai 1944 General der Infanterie). Bis Oktober 1955 in sowjetischer Gefangenschaft.

Naujocks, Alfred. Bei Kriegsbeginn SS-Sturmbannführer im SD-Hauptamt (Auslandsnachrichten). Der »Mann, der den Zweiten Weltkrieg auslöste«, lief Oktober 1944 zu den Amerikanern über. Nach 1945 Geschäftsmann in Hamburg (gest. 1966), keine Strafverfolgung.

Normann, Hans von. Amt für den Vierjahresplan.

Obstfelder, Hans von. Kommandierender General XXIX. Armeekorps, 28. Inf.Division, 1976 in Kassel gestorben.

Paltzo, Rudolf. Abwehroffizier (Ic) beim AOK 6. Nach 1945 Angestellter im Bundesdienst.

Petzel, Walter. General, Befehlshaber des Wehrkreiskommandos XXI (Posen).

Pilz, Hanns. H. Hauptmann. Schriftleiter der Soldatenzeitung »Ukraine« beim Stab des Wehrbefehlshabers Rowno.

Rasch, Otto. Dr. jur. Dr. rer. pol., Chef der EG C. Im Nürnberger Einsatzgruppenprozeß angeklagt, Februar 1948 für verhandlungsunfähig erklärt und am 1. 11. 1948 gestorben.

Rauch, Johann. SS-Oberscharführer, Vertreter von Scherlack beim Sonderkommando 1005 (»Enterdungs«-Kommando) des KdS Lemberg. R. wurde am 24. 6. 1949 von einem polnischen Gericht in Krakau zum Tode verurteilt und hingerichtet.

Reichenau, Walter von. Generalfeldmarschall. Oberbefehlshaber der 6. Armee. Gestorben 1942.

Reinecke, Hermann. 1940 Generalleutnant, 1942 General der Infanterie, Chef des Allgemeinen Wehrmachtsamtes im OKW. Durch Urteil des Militärgerichts V der Vereinigten Staaten 1948 zu lebenslänglicher Strafe verurteilt und 1957 aus der Haft entlassen.

Rokita, Richard. SS-Untersturmführer, Vertreter von Willhaus, vom November 1942 bis Juni 1943 Leiter des Zwangsarbeitslagers Tarnopol, später Einsatz in Italien. Ein gegen ihn in Stuttgart anhängiges Verfahren wurde wegen dauernder Verhandlungsunfähigkeit eingestellt. R. ist verstorben.

Roques, Karl von. General der Sicherungstruppen und Befehlshaber im rückw. Gebiet der Heeresgruppe Süd. 1949 in alliierter Haft gestorben.

Rosenberg, Alfred. Ab 1921 Hauptschriftleiter des Völkischen Beobachters. Autor von »Der Mythus des 20. Jahrhunderts«. 1934 Beauftragter des Führers für die Überwachung der gesamten geistigen und weltanschaulichen Schulung und Erziehung der NSDAP, am 17. 11. 1941 zum Reichsminister für die besetzten Ostgebiete ernannt. 1946 in Nürnberg zum Tode verurteilt und hingerichtet.

Salmuth, Hans von. General der Infanterie, 1943 Generaloberst. 1962 gestorben.

Sauckel, Fritz. Ab 21. März 1942 Generalbevollmächtigter für den Arbeitseinsatz. Organisierte die Verschleppung von Millionen Menschen aus ihrer Heimat. 1946 in Nürnberg zum Tode verurteilt und gehängt.

Scherlack, Walter. SS-Obersturmführer beim Sonderkommando 1005 (»Enterdungs«-Kommando) des KdS Lemberg.

Schirmer, Gerhard. Abwehroffizier (Ic) beim 29. Armee-Korps. Nach dem Kriege Oberst bei der Bundeswehr.

Schütte, Ludwig. Hauptmann im Stab der Inf.-Div. 339. Nach 1945 Regierungsrat.

Schulte, Christian. SS-Obersturmführer und persönlicher Adjutant bei Chef der Einsatzgruppe C. Vom LG Darmstadt 1973 zu vier Jahren, sechs Monaten Haft verurteilt.

Schultz, Walter. Ev. Landesbischof von Schwerin.

Schwarze, Walter. Rapportführer im KL Groß-Rosen, SS-Hauptscharführer beim Kommandantur-Stab Vaivara, 1944 Arbeitseinsatzleiter im KL Klooga.

Seraphim, Peter Heinz. Dr., Universitäts-Professor, Veröffentlichung herabsetzender Schriften über das Judentum, 1943 für das Rüstungsministerium in der Ukraine. Ein Ermittlungsverfahren wegen Beihilfe zum Judenmord (StA Mannheim) wurde eingestellt.

Stülpnagel, Karl Heinrich von. General der Infanterie. Als Widerstandskämpfer am 30. 8. 1944 hingerichtet.

Trimborn, Kurt. Kriminalkommissar, Mitglied des SK 10 a, SS-Untersturmführer. 1950 vom LG Chemnitz wegen Zugehörigkeit zu einer verbrecherischen Organisation zu lebenslänglich verurteilt und 1956 entlassen. Nach Übersiedlung in die Bundesrepublik Betriebsmeister. 1972 in München zu vier Jahren Haft verurteilt.

Turner, Harald. Chef der Militärverwaltung in Serbien. 1947 in Jugoslawien hingerichtet.

Ulmer, Karl. SS-Oberscharführer (Kraftwagenfahrer) beim Sonderkommando 1005 des KdS Lemberg und Kraftwagenfahrer im Janowska-Lager in Lemberg. War Angeklagter im sogenannten zweiten Galizienprozeß in Stuttgart. Im Urteil des Schwurgerichtes Stuttgart vom 29. 4. 1968 wurde bezüglich U. von einer Strafe abgesehen.

Wagner, Eduard. Generalquartiermeister des Heeres. Selbstmord wegen Teilnahme an der Verschwörung vom 20. 7. 1944.

Walther, Oberleutnant, Kompanieführer der 9. Kompanie des 433. Infanterie-Regiments.

Werle, Wilhelm. SS-Unterscharführer, Ende 1942 KZ Hinzert, September 1943 nach Estland versetzt, Lagerführer des KZ Kiviöli, September 1944 im KZ Klooga (nach eigenen Angaben ohne Funktion).

Willhaus, Gustav. SS-Obersturmführer, ab März 1943 Kommandant des Zwangsarbeitslagers Lemberg-Janowska beim SSPF Lemberg. Später Einsatz in Jugoslawien. W. ist am 29. 3. 1945 bei Steinfischbach gefallen.

Register

Aglona 87
Armjansk 113
Ast, Otto (Feldwebel) 87 f
Aumeier, Hans (SS-Hauptsturmführer) 250
Auwere 250

Babi-Yar/Babij Jar 117 ff
Bachmann (Reichsredner) 13 f
Backe, Herbert (Staatssekretär) 42, 148, 253
Bandera, Stephan (Partisanenführer) 103, 253
Barawenkowo 209
Barbarossa/Unternehmen B. 7 f
Belgrad 108
Berditschew 151
Bielosirka 168
Blaskowitz, Johannes (Oberbefehlshaber Ost) 244, 253
Blies, Dr. (SS-Sturmbannführer) 84
Blisnitzy 209
Blobel, Paul (SK 4 a/Aktion 1005) 249, 252
Bobrinja 82
Bobrowo 82
Bock, Erich (SK 10 a) 112
Bodmann, Franz Freiherr von (SS-Obersturmführer) 160, 164, 253
Böhm (SK 10 a) 91 ff
Bogunija 36 f
Borispol 110
Bormann, Martin 18 f, 22 f, 253
Borowytschi 167
Bräutigam, Otto (Diplomat) 201 ff, 253
Brauchitsch, Walter von (Generalfeldmarschall) 236, 242, 253
Brenneis, Otto (SS-Hauptsturmführer) 160, 164, 250, 253
Buchardt, Dr. Friedrich (EK 9) 115

Callsen, Kuno (Teilkommandoführer SK 4 a) 103

Chamaides, Heinrich (Todesbrigade) 225 ff
Charkow(v) 44 ff, 48 ff, 114, 155 ff, 172 ff, 248
Chelmno 252
Chotoff 247
Christmann, Dr. Kurt (SK 10 a) 76 ff, 245, 253
Claassen, Dr. (Oberkriegsverwaltungsrat) 218
Czortkow 211 f

Dahlmann, Max (KL Klooga) 160 f, 164, 253
Darniza 174
Dert 33
Dorogobuzh 25
Dorsch, Xaver (OT) 138. 253
Drogobytsch 203, 205
Dshankoj 112 f
Dubno 243
Dymer 112

Eberhardt, Kurt (Generalmajor) 119, 127, 207, 243, 253
Ereda 250
Essen 165, 177 ff

Fähndrich (Heeresgruppe B) 218
Frank, Hans (GG) 210, 237, 254
Freitag, Wilhelm (SS-Hauptsturmführer) 219 ff, 254
Frühwirt, Karl (SS-Oberscharführer) 160, 164, 254

Gebauer, Gotthard (SS-Hauptsturmführer) 226, 254
Gemeiner (SS-Sturmbannführer) 37
Genth, Wilhelm (SS-Unterscharführer) 160, 164, 254
Gleiwitz 236
Göring, Hermann 22 f, 204, 254
Görz, Dr. Heinrich (SK 10 a) 94, 254

Gornostaipol 112
Gorodok 103
Gotowicki, Appolinary (Lagerarzt bei Krupp) 181 ff
Greiffenberg, Hans von (Generalmajor) 146
Gröber, Dr. Conrad (Erzbischof) 41, 245
Gröne (Krupp) 181
Gutkelch, Dr. Walter (ZO) 172, 254

Haefner, August (SK 4 a) 127, 247, 254
Halder, Franz (Generaloberst) 22, 254
Harteneck, Gustav (General) 98
Hasse, Wilhelm (Oberst) 146, 254
Hegewald 154
Helbig, Oskar (SS-Oberscharführer) 160, 164, 254
Hell (General) 98
Hennicke, Karl (SS-Sturmbannführer) 122
Heydrich, Reinhard (RSHA) 239, 252, 254
Herf, Eberhard (SS-Brigadeführer) 69 f, 254
Herff, Max von (SS-Personalhauptamt) 69
Hesselbach, Friedrich (SS-Rottenführer) 151 f
Hildebrandt, Richard (SS-Gruppenführer) 106
Himmler, Heinrich 222 f, 255
Hitler, Adolf 12, 244
Hoepner, Erich (Generaloberst) 7, 255
Hoth, Hermann (Generaloberst) 8, 255
Hubig, Dr. Hermann (SS-Sturmbannführer) 84, 255
Hymmen, Friedrich (Ev. Oberkirchenrat) 43, 255

Ihn (Direktor bei Krupp) 181
Isakowo 89

Jäger, Wilhelm (Oberlager-
    arzt) 177 ff
Jejsk/Jeissk 89 ff
Jewpatoria 113
Jöhvi/Jöve 250

Kallbach, Friedrich (SS-
    Hauptsturmführer)
    151 ff
Kamenka 81
Kasimirowka 81
Keitel, Wilhelm (General-
    feldmarschall) 7, 22, 24,
    46, 67, 142, 237, 245,
    255
Kertsch 113
Kiew/Kijew 85, 107, 118 ff,
    166, 197, 200, 207, 221,
    243
Kinkolin, Dr. (SS-Ober-
    führer) 209
Kiviöli 250
Klare, Herbert (SS-Haupt-
    sturmführer) 148, 255
Klooga 157 ff, 250
Knjashizy 189 ff
Knop, Fritz (SS-Sturm-
    scharführer) 151 ff
Koch, Erich (Reichskom-
    missar) 208, 217 f, 255
Kodyma 102
Kölz, Maximilian (SK 7 a)
    103
Konotop 24 ff
Korn, Moische (Todes-
    brigade) 225, 228 f
Korosten 108
Koselez 112
Kostjukowitschi 73 ff, 80
Kowkuski 167
Kowno/Kaunas 250
Krasnodar 85 ff, 93
Krupp 177 ff
Kubijowytsch, Wolody-
    myr (Ukraine) 210 ff,
    255
Kuntze, Gerhard (SS-
    Obersturmführer) 153 f
Kupke (Oberlagerführer
    bei Krupp) 181
Kursk 98

Lahousen, Erich (Oberst)
    140, 255
Lammers, Dr. Hans-Hein-
    rich (Reichsminister)
    22, 255

Landershauser, Dr. Simon
    Konrad (Bischof) 43
Lelittko, Friedrich (SS-
    Oberscharführer) 228,
    255
Lemberg/Lvov 144 f, 211 f,
    225, 252
Ley, Robert (DAF) 222, 255
Leykauf, Hans (General-
    leutnant) 198 ff, 255
Löhr, Alexander (General)
    114
Losowaja 209
Lublin 21, 212 f
Lubycza 211 f
Luley (Ic/AOK 6) 103
Luzk/Luck 8, 242

Machnowka 220
Mahrarens, August (Ev.
    Landesbischof) 43, 256
Makarjewo 84
Mansfeld, Werner (Mini-
    sterialdirektor) 148, 256
Manstein, Erich von (Ge-
    neralfeldmarschall)
    41 ff, 256
Manuschewitz, David
    (Todesbrigade) 255
Mariampol 87
Mariupol 113
May, Dr. 183
Meleschkowitschi 81
Melitopol 113
Michalka 81
Minsk 110, 138, 219
Minzenmay, Dr. Albert
    (Hauptmann der Re-
    serve) 245, 256
Mogilew 185 ff
Mogutowo 87
Molotkiw 168
Moltke, Helmut James
    Graf von (OKW) 249
Moritz, Dr. Alfons (Mini-
    sterialdirektor) 148, 256
Moskaliwka 168
Mosyrj 73 ff
Müller, Eugen (General
    z.b.V.) 34, 256
Müller, Ludwig (Oberst)
    120, 256

Narva 250
Naujocks, Alfred (SS-
    Sturmbannführer) 236,
    256

Nedosow 213
Neumann, Dr. Artur
    (Oberkriegsgerichtsrat)
    249
Nikolajew 144
Nishnij Tschir 95
Normann, Hans von (Amt
    für Vierjahresplan) 148,
    256
Nowo-Moskowsk 113
Nowopaschkowo 186,
    191 ff
Nowo-Ukrainka 140

Obstfelder, Hans von
    (General) 120, 256
Orscha/Orsa 146
Osnyky 168
Oster 112
Ostrowo 13
Ozaritschi 32

Paal (SS-Unterschar-
    führer) 151 ff
Paltzo, Rudolf (Ic/AOK 6)
    249, 256
Pankow 213
Panning, Gerhart (Ober-
    stabsarzt) 249
Pawlograd 113
Perejeslaw 108
Petrikowo 26
Petzel, Walter (General)
    14, 256
Pilz, Hanns (Hauptmann)
    249, 256
Podosinnik 35
Poltawa 243
Polykowitschi 186 ff
Potschaew 168
Prior (DAF) 183 f
Prudkowo 79 f
Przewale 213

Radetzky, Waldemar von
    (SS-Hauptsturmführer)
    103
Rasch, Dr. Dr. Otto (EGr C)
    119, 243, 256
Rauch, Johann (SS-Ober-
    scharführer) 228 f,
    256
Raune (Kriegsverwal-
    tungsrat) 210
Reichenau, Walter von
    (Generalfeldmarschall)
    39 f, 243, 256

Reinecke, Hermann (Generalleutnant) 148, 238, 256
Reval s. Tallinn
Riecke, Hans-Joachim (Ministerialdirektor) 147 ff
Riga 147 ff
Rissinger, Dr. (Reg.Insp.) 210
Rokita, Richard (SS-Untersturmführer) 226, 257
Roques, Karl von (General) 50, 257
Rosenberg, Alfred 22 f, 138, 142 ff, 176 f, 257
Rowno 139 ff

Saftschuk (Partisanenführer) 69
Saka 250
Salmuth, Hans von (General) 102, 257
Sauckel, Fritz (Arbeitseinsatz) 167, 176 f, 257
Schäfer, Johann (SS-Mann) 151 ff
Scharowola 213
Scheele, Albert (Sondereinsatz) 97
Scherlack, Walter (SS-Obersturmführer) 227 ff, 257
Schirmer, Gerhard (Ic/29. AK) 120, 246 f, 257
Schütte, Ludwig (Hauptmann) 107, 257

Schulte, Christian (SS-Obersturmführer) 119, 257
Schultz, Walter (Ev. Landesbischof) 43, 257
Schuschkiwzi 168
Schwarze, Walter (SS-Hauptscharführer) 160 f, 164, 257
Seetzen, Heinz (SK 10 a) 94
Seraphim, Prof. Peter (Ukraine) 198, 257
Shitomir/Zitomir 31 ff, 106, 151 ff, 243, 249
Simferopol 113
Skrigalowo 80
Sloboda 72, 80
Sluzk 55
Söhling (Bürovorsteher bei Krupp) 184
Ssapogowo 98
S(s)umy 68, 114, 214 ff
Stahlecker, Franz (EGr A) 84
Stülpnagel, Karl Heinrich v. (General) 31, 244, 257
Sumyn 213

Tallinn 157
Teichmann (Abwehr-Offizier) 112
Theurer (Oberleutnant) 173
Thomas, Georg (General) 198
Thomas, Dr. Max (EGr C) 114
Todt, Fritz (Leiter OT) 138

Tomaszow 16 f
Topala 106
Trimborn, Kurt (SK 10 a) 94, 257
Turck 13
Turner, Harald (Serbien) 106 f, 114, 257

Ulmer, Karl (SS-Oberscharführer) 229, 257
Uman 8, 107

Vaivara 250
Vilnius s. Wilna
Vollprecht (SS-Sturmmann) 151 ff

Wagner, Eduard (Generalquartiermeister) 39, 146, 258
Walther (Oberleutnant) 108 f, 247, 258
Wassilkow 97, 246 f
Werle, Wilhelm (SS-Unterscharführer) 160, 164, 258
Wibikowka 82
Wiele, Dr. (Arzt bei Krupp) 181
Willhaus, Gustav (SS-Obersturmführer) 226, 258
Wilna 250
Winkler (Referent) 220
Winnitza/Vinnica 95 ff
Witebsk/Vitebsk 115
Wrasnytschi 167

Zloczew 17
Zuman 67

»Schöne Zeiten«

**Judenmord aus der Sicht
der Täter und Gaffer**

Herausgegeben von
Ernst Klee, Willi Dreßen, Volker Rieß

S. Fischer

276 Seiten. Broschur

»Das vorliegende Buch fordert starke Nerven. Es dokumentiert — ausschließlich durch belegte Zeugen- und Täteraussagen, keine ›Erzählungen‹ — drei Thesen, deren Wahrheitsgehalt in nahezu allen bisherigen Diskussionen geleugnet wurde; wer bislang derlei auch nur fragend vortrug, war rasch denunziert.

1. Der Massenmord an Juden geschah in aller Öffentlichkeit — besucht und begafft oft von Zivilisten und deutschen Soldaten.

2. Keineswegs waren die Mörder nur SS-Banditen, derweil der deutsche Soldat ›das Vaterland verteidigte‹ (in Paris, Norwegen, Tobruk und Warschau?); vielmehr geschahen die Greuel unter Wissen, Duldung, Förderung und Sympathie der Armee. Auch deutsche Soldaten waren Mörder.

3. Niemand wurde zu den Untaten gezwungen. Diesen Dokumenten zufolge kam kein SS-Mann, kein Wehrmachtsangehöriger ins KZ oder wurde erschossen, der sich weigerte, Juden zu morden. Man ist erleichtert, aus diesem Buch zu lernen, daß es solche ›Verweigerer‹ gab — sie wurden als Feiglinge ausgelacht, beim Kasino-Abend als Waschlappen verspottet, und wenn es arg kam, gab's eine Urlaubssperre. Nicht weniger und nicht mehr.«

Fritz J. Raddatz in: DIE ZEIT

S. Fischer Verlag

»Euthanasie« im Nationalsozialismus

Band 4326

Band 4327

Band 4364

Ernst Klee beschreibt erst-
mals umfassend und detail-
liert die als Geheime Reichssache bis 1945 durchge-
führte Massentötung von
alten, kranken oder sonst für
»lebensunwert« erklärten
Bürgern. Als Grundlage
dienten dem Autor u. a. bisher unbekannte Text- und
Bilddokumente aus Archiven
der Bundesrepublik, der
DDR, aus Österreich, Polen
sowie der UdSSR.

Die meisten Materialien werden hier in dieser Form zum
erstenmal veröffentlicht
oder – sofern sie vor Jahr-
zehnten schon einmal
gedruckt erschienen sind –
der Vergessenheit entrissen.
Erschreckend ist nicht allein,
was und wie dies geschah.
Erschreckend ist, wie viele
Menschen freiwillig mit-
machten.

Mit diesem Band wird das
dreibändige Projekt »Euthanasie« im Dritten Reich«
abgeschlossen. Ernst Klee
geht der Frage nach, was mit
den damaligen Beteiligten/
Aktivisten nach dem Kriege
in der Bundesrepublik
geschehen ist. Er kommt zu
überraschenden Ergebnis-
sen. Die Untersuchung zeigt,
daß Ärzte, Juristen, Verwal-
tungsfachleute zum großen
Teil ungestraft eine neue
Existenz nach 1945 aufbauen
konnten. Nicht wenige arbeiteten in ihrem alten Berufs-
feld weiter – als Biedermän-
ner getarnt.

Fischer Taschenbuch Verlag

Band 4344

Die ersten »Einsatzgruppen« wurden unmittelbar vor dem Einmarsch in Österreich auf besonderen Befehl von Hitler gebildet. Dieses Buch bringt die Geschichte dieser berüchtigten »Gestapo auf Rädern« in den besetzten Gebieten Osteuropas und verfolgt ihre systematischen Mordaktionen gegen Polen, Russen und namentlich gegen Juden. Der Autor kommt zu dem Ergebnis, daß – entgegen lange gepflegten anderslautenden Darstellungen, die hier keinen Zusammenhang sehen bzw. das exakte Gegenteil behaupten – die deutsche Wehrmacht nicht nur eine Mit-*Verantwortung* zu tragen hat, sondern in zahlreichen Fällen auch direkt beteiligt gewesen ist. Meinungsführende Mitglieder der Generalität waren unzweifelhaft der Ansicht, daß der Kreuzzug gegen den Bolschewismus geführt werden müsse und damit auch gegen die Juden, die man mit Bolschewismus mehr oder weniger identifizierte.

Fischer Taschenbuch Verlag